# ホールネスワーク

## 人生の質を変える癒しと覚醒

コニレイ・アンドレアス［著］
桶谷和子［監修］　横山真由美［訳］

GENIUS PUBLISHING

# 監修者のご挨拶

健康で幸福な人生の鍵は、無意識にある。

今、あなたはどんな状態で本書を手にされているでしょうか。毎日がうまくいっていて、自分のやりたいこと、行きたい方向もしっかりと見えている、そんな状態でしょうか。それとも、何かに行き詰まりや不安を感じていて――たとえば仕事、人間関係、この先の未来、または健康状態など――それを変えたい、という思いがあるでしょうか。あるいは、いま特に何か問題があるわけではないけれど、人生をよりよくしたいと感じている、そんな方もいらっしゃるかもしれません。

あなたがどんな状態であったとしても、あなたの本来の能力を余すことなく発揮できるようあなたを助け、あなたの最も大切なことに気づかせてくれる魔法のような方法が本書には書かれています。まさに「ホールネス」（全体感）、自分自身の全体感に気づかせてくれるワークです。

私たち人間が自分について意識でコントロールできることはごくわずかで、身体と心の大部分は無意識が支配しています。眠ろう、眠ろうとすればするほど眠れなくなったり、緊張しないようにと思うほど身体が強張ったり呼吸が浅くなったり、という経験に心当たりのある方は多いことでしょう。

また、頭で考えた結果であるように思える「何を選択するか」にも、無意識が密接に関わっています。自分が気になる情報、ふっとひらめく直感も、無数の情報から、無意識のフィルターによって選ばれたものです。二四時間三六五日、無意識は私たちの身体と心を司り、自分の意識が望む方向に向かって後押ししてくれることもあれば、ブレーキをかけることもある、絶対的な存在なのです。

そんな無意識を味方につけることができれば、私たちの人生がどれほど過ごしやすいものになるか、この本を手にしているあなたには、きっと想像できるのではないでしょうか。

インターネットの普及により、現代を生きる私たちの世界には良くも悪くも情報が溢れ、朝起きてから寝るまで絶え間なく人とのコミュニケーションが発生するようになりました。そんな状況だからこそ必要なのが、自分自身に向き合う無意識とのコミュニケーションです。近年、「瞑想」や「マインドフルネス」が、健康目的以外にビジネスの現場等でもより一層注目されているのも、多くの人々がメンタルヘルスの重要性に目覚め、無意識とのコミュニケーションの価値に気づき始めている表れでしょう。

この書籍『Coming to Wholeness』の著者、コニレイ・アンドレアス氏は、NLPの研究者、開発者、世界有数の指導者として、NLPの黎明期から今日まで大きな影響力を発揮し続けてきました。彼女の開発した「コア・トランスフォーメーション・プロセス」は、クライアントが感じる「問題」を通して無意識と対話していくようなプロセスです。「自分自身の存在の意味」に触れるような非常に深い体験と変容をもたらし、時には人生を劇的に変える無二のプロセスとして、世界中の多くの人々に熱烈に支持されています。

このホールネス・ワークの開発のきっかけは、コニレイ・アンドレアス氏が自身の重い病に向き合ったことでした。あらゆるNLPのスキルを用いても病状に変化が見られなかったことで、彼女は、これまでの自分の中のすべてのリソースを振り返るとともに、まだ出会っていない知恵を広く求めました。無意識の領域の偉大な師である不世出の催眠療法家・故ミルトン・エリクソン氏からの学びを糧に、スピリチュアルな領域、精神世界の探究も深めました。そして、精神世界では「奇跡」「恩寵《おんちょう》」とも言われるような得難い体験がどのように起こるのか注目しました。「病の奇跡的な治癒」のような体験を引き起こすのは、無意識の力に他なりません。どうしたら、何年も厳しい修行を積むのでなく、誰もが普通に、その領域に辿り着けるのか。本書に書かれる「与えられるのを待っているのではなく、自分が求めるものを自分の手で作り出す」という彼女の姿勢は、まさにNLPを使って多くの人々を導いてきたリーダーの姿勢そのものです。そして、彼女の長年の人間探求への情熱と希有な開発能力によって、ホールネス・ワーク〈誰もが簡単に、自分自身の全体性を体験する方法〉が生み出されました。そして、他の手段ではどうにもならなかった問題など幾多のケースに、続々と成果を上げ続けています。

本書では、ホールネスの基本的な二種類のワークを中心に、その豊富な事例が記されています。一つは問題に取り組むために使う方法、もう一つは瞑想として使う方法です。ホールネスは健康問題から人間関係、自己コントロールなど様々な領域を扱うことができます。前述のコア・トランスフォーメーションと補完関係にあり、二つのプロセスを学ぶことで、あらゆる領域の問題に対応できるセラピースキルを手にすることができます。

一般的な瞑想については、すでに習慣にされている方も、興味をお持ちの方も多いことでしょう。ホールネス瞑想の特徴として「起きていることをそのままワークに取り込んでいく」ということ、そして、「完了しなくても効果がある」ということがあります。これまでに、瞑想の手順や雑念が気になって集中できなかった、という経験をお持ちの方は、ホールネス瞑想の柔軟さや深いリラックス効果に驚かれることでしょう。また、睡眠に問題を感じているケースでも、よく眠れない時にワークを行うだけで深い良質の睡眠が得られるようになったという数多くの事例が報告されています。

このホールネス・ワークは、私たちの無意識と同じように無限の可能性を秘めています。現時点でも世界に急速に広まりながら、さらに多くの成果が報告され、派生する多くの価値ある応用ワークが生み出されています。ホールネス・ワークはあなたが使いこなすにつれ、日々の眠りのように、人生の欠かせない習慣になっていくことでしょう。

本書でも繰り返し語られますが、ホールネス・ワークの効果は、最初はごくわずかに感じられるだけかもしれません（もちろん、最初から大きな効果を感じる方もいます）。繰り返しワークを行っていくことで、その体験はどんどん深まっていきます。まるで初めて覚えた歌を繰り返し歌ううちに、何も見ずに歌えるようになり、その歌のよさが自分により響いてくるように。

まずは、ぜひ本書を読みながら、あなたのペースでホールネス・ワークに取り組んでみてください。そして「溶けていくような」深い、深いリラックスを、ぜひご自身で体験なさってください。

また、本書で紹介されているホールネス・ワークは、日本でも実際に受講することができます。ご興味をお持ちの方は「ホールネスワーク」で検索してみてください。

いつの日かお目にかかり、あなたの「ホールネス体験」を伺うのを、心から楽しみにしています。

日本コア・トランスフォーメイション協会
（ＮＬＰ－ＪＡＰＡＮラーニング・センター）
会長　桶谷和子

# 訳者による本書に特有な表現の解説

「ホールネス・ワーク」では、日常的にあまり使わないような表現や、独特な言葉の言い回しを使っています。本書では、著者が英語で用いている表現をできる限り忠実に訳したいという思いから、聞き慣れない表現も多数使っています。そのため、こうした特有の表現の中でも頻出するものに関して解説を掲載することにしました。ホールネス・ワークを少しでも身近に感じていただければ幸いです。

## ■ホールネス

ホールネスとは、「全体性」や「全体感」を意味する言葉です。生まれたての赤ちゃんには「自我」がありません。つまり、自分と母親、自分と哺乳瓶などの区別はなく、周囲と自分の境目の感覚がない状態です。そして成長するにつれて自我が発達し、自分と母親は違う存在であり、哺乳瓶は自分の口に入れる別の存在であるという分離の意識が育っていきます。さらに自我が発達すると、自分の中でも分離が起きるようになります。例えば、「〇〇しなければと考える自分がいる。でも同時に△△したい自分もいる」など、葛藤と呼ばれる状態に人を陥れるのがまさに精神的な「分離」の一例です。ホールネス・ワークは、内面で作られてしまったネガティブな影響をもたらす分離を、再び、境界線のない全体性や一体性へと戻すことを目的としています。

## ■『私』

本書では、二重鉤括弧（『 』）に入った『私』を、ホールネス・ワークに特有な意味で使っています。人は生きていく中で、たくさんの心理的な分離を自分の内面に作り出しています。その一つひとつが小さく切り分けられた自己であり、『私』と表現することで、そして『私』の場所を特定することでその存在を顕在化させ、再び全体へと戻してあげることができます。

## ■感覚の質

感覚の質とは、『私』の場所をじっくりと感じた時に、その場所の表面的な質感だけでなく、内側の隅々までも感じてみた時の質感を言います。例えば、温かい、冷たい、重い、軽い、スカスカしている、密度が高い、トゲトゲしている、ふわふわしているなど、五感で知覚できる質感です。

## ■『気づき』

普段はあまり意識していないことですが、私たちは無数のことに「気づき」ながら、または知覚しながら生きています。そしてそれは、意識的に頑張って気づこうとしているのではなく、ただ自然に「気づき」が起きていると言うことができます。「今、右足の小指に気づきましょう」と言ったなら、右足の小指の感覚に気づくでしょう。「今、周囲にどのような音が聞こえますか」と言ったなら、わずかに聞こえる音にも瞬時に気づくことができるでしょう。そしてこの気づきには、この線から先は気づけないなどの境界線がありません。

このように、自分の体のいたるところに、そして周囲の空間へと自然に広がっている「気づくことのできる力」を、ホールネス・ワークでは二重鉤括弧（『　』）で『気づき』と表現しています。

## ■「開いて、溶ける」

分離していた『私』が再び全体へと戻る時、ホールネス・ワークでは『私』が「開く(open)」、「溶ける（melt)」などの表現を使います。原書ではディゾルブ（dissolve）という表現も使われていますが、日本語では、やはり「溶ける」と訳されるか、「溶解」が最も近いニュアンスの訳語でした。しかし、何かが溶けていく心地よい体験をしている時に「溶解」という言葉は不向きであると判断し、「溶ける」で統一しています。

本文でも説明がありますが、水に一滴のインクを垂らした時、インクは水に溶けて広がっていきます。一滴のインクとしての形はなくなりますが、確実に水に溶け込んだ状態でインクは存在し続けます。そして水は、以前より多くのものを含んだ豊かなものとなります。この一滴のインクを『私』、水を『気づき』であると想像すると、「溶ける」感覚が理解しやすいかもしれません。

## ■統合

分離していた『私』が、ホールネス・ワークのプロセスを通して再び全体へと戻り、一つのものとなることをホールネス・ワークでは統合と言います。

## ■招く

本書では、「招く」という表現を随所で使っています。日本語では不自然と感じられる読者もいらっしゃると思うので、少し説明をします。ホールネス・ワークの真髄は、「力を加えないこと」です。無理に統合させようと意識で考えてしまったり、ワークを成功させなければなどと思ってしまったりすることは、自らの精神に「力を加える」ことにつながります。そこでホールネス・ワークでは、『私』が統合したいと願い、自然と統合が起きてしまうのであれば、「そうさせてあげる」という意味で「招く」という表現を使っています。招いているだけなので、たとえ統合を拒否する感覚を覚えたとしても、それはワークが失敗したということではなく、単に、先にやらなければならないことがあると捉えることができます。

# 目次

## 第2部　ホールネス・ワーク基本プロセス　実際の問題でワークをする

## 第5部　上級編　ホールネス・ワークを最大限に生かす

# 第6部　リソースとルーツ　わかりやすい手引書＋α

スティーブ・アンドレアスに捧ぐ
私の夫であり、長年のパートナーに
心からの愛をこめて

## 読者の声

「これは革新的なプロセスです。私のホールネス・ワークとの出会いは、あるコーチが妻と私にこのプロセスを使ってくれたことでしたが、非常に深い効果を得ることができ、感銘を受けました。ホールネス・ワークは、すべての個人変容の本質となるものです。この貴重な一冊の中で、そのすべてがわかりやすく紹介されています。読者の皆さんにも、たくさんの新しい世界が開かれることを願って……」

——ジャック・キャンフィールド、
『こころのチキンスープ』シリーズ（ダイヤモンド社、１９９５年）
『絶対に成功を呼ぶ25の法則』（小学館、２００６年）共著者

「よくぞやってくれました！　コニレイ・アンドレアスは、人類が何世紀にもわたって探究し続けてきた様々な自己認識法と瞑想法の歴史を塗り替え、それをホールネス・ワークというプロセスに集約してくれました。彼女の手法は非常に穏やかで簡単で、それでいてシンプ

ルで流動的、かつ丁寧で包括的です。私自身もミルトン・エリクソンを研究してきましたが、彼女はそのワークやヒーリング法を元に多くの要素を足していったのだと思います。彼女の表現を借りるならば、『邪魔だと感じてきたものすべてが、実は瞑想のプロセスを支えるものだった』のです」

――クリス・ガン博士、精神科医、アリゾナ州フラッグスタッフ

「待ちに待った、自分を乗り越えるための手引書です。「自己」を超えたところには、ただそこに完全に、自然に生きられる世界が広がっています。コニレイ、ありがとう。見事な功績です」

――スチュアート・エメリー、作家、ＥＳＴ設立者兼ＣＥＯ

「コニレイの『Coming to Wholeness』は、人を魅了するメロディの洗練された簡潔さの如く、あなたの心を捉え、感動の体験へと自然に連れていってくれるはずです。人の心を捉える旋律を作り出すには音楽への高度な見識が必要であるように、自己を拡大し、心を開放するプロセスの開発には、洗練された心理学的理解が必要です。ホールネス（欠けたものの

ない全体性）へと人を導くコニレイのアプローチは、不要な心の境界線を溶かし、変容をもたらすつながりへと人々を招きます」

――ダグラス・フレモンス博士、ＬＭＦＴ（家族療法士）、ノヴァサウスイースタン大学

# 序文

「私は自分が何者なのかわからない
でも、人生は学ぶためにあるのよね
私たちは星屑　私たちは黄金
そして私たちは　あの楽園に帰らなければいけない」
——ジョニ・ミッチェル「ウッドストック」の歌詞より

もし私が、ジョニ・ミッチェルにガイドを紹介するのであれば、自らの星屑の中で喜び、自らをよく知るように自らを導き、楽園へと続く道へと自らを導くことができるガイドを紹介するでしょう。それが、コニレイ・アンドレアスです。

私がコニレイのホールネス・ワークの力を初めて目にしたのは、オンラインのビデオインタビューでした。雑誌「サイコセラピー・ネットワーカー」の創刊者であるリッチ・サイモンは、高いスキルを持つセラピストを定期的に取材しています。セラピストが用いる手法の土台となる理論を理解するために、彼は洞察力に富んだ質問を行い、それをもとに記事を書きます。

コニレイはその取材で、相手に失礼にならないように注意しながら、理論的な話題から会話を逸らせていきました。ホールネス・ワークがもたらしてくれるものをリッチに直接体験して欲しいと望んでいたからです。リッチは潔くいつもの仕事のやり方を手放し、コニレイにガイドされるままに、ホールネス・ワークを体験する一人のクライアントになりきりました。結果は驚くべきものでした。私たちが見ている目の前で、リッチからどんどん肩の力が抜けていき、遊び心さえ見え始めていきました。理論という枠組みにはめ込む必要を感じさせなくするプロセスに、やや戸惑いを覚えることすら、彼は喜んでいるようでした。リッチは明らかに心を動かされていました。

（リッチのように）ガイドに導いてもらうにしても、ホールネス瞑想で自分自身をガイドするにしても、その結果としてもたらされるのはほぼいつも、さらにオープンで自由な、リラックスした感覚です。本書の説明に従うことで、あなたもすぐにこの効果を享受できるようになります。

リラックスし、溶け、解き放たれるものとは何でしょうか。それは何かを心配し、何かにしがみつき、何かをコントロールしようとする小さな自分です。小さな自分がより大きな空間に迎え入れられ、溶け込んでいくように招かれる時、境界のない、無意識の恐れに抑圧されることのない心と体が残ります。

この自由な感覚を覚える状態は、一度の体験だけでそのまま安定し続けるわけではありません。多くの場合、それは漸進的《ぜんしんてき》な行程であり、少しずつ、しかし確実に、世界に対するまったく新たな姿勢をその人の内面に築き上げていきます。

スピリチュアルな実践の経験を持つ人なら、これが「覚醒」と呼ばれる状態であるように聞こえるかもしれません。西洋心理学を学んだ人であれば、それは健全性と充足感、あるいはマズローの「自己実現」を説明しているかのようにも聞こえるでしょう。これこそが、コニレイが求める大きな目的の一つです。西洋心理学でも東洋心理学でも、自己の手放しを介した自己変容を語ります。「悟り」は自己を手放すことです。自己実現には、尊大さからの脱却も同じように求められます。

しかしながら、西洋心理学でも東洋心理学でも、小さな自分がしがみつこうとする力を緩めることを大切にする一方で、その状態になるための具体的な方法は明確ではありません。コニレイはその欠けたピース、つまり自己を溶かす明確な手法を提供しています。

オンラインでコニレイがワークを実演している映像を見れば、そのメソッドの有効性だけでなく、リッチ・サイモンの取材でも明らかだったこと、つまり、コニレイの存在そのものの優れた資質を見ることができるでしょう。落ち着き、自信、反応の早さ、有能さ、謙虚な人柄のすべてを同時に持ち合わせるのがコニレイです。「ホールネス・ワークがこの種の優雅さと力を実践者たちに与えるものなのであれば、コニレイは本当に、目の付け所がいい」

と感じたことを思い出します。

私は長年、瞑想を実践してきました。五三年にわたり、四万時間を超える様々な瞑想を日々の習慣として実践してきましたが、ホールネス・ワークは、他の手法では触れることすらできなかった古傷を癒してくれることを知ったのです。私の意識を新たなレベルの深遠さ、広大さ、安定感へと導いてくれました。

私は、馴れ馴れしい言葉を使うだけで命取りになるようなビジネスの世界で働いています。そのような厳しい世界においても、私がホールネス・ワークを教えた上級管理職たちは、新たな明瞭さ、集中力とリラックスを手に入れていきました。夜はよく眠れるようになり、明確な目標を持って会議にも出席できるようになったと彼らは言います。そして周囲から見ていても聞き上手で、より成熟したリーダーへと彼らが変わっていくのがわかります。

このように、ホールネス・ワークがもたらす広範囲に渡る恩恵を考えると、私はジョニ・ミッチェルと彼女の「楽園に帰る」ことへの切望に引き戻されます。ホールネス・ワークに触発されたことで、エデンの園で起きた出来事への新たなシナリオが本書の終わりにも描かれています。楽園に帰る道を、皆さんも楽しんでいただけることを願っています。

——ステファン・ジョゼフス、瞑想者、著者、ビジネスコンサルタント、エグゼクティブ・コーチ
ニューオリンズ州・ルイジアナ

# 前書き

「そして、世界がすべて変わった」

ルースが電話をしてきたのは、私にそう伝えるためでした。**ホールネス・ワーク**を紹介する新たな動画を見て、ルースは自分でプロセスをやってみようと思い立ったそうです。その数分後、まさに彼女の「世界がすべて変わった」と彼女は言いました。

ルースは興奮ぎみに話してくれました。彼女が、自宅アパートのそばにあるプール付きの中庭に近づかないようにしていたのは、人々が自分を批判的な目で見ると感じていたからでした。「プロセスを試したあと、プールまで行ってみたんです。批判的だと思い込んでいた人たちが、本当はフレンドリーだったことがわかったの！　みんなが私に笑いかけてくれて、仲間意識のようなものが生まれて、すべてが大丈夫なんだ！　と感じました。私もニッコリ笑って、何人かの人とおしゃべりしました。それまで誰とも話したことも、ましてや彼らの輪の中に入ったこともなかったけど、今では彼らと関われることが、本当に心地よく感じられます」

ルースは、どのように彼女の「世界がすべて変わった」のかを繰り返しながら、それがどれほど特別な体験だったのかを興奮気味に話し続けました。

彼女の力強い変化は、彼女にしか起こらない特別なものではありません。他の生徒さんやクライアントからも報告されているその変容こそが、本書を書こうと思った理由です。そして、ホールネス・ワークがあなたの人生に本物の変化をもたらすことを、ご自身で探究してみることをおすすめする理由でもあります。

## ホールネス・ワークは他の瞑想などと何が違うのか？

この問いに対する答えはたくさんあり、本書を読み進める中でそれをご理解いただけるようになるでしょう。一つの重要な違いは、ホールネス・ワークが我々の存在の最も深いレベルから、自然と解決策を浮かび上がらせる点です。

変容を促すメソッドの中には、表面的な解決策を押し付けてくるものもあります。「新しい行動を取ってみて、何が変わるか試してみる」という感じです。行動を変えることで変化が起きる場合もありますが、行動の変化だけに集中してしまうと、古い行動を作り出していた**存在レベルでの内部構造**は、そこに残されたままとなります。まるで壁の塗装にペンキを上塗りするようなもので、部屋の見た目は変わっても修繕の下に隠された古い塗装、乾いた壁、もろくなった支柱は、前と何も変わらないのと同じです。

部屋をリフォームすることだけが目的なら、それでも十分かもしれません。しかし個人の変容となると、私たちが意識している、していないにかかわらず、下に隠されている層が問題の原因となり続けることがあります。下に隠された層が再び表面に現れ、いずれ別の形で問題を引き起こすことがよくあるからです。

単に上塗りするだけでなく、「塗装」部分にも変容を起こすメソッドも確かにあります。それでもやはり、私たちの存在の中核を成す深層レベルに働きかけることはありません。時には、表層レベルでの変容が非常に有効な場合もあります。しかし、穏やかでありながらもさらに完全な変容が可能だとしたらどうでしょうか？　可能なだけではなく、努力せずともそれができることを私は経験から知っています。

## 「とてつもなく奇妙なことが起きている」

数年前、私がホールネス・ワークを人に教え始めたころ、人づてに聞いたという一人の女性が「新しい瞑想のプロセス」を学びたいと私のところにやってきました。私はこの女性、アニータに、一人でも日常的に実践できるよう、ホールネス瞑想をしっかりと教え込みました。何度目かのセッションで調子はどうかと聞いたところ、「うまくいっていますが、とてつもなく奇妙なことが起きているんです」と彼女が言いました。「何が起きているの？」と聞くと、「人生のすべてが変わり始めているのです！　以前のように劇的な出来事が起こるような毎日ではなくなりました」と言うので、状況を説明してもらいました。

「実際には、劇的な出来事は今でもたくさん起きています。ただ、そうした出来事に巻き込まれることがなくなったんです」と、彼女は言い直しました。アニータは二人の子供を抱えて働くシングルマザーで、一人はティーンエイジャー、もう一人は特別支援が必要な子供でした。「劇的な出来事は家と職場の両方で起きるのですが、家では、子どもたちがそれぞれの些細な厄介ごとを今でもたくさん起こします。でも、大丈夫になりました。物事はいずれうまくいく、自分なら対処できるとわかるようになったからです。職場でも同じです。今でも、以前であればストレスをたくさん感じたような出来事が起こりますが、そのことに囚われなくなりました。穏やかな気持ちで、ただ自分の仕事をこなすためのエネルギーが増したように感じます」と、彼女は続けました。

アニータが家庭や職場での自分の反応を変えようと試みたり、変わることを期待したりしていたわけではないことはよくわかります。変化が自動的に、しかも努力することなく起きたことに彼女はとても驚き、喜びました。これはアニータが、**自身の存在における根本的な**

**変化**を体験したことにより、周囲で展開される劇的な出来事に簡単に巻き込まれるような人ではなくなったことを示します。

この根本的な変化は外側から押し付けられたものではなく、自己の存在の最も深い部分で「ホールネス（全体性）に至る」体験をしたことで、自然に起きたことなのです。

読者の皆さんがこうした実例に共感しづらくても、意味がよく理解できなくても心配ありません！　なぜなら私は、皆さんがまだ体験していないことを話しているからです。プロセスを自分なりに理解できるようになるのは、ご自身で体験された時です。

## 本書で学べること

本書を読み、ホールネス・ワークの二つのフォーマットを試してみることで、次を学ぶことができます。

1. 自分に対して制限や限界を課してしまう無意識の基本的構造を知るための、驚くほどシンプルな「入口」の見つけ方
2. このような基本的構造を溶かして統合し、人や物事を今までとは異なる方法で自由に体験できるようにする、シンプルなプロセス

ホールネス・ワークを使っている人々からは、次のような報告が届いています。

- これまで体験したことのない新たなウェルビーイングの感覚が体験できた
- 感情知性が増して、より的確に他者や状況を読み取れるようになる
- これまで以上の創造性と知恵が得られ、解決策が自然と自分のところに「やって来る」と感じられるようになった
- 以前よりも物事を「軽く」捉えられる視点や、気軽にユーモアのセンスを使うことができると気づくようになった
- よく眠れるようになったし、健康上の問題が減ってきたと感じる

簡単に言うと、このシンプルなプロセスを使うだけで人生が良くなっていくということです。そこに疑問の余地はありません。そうした実例を本書でもたくさんご紹介していきます。こうしたポジティブな変化は、もちろん自分自身にとって素晴らしいものですが、思わぬ波及効果もあります。自身が変化することで、周囲の人々とのつながりがさらに深まり、ポジティブな影響を世界に与えることができます。

私もまた、ルースやアニータと似たような体験をしてきました。人生全般に関わるような

深刻な問題に向き合っていた時には、ルースが言っていたように、自分が「巻き込まれていない感覚」へと瞬時に変化するという体験をしました。彼女のように「世界のすべて」が変わってしまったのか、あるいは、少なくとも物事が違って見えるようになったのかはわかりませんが、問題だと思っていたものが問題とは感じられなくなっている自分に気づきました。そして同時に、アニータが言っていたように、最も重要な変化は時間の経過とともに緩やかに起きていったのです。

変容のためのテクニックを開発し、教えてきた四〇年以上に渡る個人的な経験に基づき、私が自信を持って言えることは、確かに過去に使った他のメソッドでの変容も深いものでしたが、本書で学んでいただくホールネス・プロセスは、私にとってもクライアントにとっても、これまでにないほど深い体験になるということです。

様々な変化を体験する中で、私はホールネス・ワークが持つ価値に確信を持つようになりました。そしてこのワークを一〇年以上試してきた今、皆さんにご紹介する運びとなりました。

あなたの世界はどのように変化していくのでしょうか。

——コニレイ・アンドレアス

## 旅立ちに向けて：本書の読み方

「本には順序がなく、
読み手が自分でそれを見つけることが最も理想的である」
――ラウル・ヴァニゲム

皆さんが、本書を最初から最後まで読み通してくださることを願う時もあります。なぜなら本書は、単にホールネス・ワークの手順の説明に留まらないように、入念に構成されているからです。順番通りに読み進めることで、自らの体験を通して新たな発見をしながら概念的な理解もそこに加わっていき、この新しい変容と進化の手法を最も良い形で身につけることができます。そして本書では、皆さんの体験を深め、新たな選択肢を増やし、ホールネス・ワークが容易に効果を出せるように中核的な要素について何度か繰り返し述べています。

しかし私のように、興味のあるところから読み始める人もいるかもしれません。人によって学習スタイルは様々です。体験型のエクササイズから始めたい人もいれば、概念的な理解から始めたい人もいるでしょう。万人に合うやり方は存在しません。ご自身がやりやすいように、本書を自由に活用していただければと思います。

それでもやはり、第1章から順番に読み始めることを私はお勧めします。第1章は、本書をご理解いただくための基礎固めをしている章であり、続く第2章では、最も重要なホールネス・ワークを実践するための手順をガイドしていきます。その後は、「理論が先か、体験が先か」で自由に選択をして頂いて構いません。どちらを選ぶにしても、それぞれのエクササイズは少し時間をとってやってみてください。実践にこそ恩恵があります。

ホールネス・ワークとご自身との関係をリフレッシュし、さらに深めたいと思う時でも、本書がいつでも繰り返し使えるリソースとなってくれることを願います。

喜びと新たな気づきに満ちた旅路となりますように。

第1部

# ホールネス・ワークの根幹を理解する

第1章

# 最も難しいクライアント
## 効果のある新たな手法の発見

「真の発見の旅とは、新しい景色を探すことではない。
新しい目で見ることである」

――マルセル・プルースト

人がこうした本を手に取るには様々な理由があります。人生のストレスに対処する方法を見つけるため、大切な人たちとの関係を改善するため、もっと成功するため、孤独感を和らげて有意義な人間関係を築く方法を知るためなど、人それぞれの理由があるでしょう。もしかしたら、すでにほどほどに順調な人生を生きているけれど、さらなる喜びとウェルビーイングを望んでいる人もいるかもしれません。手放してしまいたい習慣や、抱えている健康問題の緩和や回復を望んでいる人もいるかもしれません。自分が何を望んでいるのかまだよくわからない人もいるでしょう。それでも、今より幸せになる方法、よりよい人生を送る方法を望んでいるのであれば、このワークを活用することができます。

私もそうです。私はこれまで常に、変容をもたらす様々なメソッドを探求し続けてきました。あまりに長くやってきたので、セラピーと自己啓発を自分のライフワークにしてしまったほどです。

しかし、最も難しいクライアントは常に私自身でした。ずっと昔、自己啓発の手法を学び、教え始めた時点で、それはすぐに明らかになりました。当時の私が教えていた最新のメソッドは、多くの人にかなりの効果を発揮していました。しかし私だけは、結果を手に入れることがほとんどできませんでした。私としては非常にもどかしい時期でしたが、その経験があったからこそ、本書で皆さんが学ぶメソッドの発見にもつながっていったのです。当時から、私自身が内面の変容を体験するにはまだ知られていない何かが必要だとわかっていました。さらに内面深くへと降りていく方法、または、さらに遠くへと進んでいく方法を見つける必要がありました。私の中のもっと根源的な何か、おそらく変化への鍵となる何かに届く方法が必要でした。

最も難しいクライアント（私のことです）にも効果があるメソッドを探していたからこそ、

あらゆるメソッドを試してみたものの、助けになるものを見つけられなかった人々にも役に立つ、一連のメソッドを開発する結果につながったのだと思います。そしてこのメソッドは、結果が出やすいクライアントにとっても、他のメソッドと比べた時に、より迅速で完全な解決をもたらすものとなりました。

自分にも実際に効果があるものを探求する中で、私はスピリチュアリティ（精神世界、精神性）と精神変容の世界へと意識を向けていきました。

ここで一つ明確にしておきます。ホールネス・ワークは、スピリチュアリティに興味がある人でもない人でも、どちらの人にも使っていただけるものです。事実、ホールネス・ワークから恩恵を受けている人の中には、特定の問題を解決することや、さらなる幸福や成功を手に入れることだけに興味を持ち、スピリチュアリティにはあまり興味がない人も大勢います。それと同時に、このプロセスは数十年にわたってスピリチュアリティの実践を行なってきたたくさんの人々の助けになってきたことも事実です。第1章を読めば、このメソッド発見の主要な情報源がスピリチュアリティの分野でありながらも、なぜ精神面における信念や実践がプロセスに不要なのかを理解していただけるでしょう。

話を戻しましょう。こうして私はスピリチュアリティの集会などに参加するようになり、思考を刺激されるような様々な気づきを得ていきました。そして、こうした集会に参加する人々と、セラピストの元を訪れる人々が求めるものは基本、同じなのだということを知ったのです。彼らも……私たちも、と言うべきでしょうか、自分が抱える不快感や苦痛に対処する方法を求めていたのです。

スピリチュアリティでは、苦痛からの解放を「覚醒」とか「悟り」と呼びます。セラピーの世界では「感情の癒し」「メンタルヘルス」「自己啓発」と呼びます。ライフ・コーチであれば、「効率的に人生の舵取りを学ぶ」と言うかもしれません。どのような呼び方だったとしても、すべては、よりよい人生、より心地よくてウェルビーイングな人生を送ることを意味しています。そしてスピリチュアリティの先生でもセラピストでも、人々がより良い人生が送れるように、そして人間であるがゆえのジレンマに対処できるように助けたいという思いから、相手の精神的変容を促せるようなワークに取り組んでいます。

一般に言うセラピーとは、クライアントが過去に受けた心の傷などを癒すための取り組みであることが多く、中には段階的な手順を提供してくれるものもあります。しかし長年セラピーに通い続けながらも、完全に癒やされたと感じることができない人が大勢いることも事実です。そのため、**セラピーのモデルには何かが欠けているのではないか**と私は感じるようになっていました。

一方のスピリチュアリティの世界では、突然の劇的な好転変化が起きたという報告もあります。これが「覚醒」と呼ばれる体験です。しかしスピリチュアリティの先生たちは、「『そこへ到達する』ためにできることは何もない」と言います。実際、スピリチュアリティを長年探究してきた人々でも、覚醒へと到達する方法が発見できないでいました。そして私は、このように考え始めるようになったのです。

**覚醒と呼ばれる状態にもっと確実に、もっと容易に到達できる方法はないだろうか？ セラピーの世界とスピリチュアリティの世界の、それぞれの見識と強みを結びつけてみたらどうだろうか？**

覚醒を体験した人に聞いてみても、それがどのような体験なのかを言葉で厳密に描写することは難しいようです。しかし、誰でもが経験する日々の苦しみとか、人生の難題が、覚醒を体験していない私たちとは異なる体験になっているようでした。人生で最も困難な状況に直面している時でさえ、彼らは深いウェルビーイングの感覚を感じ、愛とユーモアの感覚も感じているように見えました。

このような在り方が本当に可能なのであれば、スピリチュアリティを信じるか否かにかかわらず、私たち全員にとって価値あるもののように思えたのです。

では、覚醒とはどのように起きるのでしょうか。私が時間を共にした多くのスピリチュアリティの先生方は、それを理解することは不可能だと言います。神の恩寵《おんちょう》にかかわるものだと彼らは説明します。そして予期せずに起こることだとも言います。これを実際に体験するには、すでに覚醒を体験した先生と同じ空間に身を置き、十分に長く静かにそこに座り続け、そして幸運に恵まれたなら、神の恩寵が自分の両肩にも降り注ぎ、意識の転換が起きるのかもしれません。

**しかし、神の恩寵を待たなくても済むのであればどうでしょう？　誰にでも可能だとしたら？　誰にでも可能となるように、覚醒体験で具体的に何が起きているのかを理解できたとしたらどうでしょう？**

これこそがホールネス・ワーク、そして本書が焦点を当てることです。とはいえ、これから本書で探究していく二つのプロセスを用いることで、瞬時に完全な覚醒に至るなどということは、ほとんど起こりません（一部のスピリチュアリティグループのように、覚醒に到達するのが普通だと断言できたら簡単なのですが）。でも、多くのスピリチュアリティの先生の説明と一致した方向に、かすかではありながらも即座の変化を常に出し続けることは事実です。そして、時間をかけて実践していくことで、私たちが呼んでいるところの「大いなる覚醒」へと徐々に進んでいきます。それは、世界における自分の在り方が継続的に変わり続け、ウェルビーイングと喜びの状態に入りやすくなり、知恵と感情知性が向上していく状態だと言うことができます。実際、長年ホールネス・ワークを実践している人の中には、スピリチュアリティの世界で報告されているような強烈な変化を何度か体験するケースも多いようです。

しかし、このワークで強調したいのはその点ではありません。ホールネス・ワークが起こす穏やかで優しい変化は、人として生きていく上で多くの実用的な利点をもたらしてくれます。一部のスピリチュアリティ的な覚醒としてよく言われるような、地球上の全生命とは切り離された個としての至高の状態などではなく、日常生活の中で、より幸福でリソースフルな体験をもたらしてくれる自然な在り方を手に入れる方法なのです。

アメリカの著名な精神科医で心理学者だったミルトン・H・エリクソンは、他のセラピストが治療は不可能と考えたクライアントとのワークに見事に成功して名声を築いた人物でした。彼が亡くなる一年前の1979年、幸運にも私はエリクソンが開催した少人数制のセラピスト向けセミナーに参加し、彼の元で一週間勉強する好機に恵まれました。

当時、個人的な問題を抱えていた私はこの好機を活かしたいと思い、一対一でワークしてもらえないかと彼に頼んでみました。そしてその週、私が彼の元で体験したことは唐突で劇的な変化であり、それこそが大きな覚醒だったと気づいたのは後になってからでした。それは私にとって大切な贈り物となり、私の人生の進路に大きく影響を与える体験となりました。

この時の体験で、すべてにおいて穏やかな気持ちを維持しながらも、必要な時には日常的にすぐに行動を起こせるような覚醒の状態を私は手に入れました。しかしその状態は、しばらく経つとすぐに薄れ始めていきました。物事に対処しようとする時の私の問題だらけなやり方がすぐに戻り始め、どうしたら「あの状態」を取り戻すことができるのか、模索を続ける日々が続きました。

そして深刻な健康上の問題を抱えるようになった1997年、私の探求はさらに真剣なものになっていきました。その頃にはすでにセラピーの分野でキャリアを築いていた私は、**コア・トランスフォーメーション**（注1）と呼ばれるパワフルなメソッドを開発していました。そのメソッドは、多くの人々に多様な、そして目覚ましい結果を出していました。しかし、私自身の状態はボロボロで、あまりにもひどい状態であったために死が近いのではないかと思うほどでした。なんとか回復して、生き延びる方法はないものかと必死で探求を続けました。そして医師から、西洋医学ではもう治療法がないと言われた時、私は本格的にスピリチュアリティの世界を探求し始めたのです。スピリチュアリティの先生や探求者なら、助けになるようなことを知っているのではないかという思いでいっぱいでした。

こうして私は、スピリチュアリティの世界における数々の原則や哲学が理解できるようになっていきましたが、あの覚醒の体験に導いてくれるような、信頼に足る具体的で正確な手順に巡り合うことはありませんでした。一人のスピリチュアリティの先生は私にこのようなことを言いました。「覚醒を言葉で説明することはできないし、そこへ至る手順はない。もしも手順が編み出せるとしたら、それは本物の覚醒ではない」

しばらくのあいだ、私はその言葉を真に受けていました。しかし、私の背景である精神的変容という分野は、何かに成功した人々をモデリングして彼らの無意識の構造を紐解き、同じ結果を他者が出せるように教えるための手順を作り出すことに重点を置きます（注2）。そこで私は次のように考えるようになりました。

**私たちが覚醒と呼ぶものもまた、無意識の構造を持つのだろうか？**
**実際に覚醒への手順を見つけられるとしたら、どうだろうか？**

## 覚醒と日没

覚醒とは、例えて言うならば日没のようなものだと言えます。太陽が地平線に沈んでいくところを一度も見たことがない人に、言葉だけで説明することも、ましてや、理解してもらうこともできません。理解させようとしても、相手が日没を見たことがなければ、その荘厳さ、不思議さ、美しさを本当の意味で理解することはできないでしょう。これが、言葉や概念では決して十分に語れないという感覚です。

しかしながら、地球上にいる人であれば誰でも、日没を実際に体験するための手順を容易に作り出せることはおわかりだと思います。まずは、特定の時間に屋外に出ます。建物や障害物があまりない場所を見つけたり、屋根の上などに上がったりします。次に西の方角を向き、雲が多くない日であれば、日没が体験できます。適切な手順を踏めば、誰でも体験できることが明らかです。そしてこれを繰り返すことで、様々な種類の日没を見ることにもなるでしょう。

初めてこれを試してみた日がたまたま曇っていて、日没が見られなかったとします。あなたはこう思うかもしれません。「みんな何のことを言っていたのだろう。壮大な色も光も何も見えないじゃないか。作り話だったのか？　または手順が間違っていたのかもしれない」

そこであなたは、手順をちょっと変えてみることにしました。少し早めに外に出たり、または霧などが出ていない日に、もっと開けた場所を見つけたりします。そのようなことを続けているうちに、いずれ必ず日没が見られる時がやってきます。

しかし、皆さんはこう考えているかもしれません。「日没を見たからといって、その不思議さや美しさに誰もが感動的な体験をするとは限らないのでは？」確かにその通りです。その美しさに感動できるように、心の中の偏見や先入観から解放された状態でいることが必要です。この状態が、覚醒と呼ばれるものに近いと私は考えています。

では、こうした体験ができる心の状態にも構造があるのでしょうか。さらには、自分をそうした状態に入れていくための手順も存在するのでしょうか？

ほとんどのスピリチュアリティの手法は、ここで私たちを見捨てます。手順を求めると急に説明が漠然としたものになったり、呼吸法を実践しなさい、キャンドルの炎に集中しなさいなどと言われたりして、繰り返し同じ手法へと私たちを引き戻そうとします。

しかし、具体的な手順は、ちゃんと存在しているのです。

注意散漫で分断されたマインドに対処するために非常に効果的なメソッドが存在するのに、

なぜ、始めからそれを人々に教えないのでしょうか？　注意散漫の核心へと降りていき、それを歓迎し、融合し、溶けるように招けばいいのです。

今、私がこうして書いていることも、やはり漠然とした説明にしか聞こえないかもしれませんが、実際にこれを正確に行うための詳細で実用的な手順をすぐにご説明します。その手順の精密さこそが、ホールネス・ワークがもたらすユニークな貢献と言えるでしょう。私たちが「小さな自分」と呼んでいるものから解放されて、覚醒の体験が確実にもたらされるシンプルな手順です。

小さな自分からの解放は、セラピーやスピリチュアリティの実践が目標とする到達点です。従来のスピリチュアリティでは、「自己を忘れて祈りを捧げる」もしくは「聖なる力に委ねて神の恩恵を受け入れる」ように奨励されます。心理学の分野では、最も進化して洗練された発達の段階とは、尊大さや傲慢さが剝がれ落ちた状態だと考えます。健全な精神は、自己執着の心に宿るものではなく、同時に、精神面で進化している人だけが持てるものでもないと言います。

こうした一般論はどれも素晴らしいものです。しかし一般論というのは、具体的な知識があって初めて役に立つものです。では早速、具体的な知識へと話を進めていきましょう。

## どのように使っていくのか

基本的にホールネス・ワークとは、自分でも認識できていなかった自らの内的体験の構造に気づくことを可能とするメソッドです。科学や数学の世界は、物事の本質的な構造を正確に表す公式が発見された時に大きく前進します。物理学では、$E = mc^2$ の公式が正確に物質界における関係性を明示しました。物理学者ではない私は、この公式を真に理解してはいませんが、この公式が存在することで以前は不可能だった結果を、物理学者たちは予測通り確実に得ることができるようになったというのは理解できます。ホールネス・ワークが個人のウェルビーイングという領域において人々にもたらすものが、まさにこれです。このワークは、現実世界を理解するためのロードマップと、そのロードマップに従って前進していくために使うことができる段階的な手順を教えてくれます。

## スピリチュアリティの教え

東洋のスピリチュアリティでは、悟り（もしくは覚醒）とは、自我が溶けることであるというのが最も一般的な教えです。しかし本当のところ、それはどういう意味なのでしょうか。自我が溶けることについて朝から晩まで議論を続けたとしても、実際に自我が溶けて何かが変容することはありません。そもそも自我とは何なのでしょうか？　それが何かを知らずに、溶かすことなどできるのでしょうか？

この問いに対するシンプルな答えは、「自我とは、『私』」です（事実、**エゴ＝自我**という言葉はラテン語の「私」を語源としています）。私たちは一日中、繰り返し「私」という言葉を使っています。「私はこう思う」「私はこう感じる」「私は散歩に行く」「私はこの問題を解決しようとしている」など。しかし、内面の精神世界において、この『私』とは何を示しているのでしょうか？　どのようにしたら、この『私』を見つけることができるのでしょうか？

今から私たちは、自我と呼ばれるものの構造を紐解き、それを溶かすためのシンプルな方法を学んでいきます。「自我を溶かす」と言うと、何かを失うように聞こえるかもしれませんが、実際にはそうではありません。次の章に進んでいただけば、この探究がいかに優しくて穏やかなものであるかが、そして**大切なものはすべて残る**ということがわかります。このことは、章を読み進めていく中で、さらに鮮明になっていきます。

それでは、自分の精神の世界へと探究を始めていきましょう。

第2章

# 最初のブレイクスルー
## 『私』を見つける

「あらゆる真実は、一度発見されれば理解するのは簡単である」
——ガリレオ・ガリレイ

本章では、私たちが『私』と呼ぶもの、またはエゴを実際に見つける方法を皆さんに理解し始めていただけるように、ガイダンス付きのワークをしていただきます。本来、最も効果的なのは私のセミナーにご参加いただくことですが、まるでセミナールームの中にいると感じられるように、そしてそこで起きていることが皆さんにも明確に理解していただけるように、この後、セミナーで行なったデモンストレーションを書き起こします。単に概念的に学ぶのではなく、体験を通して一緒に探求していきましょう。

このデモンストレーションを読みながら、私が受講生に尋ねた質問の一つ一つに対して、自分なりの答えを見つけていってください。そして同時に、セミナーに参加した人々の答えが多岐に渡ることにも気づいてください。人によって質問への反応が異なると知ることでワークへの理解も深まりますし、自らの反応にさらに十分に、正確に気づいてもいいのだという許可を自分に与えることができます。

私が質問をした後、一旦読むのを止めて自分でも質問に答えてください。これはあなたの学びに不可欠なことです。なぜならこのガイダンス付きのワークが、その後に続く本書の内容を理解するための土台となるからです。本当の学びはあなたの中で起こるものですから、この最初のデモンストレーションを実習として体験することで、その後に続くすべてがさらに容易に、さらに意義あるものになっていくでしょう。

**読者へのヒント——内面の探究　ウォーミングアップ**

自らの内面を探究するという経験を今までにしたことがない人は、後に続くデモンストレーションの書き起こしを読む前に、大切な原理を学ぶためのシンプルなエクササイズをやっていきましょう。

周囲をちょっと見回してください。外の世界のあらゆるものには「場所」があると気づくでしょう。建物の中にいるのであれば、部屋に置いてある家具に気づくことができ、それぞれの家具が特定の場所を占めていることにも気づくでしょう。一脚のイスは特定の一つの場所にあり、それ以外の場所にはありません。屋外にいるのであれば、周囲の建物や木々、植物に気づくでしょう。周囲のものにはすべて、それが占める特定の場所があります。これは明白な事実です。

同じように私たちの内面の世界でも、人が思考するすべてに特定の位置や場所があります。私たちが想像するすべてのもの、私たちが体験するすべての気持ちに場所があります。

これを実感するために、まずは目を閉じて、あなたの好きな人を考えてください。その人のことを考える時、その人の姿が見えるか、あるいはその人の感覚だけを感じるかもしれません。その人のことを考えた時、あなたの内面で見えるその人の映像（あるいは感覚）には、場所があると気づいてください。まるで目の前にいるように、またはすぐ横にいるように見えるかもしれませんし、頭や身体の中のどこかにいるように感じるかもしれません。どこでもあり得ますので、ただ、その場所に気づきます。はっきりわからない場合は、場所を推測するだけでも大丈夫です。

次に、好きではない人を思い浮かべてください。その人のイメージや感覚の場所に気づいてください。ここでも、正面かもしれないし、自分の右側や左側かもしれません。どこでもあり得ます。

ほとんどの人の場合、好きな人が見える場所は、好きではない人の場所とは異なります。

興味深いことではありませんか？　次のガイダンス付きのワークでは、内面の世界の「場所」に気づくことができるこの能力を使って、さらに大切なものを見つけていきます。つまり内なる『私』の感覚です。

## ［ガイダンス付きワーク］『私』を見つける
### ――セミナーのデモンストレーションより――

### ■身体の感覚を見つける

コニレイ　「では、目を閉じてリラックスしていきましょう……そして、身体の感覚に、ただ気づきます。どのような身体の感覚でもかまいません。ちょっと緊張しているとか、重さの感覚とか、チリチリするような感じなど、大げさなものでなくてもかまいません。

私も一緒にやっていきますね……（私も目を閉じて、少し間をおく）私は、腰のちょうどこのあたりに、わずかに押されるような感覚があります。（腰に手を当てながら、感覚に意識を向ける）私が今気づいているのはこれです。

皆さんも、今、気づけることに気づいてみてください。自分の内面へと意識を向けて、身体の感覚をチェックした時に最初に気づけたものに、ただ気づきましょう……。

そして、その身体の感覚をどこで感じるのか、その**場所**に気づくことができます……お腹のあたり、または胸のあたりかもしれません。もしかしたら、足や腕、皮膚など、他の場所の感覚に気づいている人もいるかもしれません。座っている椅子に触れているお尻の感覚に気づいているかもしれません。

何かの感覚が見つかりましたか？（全員が頷く）

はい、いいですね。そして皆さんは、その感覚の**質**にも気づくことができます……私が腰のこのあたりを感じてみると、少しだけ温かく感じます。

それがどのような感覚であろうと、どこであろうと、全員がこのように言うことができます。

**「私はこの感覚に気づいている」**

そしてそれは真実ですよね？……「私はこの感覚に気づいて」いますよね」
（全員が頷く）

**読者へのヒント**

あなたの身体のどこかにある感覚に気づきましょう……それはどこですか？　その感覚はどのような質ですか？　チリチリするような感覚ですか？　温かい感じ、それともヒンヤリする感じですか、それとも……？

## ■『私』を見つける

コニレイ　「次に皆さんに、少しおかしな質問をします。質問は……（前より柔らかいゆっくりとした口調になって）

**「私はこの感覚に気づいている」**と思う時、その『私』（注1）の場所はどこですか……？

最初に浮かんだ場所に、ただ気づきます。答えに正しいとか間違っているとかはありません。ふと思い浮かんだ場所で大丈夫です……。

まず、感覚そのものに気づき、次に気づきましょう。（ゆっくり柔らかい口調で）「**私はこの感覚に気づいている**」……では、その『私』の場所はどこですか？」

**読者へのヒント**

ここで読むのを中断して、自分にもこの質問をしてください。『私』の場所に気づけたなら、そのまま読み進めてください。そうでない場合は少し前に戻って、「身体の感覚を見つける」と書かれた短い段落をもう一度ゆっくりと読んでみましょう。それでも『私』の場所がわからなければ、推測するだけで大丈夫です。答えがわかった「ふりをする」のでも、わかったように演じるだけでもかまいません。セミナーに参加した人たちは何に気づいたのか、続けて読んでみてください。

コニレイ　「では、気づいたことを何人かにシェアしていただきましょう。『私』の場所に気づいていて、グループにシェアしてもいいと思う方は手を挙げてください」

ボブ（注2）　「頭の奥の方です」

コニレイ　「素晴らしいです。「奥の方」とは、頭の中心あたりということですか？　または、後ろの方とか……前の方とか……」（ボブが自分の体験を「確認」しやすいように、私はゆっくりとした口調で話す）

ボブ　「頭の後ろの方の真ん中です」（確認するために少し間を置き、右手を頭の後ろに当てながら答える）

アル　「私の場合は首の後ろです。少し硬い感じがします」（次にアルが首の後ろの上部を指しながら答える）

コニレイ　「OK、素晴らしい。ありがとう。ここですね。（アルの指し示したところを私も指す）そして、硬い感じがするのですね。エリーはどうですか？」

エリー　「……」（エリーは言葉を使わずに、自分の頭の前の空間を指し示す）

コニレイ　「OK、ここですね。（私もエリーの身振りに合わせる）ここの『私』の大きさと形はどうですか？」

エリー　「丸いです。そして、これくらいの大きさです」（エリーが、グレープフルーツくらいの大きさの丸を手で作る）

コニレイ　「OK、素晴らしいです。あと何人かに聞いていきましょう」

ジャン　「私のはここです。額の真ん中です」（ジャンが眉間を指す）

ルース　「私は頭の前、この辺です」（ルースは頭の前、数センチほど上方を指す）

コニレイ　「正面の少し上のほうですね」（私もルースの身振りに合わせ、同じ場所を指し示す）
ルース　「そうです」
コニレイ　「いいですね。彼女のジェスチャーから大きさと形もなんとなくわかりますね。素晴らしいです。これまでに発表されたものとは少し違うという人はいますか？」
ドン　「私は、胸のちょうどここです」（ドンが胸の真ん中を指し示す）
アヴァ　「私は自分の前にあることに気づきました。八の字の形をしています」
コニレイ　「前の方で八の字の形ですね。わかりました。素晴らしい。
　皆さんに知っておいて欲しいのは、場所はどこでもありうるということです。答えに正しいも間違いもありません。身体の内側だったり、外側だったり。頭の中、頭の周囲など、どこでもあり得ます。遠くだったり、近くだったり、前方、後方かもしれません。
　答えが間違いということはありません。その瞬間に思い浮かぶものが答えです」
アレックス　「文字通りの場所を探すのですか？」
コニレイ　「文字通り、物理的な場所に気づきます。『私』には特定の場所があります。

例えば私がこうして見た時に、あなたがそこに座っているように、あなたは今、特定の場所にいますよね。私の目の前に。水の入ったこのコップは、私の右にあります。ホワイトボードは私の後ろです。今言ったものはすべて身体の外側にあるものの場所です。つまり外的体験と言うことができます。

一方で『私』は内的体験と言うことができますが、私たちの内面の世界にも特定の場所というものが存在します。『私』の場所は自分の身体より前の方や、後ろの方、右または左側だと感じるかもしれないし、頭や身体の中のどこかだと感じるかもしれません。

知っておいて欲しい大切なことの一つは、『私』を見つけようと思った時、『私』には、このコーヒーカップやホワイトボードのような実体がないということです。時々、『私』がすぐに見つからない人がいる理由は、外の世界にあるものと同じように実体のある何かを探そうとするからです。『私』とはそのような有形物ではありません。額のこのあたり、頭の右側など、どちらかと言えば、単なる感覚のようなものです。ほとんどの場合、特定の場所で「ここだ」という感覚を感じるだけです。

例えば今、私がイチゴのことを考えたとしたら、私が頭の中で作り出すイチゴのイメージは、私の内的世界の特定の場所を占めます。今は私の目の前、少し左側で、眼の高さのところに見えます。この部屋に実際にイチゴはありませんが、私は心の中でイチゴを想像することができます。

人は何かを想像する時、想像したものが常に自分に対してどこか特定の場所に見えます。『私』を見つけようとする時も、自分の内的世界における特定の場所に気づくことができます。しかし『私』については、イチゴやオレンジを想像した時と比べると有形物という感覚をあまり感じません。ですから、「『私』の場所はどこですか?」と聞いた時に気づくのは、空間における特定の場所という**感覚**であることが多いのです」

アレックス　「例えば、それが動き続けているとしたらどうなりますか?」

コニレイ　「まったく問題ありません。動いていても場所はあります。一つの場所に固定されていないだけです。特定の瞬間には特定の場所に存在しているのですが、その場所が変わるということです。

多くの場合、皆さんが見つける『私』は静止していますが、時には動き回る『私』もあります。おかげで補足説明ができました。アレックス、ありがとう」

カーラ　「それでも場所がわからなければ?」

コニレイ　「大丈夫です。私にも**明確にわからない**ことが時々ありますが、そういう時はただ推測します。推測で大丈夫というのは奇妙に聞こえるかもしれませんが、それでもうまくいきます。ですからカーラ、もし今、身体の感覚に気づいていて、「**私はこの感覚に気づいている**」と言えるのであれば、この瞬間の『私』はどこだと推測しますか?……（少し間を置いて、カーラが頭の後ろの少し左側を指さす）

では、全員が『私』の場所を見つけることができましたか?（全員が「はい」と頷く）はい、いいでしょう」

## ■『私』の大きさと形

コニレイ　「『私』の大きさと形について、すでに答えてくださった方たちもいます。今度は皆さん一人ひとりが、「『私』の大きさ」に気づいていきましょう。『私』は小さいかもしれませんし、やや大きいかもしれません。

そして、どのような形をしているでしょうか?　どのような形でもありえます。『私』が円形や楕円形の時もあれば、円錐形、どんぶり型、時には人の形をしていることもあります。輪郭がぼやけていたり、雲のように明確な形を持たなかったりする時もあります。

皆さんは、自分が見つけた『私』の、大きさと形に気づくことができます

か？」（全員が「はい」と頷く）

### 読者へのヒント

皆さんも、自分が見つけた『私』の大きさと形に気づきましょう。どのくらいの大きさですか？　特定の形をしていますか？　はっきりとわからなくても大丈夫です。『私』には、輪郭がぼやけているものもありますし、大きさがはっきりしないものもあります。それでも大丈夫です。だいたいの場所、そして容易に気づくことができる大きさと形に、ただ気づきます。

## ■『私』の感覚の質

コニレイ　「次に、『私』の**感覚の質**に気づいていきましょう。感覚の質とは、『私』が位置する領域の表面だけでなく内側までも感じてみると、例えば温かいとか、冷たいとか、その場所でどのような種類の感覚を感じるのかということです。密度が濃い感じなのか……それとも、スカスカで空気のように密度が薄い感じなのか？　軽かったり、重かったりするかもしれません……明るいとか、暗いとか……？

以前、夫がこのワークをした時、彼は「そうだなあ、まったく何もないようだ。完全に澄み切っているよ」と言っていました。そのような場合もあります。スカスカだったり密度が濃かったり、霧がかったり、ぼんやりしている時もあります。静止していたり、動いていたりすることもあります。場所から場所へと『私』が動き回るとアレックスが説明してくれましたが、『私』の中には動くものがあったり、動きがないものがあったりします。そうしたことにも気づいていきましょう。ブルブルと振動していたり、ブーンという感じの質だったりするかもしれません。私の場合、ブクブクと泡立つような質を感じる時もあります。すべての感覚の質を今ここで完璧にリストアップすることはできませんが、どのようなものに気づいてもらいたいのかを、多少なりともわかっていただけたと思います。

では、感覚の質をチェックしてみると、皆さんは何に気づきますか？　どのような発見がありますか？」

マット　「丸くて……上の方の三日月形に暗くなっている部分以外は透き通っています。動きはなく、静かです」

コニレイ　「ありがとうございます！　マットはとても具体的に描写してくれました。普段の私より、ずっと具体的で細かい説明でした。ここまで具体的な言葉にできなくてもかまいません。私も時々、感じているのに、感じていることを言葉で表現できないことがあります。では、他には？」

リサ　「私のはここ、頭の上でした。楕円形っぽい感じ。そして霧状です……雲のような。あまり実体はありません」

コニレイ　「素晴らしい、ありがとうございます」

テッド　「頭の真ん中、ここにあります。小さくて、周囲の空間と比べると密度が濃いです」

レオ　「私のは胸にあります。丸みがあって、とても暖かい」

コニレイ　「素晴らしい、ありがとうございます。バラエティに富んでいることがわかりましたね。まったく同じ『私』は二つとありません」

**読者へのヒント**

あなたが見つけた『私』の感覚の質に気づけましたか？　読み進める前に、まずは自分でも気づいてみましょう。

## ■『気づき』（注3）とは？

コニレイ　「では、少し先へ進みます。初めに言った言葉、「**私は身体のここにある、この感覚に気づいています**」に戻りましょう。ここまで、この感覚の探求をしてきましたね。そして皆さんそれぞれが感覚に気づき、その場所にも気づけました。そして、それぞれが体験している『私』の探求もできました。『私』の場所、大きさ、形、感覚の質を見つけていったということです。

次は、『**気づき**』という言葉を少し探っていきましょう。

『気づき』とは何でしょうか。実際に何を意味しているのでしょうか。『気づき』という言葉を使う時、私たちは意味をわかった上で使っていると思い込んでいます。しかし実際には、人によってそれぞれに大きく異なる内的体験をしながら、この言葉を使っていることに私は気づきました。

そのため、このプロセスで私が意図する『気づき』がどのようなものであるのかが体験できるように、まずは私が皆さんをガイドしていきます。この特有な『気づき』の体験こそが、プロセスをうまくいかせるコツであり、本物の変化を起こすカギとなるのです」

**読者へのヒント**

次の段落以降、私のガイドに従って参加者たちが『気づき』を体験できるように、私はゆっくりと柔らかい声で話しました。次のガイド部分は、自分にも体験させてあげられるように、間を入れながら、ゆっくりと読み進めてください。

コニレイ
「この探求は、自分の身体の感覚に気づくことから始めましたね……つまり私たちは、身体中に『気づき』があるとわかりました……もしそうでなかったら、今感じたこの感覚に気づくことはできなかったでしょう……。

私の全身のあらゆる場所に『気づき』があるので、今、少しだけ感じてみると……この瞬間にも、身体全体に『気づき』があると感じられます。例えば、何かが膝にぶつかったら、皆さんは自然とそれに気づくでしょう……なぜなら、『気づき』はすでにそこにあるからです。例えば、「今、何かが膝にぶつかったかどうか、確認しよう」など、頑張る必要がありません。何かが膝にぶつかったら、私たちにはただそれがわかります。『気づき』はすでにそこにあるので、自然に気づけるのです……。

さらに、同じことが私たちを取り巻く空間にも当てはまります。この瞬間、私たちの周囲には全方向に、同時に、空間が広がっていることを私たち全員が知っています。目を開けばどの方向も見渡すことができます。そしてこれは事実だと知っています。たとえ目を閉じていたとしても、周囲を取り巻く全体の空間を感じることができます……。

例えば今、あなたの右側で誰かが「ねえ」と声をかけてきたら、あなたには聞こえますよね？……頑張ることもなく、それが聞こえるでしょう。その音は、自然に、そして自動的に入ってきます……あなたの左側の人が「ねえ」と声をかけてきても同じです……頑張ることなく、音は勝手に入ってきます……音が前から……後ろから……上から、下から……どの方向からであったとしても、ただ自然に、頑張ることなく、その音への自然な気づきが起こります……。

これが周囲を取り巻く空間の感覚です。周囲の空間にも広がっている『気づき』……気づくことのできる能力です……そして、そこに境界線を見つけることはできません……私たちの体験には、境界線がありません。理論的には、地球の裏側で音がしても、私たちに聞こえることはありません……しかし、今の自分の体験という意味で言えば、そしてこのプロセスではそれが重要なのですが、境界線という感覚はありませんよね？　「この線の向こう側で音がしても、私には聞こえない」という、空間の線引きがありません。ですから私たちの体験として、ただ『気づき』があり、そこに制限という感覚はありません。境界線の感覚がありません……。

視覚的にも同じです。目が開いている時、周囲のすべてを見ることができます。周囲には空間が広がっています……実際に見えなくても、背後にも空間があるという感覚があります……そして目を閉じても……例えば今、私がこうして目を閉じても、自分を取り巻く空間の感覚があります……周囲には空間が広がっていることが、見なくてもわかっている感じです……つまり、周囲の空間の中にも、空間の隅々にまでも、『気づき』がただ自然に存在しているということです……。

皆さんも同じような体験ができていますか？」（参加者たちが頷く）

**読者へのヒント**

もう一度、今の『気づき』を体験するためのガイドを読んでいただくと良いでしょう。時々本から目を離して、そして目を閉じながら実際に体験してください。

コニレイ

「さて、『気づき』という言葉に、こんなにも盛りだくさんの意味が含まれていると知っていた人はいますか？（グループが笑う）

皆さんの中には、『気づき』をすでに今のように体験していた人もいるかもしれませんが、全員が同じ体験となるように確認しておきたかったのです。なぜなら、私が今のように『気づき』の体験をガイドしていなかった時は、多くの人がかなり異なる体験をしていることに気づいたからです。例えば、このような『気づき』の体験をしている人もいました。「私が部屋の後ろの壁に貼ってあるポスターに気づいているということは、『気づき』とは、ポスターの表面を覆う薄い膜のようなもので、多分、ポスターと何らかの関係があるのだろう」。それは、私が意図するものとはかなり異なる体験で、これからやろうとしているプロセスではうまく機能しません。

もちろん、まったく同じ『気づき』を体験する人は二人といないので、それはそれで大丈夫です。私自身の『気づき』の体験も、その時によって少しずつ違っています。大切なのは、私の身体全体に、そして周囲の空間のいたるところにすでに存在している、簡単で、努力を必要としない、境界線のない『気づき』に気づくことができるということなのです」

## ■『私』を招く

コニレイ

「では、今からちょっとした実験をして、何が起きるのか試してみましょう。わずかにしか感じられない何かが起きるかもしれませんし、何かを強く感じるかもしれませんし、あるいは、何も感じられないかもしれません。どのような感じ方であっても大丈夫です。

では、先ほど皆さんが見つけた『私』に戻りましょう。私も皆さんと一緒にやっていきます。

今、私が気づいている『私』は、額のちょうど真ん中のこのあたりにあります。かなり小さくて、やや密度が濃く、少しぼんやりしています。

ここからは、目を閉じるといいかもしれません……。

では今、皆さんはそれぞれの『私』の場所に気づくことができています。そしてその場所の表面だけでなく内側までも感じてみると、再び、感覚の質に気づくことができます。もしかしたら温かいとか冷たいとか、密度が濃い、スカスカしていて空気のよう、少し霧がかっているなど、様々に感じているかもしれません。動きがないのか、あるのか……この感覚の質をうまく言葉で表現できなくてもかまいません。

そしてこの場所の感覚に気づきながら……（ゆっくりと柔らかな口調で）

何が起こるかに気づきましょう……『私』の感覚が……この場所にある感覚が……周囲とその隅々にまで広がる……豊かな『気づき』の中へと、そして『気づき』のように……開き、リラックスするように招かれたなら……。

そうです……何が起きるのかに気づきましょう……『私』の感覚が……周囲とその隅々にまで広がる……豊かな『気づき』の中に、そして『気づき』のように……開き、リラックスするよう招かれると何が起きるでしょう……。

今、何が起きたとしても、そのまま起こるがままに任せましょう。（一分ほど間を置いて、それぞれに起きていることが体験できるように時間を取る）

落ち着いてきたと感じたら、終わったことが私にわかるように、目を開けてください」

### 読者へのヒント

右の太字になっている指示文をもう一度読んでから、目を閉じましょう。そして起こるがままの体験を感じてみましょう。本書を読み進める前に、まずは、自分の内面で起きたことに気づいてみてください。その後で、セミナー参加者たちがどのように反応したのかについて、読み進めてください。

## ■何が起きたのか？

コニレイ　「さあ、何が起きましたか？　どなたか体験をグループにシェアしたい人はいますか？」

リズ　「とても良かったです。私の『私』はここにいて、小さくて、グレイっぽい色でした。（リズが自分の前方を示すようにジェスチャーする）でもガイドが始まると、溶けるような、あちこちに流れ出るような感じになり、色と光が入り込んできました」

コニレイ　「素敵ですね。ありがとうございます」

ティム　「私はあまり気づけませんでした。でも、最初の『私』が消えて、前より少しリラックスできました」

コニレイ　「ありがとう、ティム。私も初めてやってみた時は、似たような体験でした。それほど多くに気づきませんでした。何かが起きたかどうかもわかりませんでした。ただ、少しだけリラックスできたと感じたのを覚えています」

ルディー　「最初、『私』の感覚は頭の中にある球体のようなもので、固くはなく、ぼんやりとした輪郭で、回転していきました。そしてガイドが進むうちに、私の頭の境界線を越えて外へと広がっていきました。今もまだ回転していて、どこが輪郭なのかはわかりませんが、私よりも大きくなっています。私の中に収まりきれていません」

コニレイ　「興味深いですね。シェアありがとうございました」

レナ　「私の『私』の感覚は、小さなコショウの実が脳の中心部にあるみたいでした。そして蓮の花が開いて、完璧な柔らかさになっていくようなイメージでした」

コニレイ　「なるほど。ちょっと聞きますが、開いてリラックスするように招く前から、蓮の花はそこにありましたか？」

レナ　「いいえ」

コニレイ　「では、招いた時に蓮のイメージが出てきたのですね？」

レナ　「面白いですよね！」（レナは微笑みながら頷いて答える）

コニレイ　「ええ、本当に面白いですね」

カーク　「後頭部にある『私』が開いてリラックスし始めた時、これが『気づき』に何かをして、最初に感じていた身体の感覚が消えていくような感じでした」

コニレイ　「なるほど。他にもそのようなことが起きたと気づいた人はいますか？（かなりの数の人の手が上がる）

同じ体験をした人がたくさんいますね。『私』が溶け始めると、最初に見つけた身体の感覚も溶け始めることがよくあります。最初の感覚が緊張や萎縮などにかかわるものであれば、特にその傾向が強くなります。これはとても、とても興味深いことです！

このことについては、後ほどさらに詳しく説明していきますが、今の時点でお伝えしたいのは、多くのセラピー的な手法が、身体で感じる緊張感だけでなく、気持ちや感情にも直接働きかけることで変化させようと試みることです。そして結局は、それが一番難しいやり方だったという結論に辿り着きます。その代わりに、ここでも多くの皆さんが体験したように、その**感覚を知覚している『私』**を見つけ、その『私』を溶かすことで苦しみや不快感などの最初の感覚が苦もなく自然に消えることがあります。

常にこれほど速く変化が起こるわけではありません。さらに、何らかの決まった形で起こるべきものでもないし、必ずしも何かが起きない場合だってあります。唯一起こるべきことがあるとすれば、このように言ってしまってもよいならば、**今のあなたに実際に起きたことが**、**起こるべきことだった**ということです。プロセスのどの手順でも、常にそれが一人ひとりに起こるべきことなのです。

すべてを、つまり表出するあらゆる体験を、愛情を込めてプロセスに入れていきましょう。最初の感覚が自然に溶けたなら、素晴らしいことです。溶けなくても素晴らしいことです。どちらも同じように素晴らしいのです。すべてが……そのすべてが……」

カーク　「最初の感覚が戻ってきました」（全員が笑い出す。そして私も笑い出してしまう）

コニレイ　「それもシェアありがとうございます！……それについても後ほど、さらに学んでいきましょう。システムというものは、常に私たちにとってその瞬間にベストなことをしてくれます。カーク、あなたが何を題材にしたのかはわかりませんが、萎縮や不愉快な体験の一部分が溶けてまた戻ってきたのだとしたら、次の二つのことを教えてくれています。

1．少なくともこの感覚は、溶けてなくなることが可能である

2．溶けた状態が継続的になる前に、他の何かが起きる必要がある

このことについては、第2部で詳しく学んでいきます。

他にも体験をシェアしてくださる人はいますか？　コーラ？」

コーラ　「開いてリラックスする体験をした時、私は身体の感覚がまったくありませんでした。自分の身体にさえ気づいていませんでした。まるでこれこそが『気づき』であり、フィールドであり、**『気づき』そのものという在り方**の体験だったと思います」（コーラは深くリラックスしているように見える。呼吸も深く、顔は生き生きと輝いている）

コニレイ　「なるほど。ありがとうございます」

ゾーイ　「私の『私』はこう言いました。「こんなことしたくない。私がすべてを取りまとめないと」

コニレイ　「そうですか。素晴らしいですよ。皆さん、彼女の言ったことが聞こえましたか？　「私の『私』は、こんなことしたくない」と言った、そして「私がすべてを取りまとめないと」と言ったんですね」

ゾーイ　「それが私の仕事だからと……」

コニレイ　「完璧です。「それが私の仕事だから」ですね。ゾーイ、こうした状況に対処する方法を後で学んでいきますからね。シェアしてくれてありがとうございました。このようなことが起きた場合でも、まったく問題ありません。唯一大切なことは、強引に突き進もうとしないこと、そして無理強いしないことです。

そのことについて、今、少し説明しておきましょう。話がうまくつながるので、良い発言をしてもらいました。ありがとうございます。皆さんがこの体験をした時、何らかのリラクゼーションを体験しましたか？（ほとんどの人が、「はい」と頷く）

そう、それが皆さんに共通した体験だったはずです『私』が溶ける時、様々な形で起こることですが、決まってある種のリラックスした感覚が訪れます。

もし『私』に何も起こらないのであれば、当然リラックスを感じることもありません。しかし実際に溶けて、開いてくれるのであれば、かすかな場合もあれば非常に顕著な場合もありますが、システム全体に広がるリラックスした間隔を体験することができます。これもまた、すべてが興味深いですね」

## ■ 補足説明：赤ちゃんの意識

たった今、私たちが体験したことを理解するための背景をいくつか説明したいと思います。**人は赤ちゃんとして人生をスタートする時、分離した自己の感覚を持っていません。**赤ちゃんの意識は成人の意識とは異なっています。赤ちゃんを観察していれば、それがどのような意識なのかを感じることができるでしょう。赤ちゃんの目を覗き込んだ時と、大人の目を覗き込んだ時とでは、異なる体験になりますね。赤ちゃんの目を覗き込むと、そこには純真に開かれた意識を見ることができると思います。

**読者へのヒント**

赤ちゃんを抱いて、その大きく見開かれた、純真な目を覗き込んでいると想像してみてください。

発達心理学によると、生まれたばかりの赤ちゃんには『私』という感覚がないと言われています。自己、あるいは分離した自己という感覚がありません。では、代わりに何があるのでしょうか？　赤ちゃんだった時の私たちは、大きく開かれた意識しかありませんでした。それはちょうど私たちが探求してきた『気づき』のフィールドのようなものです。赤ちゃんにとって体験とは、「ただ起きていること」なのです。光、色、音、感覚など、すべてがただ起きています。赤ちゃんは、どこまでが自分の身体でどこからが椅子なのか、またはどこからが他の人の身体なのかを区別することができません。赤ちゃんにとっては、すべてが体験です。すべてが、今起きている一連の体験なのです。

そこには素晴らしい点があります。赤ちゃんの目を覗き込むと、本当に心地よくて、平和な気持ちになると思います。もちろん、赤ちゃんが寒がっていない、空腹ではないと仮定しての話です！　部屋が適温で、オムツも乾いていて、お腹がいっぱいの時、赤ちゃんは平和で完全に開かれた存在となる傾向があります。だからこそ、誰かが赤ちゃんを部屋に連れてくると、皆がリラックスして「あぁー……」となるのです。成人した私たちでも、赤ちゃんの在り方にちょっとだけ入り込んでみることは、心地よい体験です。

年齢を重ねるごとに、自己の感覚、つまり『私』が発達し始めます。それは、世の中を上手に渡っていくために非常に役に立つことです。自分の身体と他人の身体は違うものであると気づいていきます。空腹を感じている時、それは自分の身体がお腹を空かせているのだとわかることは実用的です。そして、テーブルの上の食べ物を見た時に、食べ物と自分の身体は別のものであるとわかることも役に立ちますし、自分の空腹に対処したいと思ったら、どの口に食べ物を入れる必要があるのかを知っておくことも、やはりとても役に立ちます。こうしたことを知らなければ、長くは生きられません。

## ■補足説明：『私』とは本当のところ誰なのか？

しかしながら、他とは別個の存在である自分という感覚は、自分でも認識できない形で発達していきます。**『私』を改めて探求した時、空間の中の小さな場所に無意識でつながって**

**いたと誰が想像したでしょうか。**ところが、それこそが私たち一人ひとりが発見したことでしたね？　皆さんと一緒に『私』の場所を探求した時、多様性に富んでいたこともわかりました。しかしそのどれもが、意識全体よりずっと小さく、いついかなる時でもつながることができる気づきの豊かなフィールドよりずっと小さいものでした。

「**本当のところ、あなたは誰なのですか？**」と人に聞かれたら、皆さんはどう答えますか？「私とは、自分の頭のあたりにある豆つぶほどの大きさのこの場所です」あるいは「私とは、顔の前の上部にあるぼやけた雲のような形です。それが私です」とは答えないでしょう。そのように答える人はいませんよね？

たとえば街で誰かに会って、「コニレイ、あなたは誰？」と聞かれたとします。「ああ、それなら答えられるわ。私は、額の前の空間のこの場所です。これくらいの大きさです」と答えたら、おそらく相手に「彼女、おかしいんじゃないの？」と思われるでしょう。

それにもかかわらず、先ほどのエクササイズで自分の内面をチェックした時に、皆さんそれぞれがこの類の答えを自身の内面から受け取りました。つまり気づかないうちに、無意識に自分とは誰なのかという、こうした体験をしていたのです。『私』とは空間のどこかにある小さめの場所だということが、**あたかも真実であるかのように**振舞ってきました。特定の大きさ、形、感覚の質を持つ場所です。

では、「本当のところ、私は誰なのか？」この問いに対する究極の答えを持っていると断言するつもりはありません。しかし、**自分の意識全体が私**であり、いついかなる時でもつながることができる**『気づき』の豊かなフィールドが私**であることは明白な事実です。そして私とは、それ以下の存在ではないことも確かです。「私とは空間の小さな場所です」よりも、「私とは『気づき』の豊かなフィールドです」と答えたほうが、**より真実に近い**ことが明らかなようです。

それにもかかわらず、全員が空間の小さな場所を見つけました。それが何を意味するのか考えてみましょう。「私は問題を解決する」と人が思う度に、解決しようとしている『私』は、『気づき』のフィールド全体よりはるかに小さな『私』だということです。知らず知らずのうちに、私たちは本当の自分よりも小さな存在として問題を解決しようとしているのです。空間の小さな場所に問題解決を委ねているということです。頭の上の楕円形をした場所だとしたら、その場所に向かって「はい、これ。解決しておいてね」と言っているようなものです。あるいは、首の上部の小さな場所が、問題を解決してくれると願っているようなものです。

問題解決の方法として、最も効果的であるとは言えません。しかし、空間の小さく収縮した場所が自分だと無意識に思い始めたとたん、そのようにして人生を進んでいくようになります。そのようにして物事を解決しようとするし、もし『私』がこれから外で楽しい夜を過ごそうと思うのであれば、その小さな場所がそうしようとしているのです。この小さな場所から楽しもうとする、つまり収縮した場所で生きようとすることは、当然ながら**制限的な生き方**になります。

これは理解しておくべき大切なことです。なぜなら私たちは、これらの小さな『私』として楽しんだり、人と関わったり、創造的になったり、問題を解決しようとしているからです。中にはとても小さなものもあれば、少し大きめのものもあります。ですが、意識全体である本当の自分には、はるかに満たないものです。

『気づき』の完全なフィールドにアクセスすることなく、意識のすべてを使うことなく、完全な創造力や完全な知恵をどのように活用できるというのでしょうか。ある意味、『気づき』の完全なフィールドとは、神経系全体で何かを体験することだと言えるでしょう。物理的な観点からこのように考えることもできますが、おそらくそれだけではないと思います。この『気づき』の完全なフィールドこそが、多くのスピリチュアリティの先生が言う「人間の本質」なのかもしれません。

## ■補足説明：『私』はどのように形成されるのか？

分離した『私』という感覚を持たず、一つの広大な『気づき』として人生をスタートした私たちが、どのように収縮した『私』を作り出していったのでしょうか。私たちはどのように空間の小さな場所として自分を体験するようになったのでしょうか。

『私』が形成されるには、主に二つの方法があると私は推測しています。一つは、成長する過程で親や保護者をモデリングしたことによる結果です。小さな子どもは、自分が目にした周囲のものは何でも真似しようとします。親や保護者の身体の姿勢や動き方を含む、あらゆる行動をコピーします。しかし、コピーされる側の親は成人であるため、小さな『私』をしっかりと持っています。そんな親の身体の姿勢や動き方をモデリングすると、どうなるでしょうか。互いに何が起きているのかに気づかないまま、子供は小さな『私』までも受け継いでいきます。親の姿勢、動き方、目の焦点の合わせ方などをモデリングするということは、親と似たような小さく収縮した『私』の形成も避けられないということです。

もう一つ、小さな『私』が形成される方法があると私は考えます。小さな子どもがクレヨンの箱を見つけ、壁に塗り広げてみると綺麗な色が浮かび上がることに気づいたと想像してください。そこに親や保護者が入ってきて叫びます。「そこのあなた！　コニレイ！　壁に落書きするのはやめなさい！」

その小さな子どもが自分だったとして、怒っている相手がこのように私を指さしたとします。私に向かって話している相手、そしてその人が突き出した指はまるで槍先のように私の頭や胸のあたりの小さな場所を指しているように見えたとします。

「あら、愛おしいコニレイ、壁に落書きをしたのね……なんて愛らしいの！」（柔らかい愛情のこもった声で、起きていることのすべてを優しく抱きしめるように両腕を広げて私が言う）そんなことを言ってもらえるはずもありません。

相手は「**あなた！**」と言っています。（再び眉間にしわを寄せ、指さしながら、叱るような声で私が言う）相手が限られた小さな場所を指している、そして私のことを言っているんだなと気づいた時、私の無意識は、「指された小さな場所が私なんだ。きっと」と思ってしまうかもしれません。そしてこれが、学習の瞬間となるのです。「この人は、私にとっての大人。その大人が言うのだから間違いない。それが『私』なんだ」

これが私の考える、『私』が形成される二つの方法です。おそらく他にも方法はあるのでしょう。

しかし幸いなことに、収縮した『私』を溶かしてリラックスさせるために、『私』がどのように形成されたのかを知る必要はありません。溶かすことによる恩恵を体験するために、形作られた経緯を理解する必要はないのです。

## ■拳のメタファー

コニレイ　「ここで、皆さんがたった今、探求したことの理解を深めるために、シンプルなメタファー（比喩）を話したいと思います。

小さな『私』とは、私たちの意識が収縮したものであり、手で拳を握るのと似ています。（私は身体の前で握った右手の拳をグループに見せる）拳は身体の一種の収縮です。皆さんも、片手で拳を作ってみてください（参加者たちも拳を握る）。そしてこれをやり続けているうちに、**拳を握っていたことを忘れてしまった**とします（握っていたことを忘れてしまったと示すために、私は拳を握った手を脇に下ろす）。これで、無意識の習慣ができあがりました……何が起きますか？」

ケイト　「疲れます」

コニレイ　「少し疲れてきますよね？　ストレスも感じるかもしれません。（参加者が同意して頷く）

例えばこれを二五年、五〇年やり続けたとしたら？　ああ、どんどん疲れてきました（私は身振りで疲労を表現する）。私のシステムにどんどんストレスがたまってきました。ああ、生きていくのが大変になってきた！　疲れてしまった私は、ライフ・コーチやセラピストのところに行ったとします。（右手で拳を握りしめたまま）「助けてください。もう疲れてしまいました。ストレスでいっぱいです。何とか対処できるように助けてください」

セラピストもコーチも、私がこの問題に対処できるよう、様々なことをしてくれるでしょう。私の悩みをじっくりと聞いてくれるでしょうし、私も自分の気持ちについて語ることができます。私にできる手法や課題も考え出してくれるかもしれません。たくさんのインナーワークもやっていくかもしれません。

しかし、私が拳を握りしめたままだとしたら、私が体験しているこのストレスが実際になくなることはあるでしょうか。（私は再び、右手の拳を持ち上げて見せる）この握りしめた拳がある限り、これからもずっと、ある種の根本的な緊張が続くことになります。

これが無意識である限り、つまり私が気づいていないという意味ですが、この疲労の原因や、何が起きているのかを自分で認識することができません。**自分自身が原因を作っている**ことに気づくことができません。自分が関係しているということがわからないのです。（握られたままの拳をグループに見せながら）「生きるって大変。なぜこんなにもいろいろなことが自分に降りかかってきて、私をストレスでいっぱいにするのだろう。おまけに、自分ではどうにもできなさそうだ」。収縮した『私』が無意識である限り、そのように体験してしまう傾向があります。

もう一つ、皆さんに気づいてもらいたいことは、「**握られて収縮したこの手に意識が戻ってきた時、何が起きるのか？**」ということです。

皆さんも私と一緒にやってみてください。もう一度、手で拳を作って……そのことを忘れてしまったふりをします。もう長いこと、このような状態でした……（もう一度、右手の拳を見せる）。

しかし今、この瞬間に『気づき』がこの場所に、この腕と手に戻ってきたとします（右の肩から手先の拳に向かい、左手で流れるようなジェスチャーをして見せる）。皆さんもちょっと感じてみてください……自然に何が起こりますか？」（参加者の拳が開き始め、腕全体がリラックスし始める）

ジョエル「リラックスし始めました」

コニレイ「そうですね。『気づき』がここ（自分の右腕と拳をジェスチャーで示す）にある時……自然と起こりやすいのは、努力することなく、手がリラックスして勝手に開き始めることです。手は、どうしたいのかをちゃんと知っています。筋肉もちゃんと知っています。それがただ、起こり始めます。まるで手が、「ああ、よかった！　やっと気づいてくれたのね。もう、うんざりしていたのよ！」と言っているかのようです。

同じことが収縮した『私』にも起こる傾向があります。再び『気づき』がそこに戻ると、自然と開き、リラックスして溶けるということが、ただ自然に起こります。しかし『気づき』がそこに戻るまで、言い換えれば、その場所への知覚が戻るまで、そうした現象は**起こることができません**。なぜならそれは、無意識の習慣だったからです。

この拳のメタファーは、私たちにいくつかのことを理解させてくれます。一つは、変化とはひとりでに起きてしまうものだということです。**私たちが意識的に何かをする必要はありません**。ですから、『気づき』のように開いてリラックスした状態へと『私』を招き入れる時、「無理に何かを起こそう」と頑張るより、自然と起こるがままにさせてあげる方が簡単だということです。

**無理にリラックスさせる必要がない**と知っておくことは、とても役に立ちます。『私』を無理にリラックスさせようとすることは、まるでこんな感じです（左手で、右の拳を力ずくで開かせようとする）。結局はさらに身体に力を加え、緊張を増やすだけです。

もしも、リラックスし、溶けるというのがどのように起こるべきなのかを知っていると私が考えていたなら、その私はやはり分離した立場から考えている私であり、うまくはいかないでしょう。拳が簡単にリラックスできる方法は、この場所の筋肉が知っています。感覚と『気づき』が出会った時、「知る」ということが起こります。「知る」はもともとそこあるものなので、他の場所ではなくその場所で起こるのです。私たちが見つける『私』にも同じことが言えます。リラックス**させる**必要はありません。簡単に、自然にリラックスするための知恵は、ここ、『気づき』と『私』の感覚の質が出会う場所にあります。

一部のセラピー的アプローチには、無理やり変化を起こそうとするものもありますが、それは一層の緊張を与えているに過ぎません。変化を強制することで、特定の作用を生み出す場合もあります。なんらかの対処法を教えてくれるかもしれません。問題が解決してしまう場合だってあるかもしれません。少なくとも、一時的には。しかし同時に、新たな問題や新たな緊張も生み出します。力を加えることによって根本的な統合や変容は絶対に生み出されません。

そして幸いなことに、**無理に変容させる必要がない**のです。こうした意識の収縮は、外部から無理やりリラックスさせる必要もありませんし、実際に外部からリラックスさせることもできません。『私』の感覚そのものに、リラックスするための知恵がすでにあります。『気づき』をそこにもたらすことができれば、『私』の感覚は「良かった、ふう、今すぐこれを手放すのはとても気分がいい」となるでしょう。感覚そのものがリラックスすることを望んでいますし、『気づき』がもたらされれば、自らリラックスできる力も持っています。それはただ起きてしまうことなのです。

もう一つ、皆さんに理解しておいてもらいたいのは、手をリラックスさせた時でも**何も失わなかった**ということです。それどころか、手が解放されたことで、手を使ってできることの範囲がさらに広がったことになります。それと同様に、収縮した『私』をリラックスさせる時も何かを失うことはありません。逆に、収縮した『私』の中に閉じ込められていたあらゆる有益なリソースが、意識全体で使えるようになります。こうして制限がさらに少ない、おおらかな自分を体験できるようになります」

## ■探究：二度目の体験

コニレイ　「では、こうした理解を踏まえた上で先ほどの体験に戻り、もう少し探究を進めてみましょう。

もう一度、先ほどと同じ『私』を見つけてください。もし完全に溶けてしまって戻すことができなければ、それでもかまいません。でも可能であれば、できる限りでいいので、最初の状態に戻してみてください。完全に元の状態に戻せなくても大丈夫です。今ある状態から始めれば大丈夫です。

そして、こうしたさらなる理解を得て……（私はゆっくりと、ソフトでリズミカルな声でガイドを続ける）。

この場所の、この『私』の感覚を今、感じてみると、何が起きるのかに気づきましょう……もう一度この場所のこの感覚に、豊かな『気づき』のように、そして『気づき』の中へと、自らの自然な方法で開いて、リラックスして、溶けるように招きましょう……。そしてそれがどのように起きようと、ただ成り行きに任せてあげましょう……時間をかけていいので、起きていることが落ち着いてきたと感じたら、目を開けてください……」

**読者へのヒント**

前の段落を読み終わったら、自分自身でも体験する時間をとってください。何度か繰り返していただいてもかまいません。

コニレイ　「いかがでしたか？　今の二回目の体験をしてみて、さらに開かれた、溶けてリラックスする感覚に気づけましたか？（参加者の大半が頷く）

繰り返しますが、今のあなたに対して最も適した形でプロセスは進んでいきます。前回より今回の方がさらに完全な体験になっているべき、などということはありません。でも、多くの人がそうなったという事実は興味深いと思いませんか？」

――デモンストレーション終了――

## ■ガイダンス付きワークから学べること

ここまでの体験で、二つの点を学んでいただけたと思います。一つ目は、ホールネス・ワークの効果は、**繰り返すごとに強くなっていく**ということです。今体験したプロセスを何度か使い続けることによって、それも特に、本書で学んでいくような完全な方法で実践していくことで、効果はさらに高まっていきます。昔ながらのジョークにこのようなものがあります。「私はピアノが大好きです。ずっとピアノが弾けるようになりたいと思っていたので、一度だけ弾いてみました。でも、うまく弾けませんでした」。ホールネス・ワークも同じようなものです。ピアノを弾くよりも**ずっと簡単**ですが、体験と練習を積む度に効果が深まっていきます。

二つ目の点は、このワークの**原理への理解**が深まるにつれ、私たちの反応もより豊かに、より完全になっていくということです。本書を読み進めるうちに、皆さんはホールネスの原理をより深く学び、二つの完全な「ホールネス・メソッド」を練習する機会を得ていきます。

## ■ちょっとしたトラブルシューティング

Q ここまで読み進めましたが、まだよくわかっていない気がします。大丈夫でしょうか?

A ここまでで大きな変化を体験していなくても大丈夫です。まだ始めたばかりです。

セミナーなどでも、この時点ではまだ、起きていることに気づけないという参加者が何人もいます。その一例として、私が教えたホールネス・ワークのセミナーを受講したジェームスのメッセージをここに紹介します。

「私も、最初のガイダンス付きグループ体験がうまくいかなかった一人でした。『私』を発見するというちょっとした部分が、物事を体験する私のやり方と合いませんでした。しかし、コニレイが他の参加者と一緒にプロセス全体のデモンストレーションをやって見せた時、パズルのピースがはまった感じでした。(このデモンストレーションは、次章で紹介します)。そのデモンストレーションを見た後で自分が体験をしたエクササイズから得たものは大きく、セミナーは私の期待を超えるものになりました。参加してよかったです」

ホールネス・ワークには、**あなたの体験に合う**ようにプロセスを調整する方法が、文字通り、必ずあります。

- まだ『私』の場所に確信が持てない場合、次章のデモンストレーションを読むことが助けになるかもしれません（第6部の「リソースとルーツ」に、『私』を発見するための指針をまとめています）。
- 『私』の場所を見つけ、溶けるように招いた時に何も起きなかった場合でもまったく問題ありません。『私』が開いてリラックスしない時は、その前に、ワークに含まなければいけないものがあるという意味です。次章で紹介するホールネスの基本プロセスでは、それを発見する方法をお伝えします。実際、よりパワフルな変容を体験する助けとなります。

本章で皆さんがどのような体験をしたとしても、共に探究に参加してくださったことに感謝し、探究を続けることをおすすめします。お楽しみはまだまだこれからです。

第3章

# 分離からホールネスへ
## 二つの重要な原理を探究する

「あなたがやるべきことは、愛を探し求めることではありません。愛に逆らって自分の中に作り出した、すべての障壁を探し出すことです」

——ジャラール・ウッディーン・ルーミー

私が初めて前章のワークをやってみた時、変化を感じはしたものの、本当にかすかな変化だけでした。まるで湯船に浸かった時に「ああ〜」となるような、リラックスした、平穏な体験でした。稲妻が走ることも雷鳴が轟くこともないかすかな変化だったため、その時はまだ自分が経験していることの重要性に気づくことはできませんでした。

読者の皆さんがたった今体験し、セミナー会場で私が参加者と一緒にやってきたことは、頭の中で面白半分に行う簡単なエクササイズを超えたものです。**私たちは、意識の構造に根本的な変化を起こす方法を学び始めているのです。**そしてこの変化とは、簡単に言うと「分離」から全体性や一体性へと移行していくような体験となっていきます。初めはかすかな変化にしか感じられなかったものでしたが、実は大変意義のある、深遠なものであったことに、私は気づくようになっていったのです。

## 苦痛ゆえの分離

東洋のスピリチュアリティに共通した考え方の一つに、苦痛、つまり辛い体験は、分離によって引き起こされるというものがあります。こうした苦痛を生み出す分離とは、自分が世界から引き離されるような感覚だったり、この世のあらゆる創造物と切り離された自分という感覚だったりすると言われています。悟りや覚醒は、自分が再び「生きとし生けるものと一つになる」体験を伴うものだと考えられているのは、そのためです。ですが、私は次のようなことに気づき始めていました……

**私たちが体験する最も重大な分離とは、**
**自分と外の世界との分離ではなく、自分の内面における分離である。**

分離された『私』が形成される時、一人ひとりの内面で小さな『私』、もしくは「小さな自分」が、意識全体から切り離されます。この分離が苦痛の原因になっているというのであれば、スピリチュアリティの教えが予言するように、内面の分離に実際に気づいて、分離という状態を変容させるために本書で学ぶ方法で取り組んでいけば、人生がより良い方向へと変わっていくはずです。

また、多くのスピリチュアリティの先生は、私たち一人ひとりが万物そのものであり、必要なのはただこれに目覚めるだけだとも言っています。もしこれが真実なら、内面の分離を癒すことは、自分の外側の分離を癒すことでもあり、結局は同じことだと言えるでしょう。

## 統合し、全体へと戻ること

皆さんが先ほど行なった『私』を発見して溶かすシンプルなエクササイズは、全体性の体験、すなわち分離していない状態に直に戻ることができる方法です。このプロセスを「統合」と呼ぶことができます。分離していたものが再び一つになり、全体へと戻るからです。続く第2部では、より完全な方法で統合を行うための具体的な手順を学んでいきます。

## では、これは一体どう機能するのか？

内面での分離を癒すだけで苦痛を解消することなど、本当に可能なのでしょうか？『私』を見つけて溶かす方法を学ぶと、興味深いことが起こります。これには、制限になるビリーフ（自らの行動や思考に制限や限界をかけてしまうような思い込み）や、私たちが「現実」と呼んでいるものへの歪曲、かけてしまっているフィルターが深く関わっています。

私は以前、自分の古い行動や思考のパターンや制限になるビリーフは、つかみどころがないものだと感じていました。そして、もしも終始一貫して「それらを捉える」ことさえできれば、そしてそれが私に及ぼす影響を緩和させるために働きかけることさえできれば、人生における重要で持続的な変化を自由に起こせるようになり、何かが欠けていると感じることのないホールネス（全体感）を得られるのではないかと、思いを巡らしている自分に気づくようになってきました。

結果として、私にはそれができることがわかりました。もちろん、皆さんにも。これがその理由です。

**現実への歪曲や制限になるビリーフ（思い込み）は、小さな『私』によって固定されています。**

**『私』を溶かすと、制限になるビリーフも同じように溶けてしまうのです！**

これについて、もう少し踏み込んで考えてみましょう。

『私』が溶ける体験をすると、「開放感」や「自由」を感じたと描写する人がいます。「世界が前よりはっきり見えるようになった感じがする」などと言う人もいます。

これは偶然の産物などではありません。

私たちが内面で発見する『私』は、明らかに現実の歪曲です。ある意味、先ほど見つけた小さな『私』こそが自分そのものであると考えてしまうこともあります。しかし、実際は違います。皆さんは（そして私も）、決して空間の小さな一部分ではありません。私たちは、それ以上の存在です。

また、小さな『私』そのものが真実や現実の歪曲なので、それぞれの小さな『私』が現実を歪曲するようなビリーフを持っていたとしても不思議ではありません。実際の意識の豊かさに比べると、『私』は小さくて制限されているため、自分は何者で、どのような能力を持っているのかに対して、実際とは異なる限られたビリーフを持っていたとしても不思議はないのです。通常多くの人が、こうしたビリーフに意識を向けることはありませんが、実は私たちの行動のあらゆる面で、強い影響を及ぼす可能性があります。

自分でこのワークを実践しながら、小さな『私』を見つける度に、私は自分の重要な内部構造を一つずつ発見しているのだと知りました。それぞれの構造は、個々の『私』やワークをしている個人に特有のものだとしても、小さな『私』という体験と、それを溶かすことができるという体験は、万人に共通していることも学んでいきました。

しかしここで、朗報があります。本書で学ぶ二つのホールネス・ワークのフォーマットでは、**制限になるビリーフを溶かして変容させる体験をする上で、それらのビリーフの詳細を知る必要がありません。**私たちはただ、小さな『私』を見つけ、その内部構造を探求し、溶けて混ざり込むように招くだけ……すると、ほら！　小さな『私』と共に、歪曲や制限になるビリーフも溶けていきます。これこそが、「世界が前よりはっきりと見えるようになった」と人がよく言う理由です。現実をねじ曲げて見せていた歪曲が溶けてしまったからなのです。

問題のすべてを紐解いて、詳細に理解する必要がないため、この解放はとても気楽に行うことができます。事実、多くのクライアントが、びっくりするほど頑張る必要のない、まるで魔法のようなプロセスだと実感しています。でも、私の言葉を鵜呑みにするのではなく、ご自身でこのフォーマットを試してみて、何が発見できるのかを確かめてください。

さて、最初のプロセスを学ぶ準備はいいですか？

第2部

# ホールネス・ワーク基本プロセス

## 実際の問題でワークをする

第4章

# 基本プロセスのデモンストレーション

## 問題が自然に溶けていく

「言われたことは、忘れる。教わったことは、覚える。
関わったことは、学ぶ」

——ベンジャミン・フランクリン

続く三つの章では、「ホールネスの基本プロセス」と私が呼んでいるものを学ぶことができます。これを実践することで得られる恩恵に、簡単かつ十分にアクセスできる手助けとなるよう、ご紹介する内容を特定の順序で並べました。皆さんにはまず、デモンストレーションを体験していただきます。次に具体的な手順を説明し、その後で自分でも体験していただきます。

本章でご紹介する基本プロセスは、前章で皆さんが学んだことをさらに深めていく内容となっています。自分の体験がより良いものへと変化していくために、人生で直面する大きな課題にも『私』を見つけるプロセスを応用する方法を探っていきます。このプロセスを使った多くの人が、これほどまでに素早く変化が起こせるのかと驚きます。なぜ、予想以上に簡単に、そして完全に問題を変容できるのかというと、問題やストレスの原因をその場所に固定してしまう**根源となる小さな『私』**と直接向き合うからです。私たちが問題を抱えたり、限界を感じたりする時に感じる不快な気持ちやネガティブな気持ちは、ビリーフ・システム、つまり自分が持っていることに気づいてすらいない一連のビリーフが原因となっていることがよくあります。人に制限をかけてしまうこうしたビリーフを実際に持っているのは小さな『私』であり、このメソッドでは内なる『私』を見つけ、溶けていくよう招くことができます。

これはまだ、ほんの序の口です！ この基本プロセスを学ぶにつれ、第1部で見つけた『私』が、エゴのすべてではないことがわかっていくでしょう。エゴとはそれ以上のものです。とはいえ、事前にネタを明かして皆さんの楽しみを台無しにするつもりはありません。人間の本質という素晴らしいパズルに加えられる新たな一ピースを発見するような気持ちで本章を読み進めてください。

## どのように学んでいくのか

多くの人にとって、ホールネス・ワークの基本プロセスを学び始める上で最も簡単な方法は、他者がプロセスを実際に体験しているデモンストレーションを見て、聞くことです。これが参照体験となって、実際に自分でもプロセスを行なった時に、より豊かで繊細な体験ができるようになります。自転車の乗り方やスケートを習うのと同じことかもしれません。他の人が実際にやっている姿をまずは見ることで、自分が試す番になった時に、より自然にプロセスが進められるように感じられるものです。ただ見ているだけなので、具体的に何を学んだのかを意識しづらいかもしれませんが、それでも物事は簡単になり得ます。

セミナーでは、それぞれのプロセスを受講生の一人とデモンストレーションして参照体験を作り出していきます。その結果、受講生全員がより早く、より十分に学ぶことができるようになります。読者の皆さんにも同じ機会が提供できるように、受講生のアンに対して基本プロセスをガイドしたデモンストレーションの様子をこちらに載せます。これを読んでいただければ（実際に見て、聞いているように感じられる書き方をしていきます）、あなたにとって最も簡単、かつ心地よい方法で、同じ体験をしているように感じられるでしょう。そして今の時点では、それぞれの手順の記録をとったり、完全に理解しようと頑張ったりする必要はありません（あとで丁寧に手順の説明をします）。

アンの体験を観察することで、まるで母国語を自然と学んでいったように、簡単に、自然にホールネス・ワークを学ぶことができます。どういうことかというと、人は赤ちゃんの頃から、周囲の人たちが話す言葉を聞きながら、何の努力を必要ともせずに、自然に母国語のパターンを認識していきます。「誰かが『リンゴ』と言うと、この丸いものが現れる」といった感じです。幼い頃の私たちは、周囲の話を聞きながら言葉を学ぶ努力をしたわけではありません。そのうえ、何かを学んでいるという**認識すらなかった**はずです。それでも周囲の話を聞くという体験は、大切な何かを簡単に、苦もなく学ぶ土台を築いていきました。

ですから、今はただ、アンの体験に便乗するような気楽な気持ちでデモンストレーションの流れをたどってみてください。皆さんが望むのであれば、彼女の立場に立ってみて、彼女が描写していることを自分自身が体験しているかのように読み進めることもできるでしょう。ただし、自分が抱える問題を使ってプロセスを試すのは、もう少しだけ待つことをお勧めします。その機会はこの次にやってきます。このデモンストレーションのすぐ後の章で手順を振り返りながら、**あなた自身の問題**に応用できるように詳しく説明をしていきます。

## ［デモンストレーション］基本プロセス（問題を扱う）

### ——セミナーのデモンストレーションより——

コニレイ　「皆さんの中で、深刻さの程度が軽度から中程度の問題を探究してみたい方はいらっしゃいますか？　例えば、感情のスイッチを押されるような状況を扱いたい方はいますか？　そういう状況を思いつくのであれば、ぜひワークをするといいですよ。問題の深刻さの度合いが軽度から中程度のものを選びたい時には、ちょっと気に障るけれど実際の害はないとわかっている問題を思い浮かべることをお勧めします。このプロセスは、慣れてしまえば、人生で直面する大きな問題でさえも完全に変えることもできますが、プロセスを学ぶ今の段階では、軽度から中程度のものを選ぶのがベストです」（アンが手をあげ、部屋の前方に出てきてコニレイの横に座る）

### ■ワークの始まりを見つける

コニレイ　「すでにワークしたいものを決めていらっしゃるのですね？」（アンが頷く）

コニレイ　「ではまず、その状況が起きた時に自分が感じる感情に気づける程度に、その状況に自分を戻しましょう。相手が何をしているのかを思い浮かべてください……それに対して、あなたが感じる反応……それはどういう言葉で表現できますか？」

アン　「失望です」

コニレイ　「失望ですね、わかりました。本当は、その情報すら知らなくても大丈夫なのですが、とりあえず聞いてみました。私が、詮索好きなだけです」（アンと受講生たちが笑う）

## ■最初の反応につながる

コニレイ　「失望を感じている場所はどこですか？　失望という体験をどこで感じますか？」

アン　「この中です」（右手で、身体の中心部、首から胸骨にかけて上下に指し示す）

コニレイ　「わかりました、この中ですね（コニレイもアンと同じ身ぶりをする）。それは、身体の内側ですか？」

（筆者注）奇妙に聞こえるかもしれませんが、体験している感情の一部、あるいはすべてが身体の外側に位置していることがあります。

アン　「はい、身体の内側です」

コニレイ　「場所、形、大きさについてもう少し詳しく教えてください。ここの真ん中のあたりにあるのですね」（先ほどのアンの身ぶりに合わせて、コニレイも手を動かす）

アン　「そうです。真ん中あたりにあって細長い形を感じていますが、重くもたれている感じです。ここの、胸の下のお腹のあたりに重さのようなものを感じます」（お腹の前で手のひらを上にして、重いものを持っているような身ぶりをする）

コニレイ　「なるほど、このあたりですね」（アンの身ぶりに合わせ、身体の中心あたりで円柱形を示すように手を動かす）

アン　「そのエネルギーを感じるのはここなのですが……同時に、この辺で丸みを帯びた重いものも感じます」（アンの手が胸の真下でボールのような形を作る）

コニレイ　「素晴らしい。いいですね。（グループに向かって）大きさや形について、アンは身ぶりを交えて具体的に表現してくれました。私がこれ以上質問をしなくても大丈夫そうです。アンは、すでに自分の感覚を上手に感じ取っています。

アン、ありがとうございます。ではその円柱と重いもの、そしてその下の丸い感じがするあたりを感じてください。その場所の感覚の質は？」

アン　「さっきも言ったように、ここの下の丸い感じがする場所では、「ドスン」という重さだけを感じます」（重いものを持つかのように右手を上半身の下の方に置く）

コニレイ　「なるほど。そこを感じていくと、重い感じがするのですね？」

アン　「このあたりでは……そう感じます。（胸骨の下の丸い場所を示す）でも、このあたりでは……（今度は身体の中心線に沿って円柱の形を描きながら）ドクンドクンと脈打っている感覚に近いです」

コニレイ　「なるほど、いいですね。ドクンドクンと脈打つ感じ。素晴らしいです！」（ここまでわかったことを簡単にメモする）

| セッションメモ | |
|---|---|
| 最初の反応 | 「失望」 |
| 場所 | 身体の真ん中の首から胸骨にかけて |
| 大きさと形 | 細長くて下の方は丸みを帯びている |
| 感覚の質 | ドクンドクンと脈打っていて下の方は重い感じ |

## ■『私』を見つける

コニレイ　「それでは、あなたは今、『私はこの感覚に気づいている』と言うことや、考えることができますね」
アン　「ええ」（アンは目を閉じ、頷きながら、内面を確認している）
コニレイ　「では、この感覚に気づいている『私』はどこですか……？」
アン　「ここです。頭の中です。これも、とても細長い形をしています。（額の真ん中あたりで短い直線を描くように手を上下に動かす）まるで星のような質感があります……細長い星のような……（両手を使い、額の前で星を形作る）」
コニレイ　「わかりました。頭の中ですね」
アン　「真ん中、中心あたりです」
コニレイ　（グループに向かって）「アンの身ぶりから、場所と大きさがわかりますね。その『私』は、額の真ん中にあって細長い星のような形をしているようです」
アン　「そうです」
コニレイ　「下の方が上の方よりも長いですか？　それとも同じくらい？」
アン　「下の方が上の方よりも長いです。完全な星の形です。十字型ではありません。どちらかというと……三角っぽい星の感じです」（目を閉じながら形を感じ取

り、手で三角形を作る）

コニレイ　「わかりました。では、この細長い星のような形の内側までも感じてみると、この場所の中や、隅々の感覚の質はどうですか？」

アン　「感覚の質……さっきもそれを捉えようとしていました。パチパチするような感じで、まるで火花のような……」

コニレイ　「火花のようにパチパチするような感じ？」

アン　「ええ」

コニレイ　「素晴らしい。わかりました」

| 『私』に関するセッションメモ | |
|---|---|
| 場所 | 頭の中、中心 |
| 大きさと形 | 星のような形 |
| 感覚の質 | 火花のようにパチパチする感じ |

## ■『私』の層

コニレイ　（グループに向かって）「ここまでの手順は、最初に行なった「『私』を見つける」ためのグループ体験と同じものです。ここからさらに手順を進めていき、プロセスをさらに完全に、インパクトの強いものにしていきます。

グループ体験では、身体の感覚から始め、その後『私』を見つけていきました。しかし、多くの人にとって『私』は一つだけではなく、実際は複数の『私』がいます。私たちは、これを『入れ子』のようになった『私』、または『私』の層と呼んでいます。

では、その複数の『私』はどうやって見つけるのでしょうか？　これを次にお見せします。なぜこれが重要なのか、これを行うことでもっと簡単に、深く、完全に変容できるのはなぜなのかをデモンストレーションの後でお話しします」

## ■二つ目の『私』を見つける

コニレイ　「では、次の『私』を見つけていきましょう。アン、星の形をした火花のようなものに気づいているのでしたね？　あなたは、『頭の中心に、星形で火花のようにパチパチしているものに私は気づいている』と言うことができますね？」

アン　「ええ」

コニレイ　「わかりました。「私はこれに気づいている」と考えた時、この星形で火花のようなものに気づいているその『私』はどこですか？」

アン　「まだ頭の中、私の頭の中です。少し後ろの方で、もう少し、何と言うか……まるでシールドのようです。丸い形で、とても滑らかで……丸みを帯びています」

コニレイ　「この二つ目の『私』は頭の中にあって、最初の『私』より少し後ろなのですね。あなたの動きを見ていると、少し上の方でしょうか？」

アン　「はい、少し上の方です」

コニレイ　「後ろで少し上の方ですね。それはドーム型とか、カーブしたような形ですか？」

アン　「はい」

コニレイ　「わかりました。では、このカーブしている形のものにはどれくらいの厚みがありますか？」

アン　（目を閉じて確認し、クスクス笑い出す）「一次元なのかと思えるほど、厚みは……」

コニレイ　「なるほど、とても薄いのですね」

アン　「ええ。表面しかないような感じです」

コニレイ　「わかりました。非常に薄くて表面しかないように感じるものにも、必ず一定の厚みがあります。たとえ薄過ぎて測ることができなかったとしても、それ自体には厚みがあります。ですから、その薄い、とても薄いものの内側やその隅々まで感じてみると、感覚の質はどうですか？」

アン　「ツルツルしています」

コニレイ　「ツルツルですね。その「ツルツル」は、表面の質ですか？　それとも内側ですか？　確認してください」

アン　「表面の質です」

コニレイ　「わかりました。では、**内側の質**を感じてみましょう……感じられましたか？」

アン　「はい」（頷きながら答える）

コニレイ　「それを言葉で表現できますか？」（彼女が感じてさえいれば、言葉で表現できなくても問題はない）

アン　「……」（目は閉じている。少し時間をかけて内側を感じ、やがて首を横に振る）

コニレイ　「大丈夫ですよ。そうですね、その感覚は言葉にできないのですね」

| 二つ目の『私』に関するセッションメモ | |
|---|---|
| 場所 | 頭の中、一つ目の『私』より上で後ろの方 |
| 大きさと形 | 丸くてシールドのよう、薄い |
| 感覚の質 | ツルツル、言葉にできない |

## ■三つ目の『私』を見つける

コニレイ　「では、その感覚に気づいている『私』はどこにいますか？（アンが笑う）では別の聞き方をしますね。その知覚はどこから起きていますか？」

アン　（少し間を置いて）「それは、えっと……わかりません（首を横に振りながら）。場所を特定するのは難しいです」

コニレイ　「場所を特定するのは難しいのですね」（アンが同意して頷く）「わかりました。拡散している感じですか？」（コニレイは両腕を広げ、包み込むようなジェスチャーをする）

アン　「ええ」

コニレイ　「そうですね。（グループに向かって）アンが何かにアクセスしているのが見えます。（アンに向かって）この特定するのが難しいものの大まかな位置はどこですか？」

アン　「このあたりかな……（自分の左下を指し示す）。何と言うかまるで……ここにあるわけではないのですが、こっちの方向から知覚が起きている感じです」
（自分の左下の空間を示し続けている）

コニレイ　「素晴らしいですよ。左寄りの方で、同時に少し下の方にある感じなのですね（アンが頷く）。
わかりました。無意識はちゃんとわかっていますからね。このように、具体的な形と輪郭を持たない拡散した感覚と方向しかない場合も、時にはあります。では、知覚が起こっているこの下の方を感じてみると、その感覚の質はどうですか？」

アン　（目を閉じたまま時間をかけて答える）「……とても柔らかい」

コニレイ　「素晴らしい。それだけで十分です。とても柔らかいのですね、わかりました」

**セッションメモ**

| | |
|---|---|
| 最初の反応 | 「失望」 |
| 場所 | 身体の真ん中の首から胸骨にかけて |
| 大きさと形 | 細長くて下の方は丸みを帯びている |
| 感覚の質 | ドクンドクンと脈打っていて下の方は重い感じ |

**最初の『私』**

| | |
|---|---|
| 場所 | 頭の中、中心 |
| 大きさと形 | 星のような形 |
| 感覚の質 | 火花のようにパチパチする感じ |

**二つ目の『私』**

| | |
|---|---|
| 場所 | 頭の中、一つ目の『私』より上で後ろの方 |
| 大きさと形 | 丸くてシールドのよう、薄い |
| 感覚の質 | ツルツル、言葉にできない |

**三つ目の『私』**

| | |
|---|---|
| 場所 | 外側、左下 |
| 大きさと形 | はっきりと特定できない広い範囲 |
| 感覚の質 | 拡散していて、とても柔らかい |

## ■統合へと招く

ここまでの時点で、私たちは最初の反応と三つの『私』を見つけました。ここからデモンストレーションは、プロセスの次の段階である統合へと移っていきます。それぞれの『私』を一つずつ、『気づき』との融合に招いて統合していきます。これは、最後に見つけ出した『私』から始めます。つまり三つ目の『私』を統合へと招くことから始めるのですが、そのための質問は先ほどのグループ体験とは少し違ったものを使っていきます。

コニレイ　（アンの方を向いて優しく静かな口調で話しかける）このあたりにある（左下を示しながら）**柔らかい感覚をチェックしましょう。そうですね……ここの感覚は……この柔らかい『私』の感覚は、あなたの身体の隅々と周囲のいたるところに広がる豊かな気づきのフィールドのように、そして気づきのフィールドの中に開き、リラックスして、溶けて混ざるように招かれたなら、それを受け入れたいと感じますか？**

アン　（問いかけられている間、アンは目を閉じている）「ええ」

コニレイ　「わかりました。（ゆっくりと優しい口調で話し続ける）では、**それがどのような形であろうと、自然に起きるままに委ねましょう。そしてこの感覚を、た**

**だ自然に溶かし、混ざり合わせてあげましょう……ただ、自然に起こるままに……**」（アンは目を閉じたまま、深く呼吸をして頷く）

「『気づき』が内側にも周囲にも広がっている状態で……いいですよ、そうです……そして、十分に時間をとって……」（アンが頷いて目を開ける）

「終わりましたか？　完了したと感じますか？」（アンは心地よさそうに、リラックスした笑顔を見せながら頷く。再び目を閉じて、リラックスした状態を楽しんでいるように見えたので、もう少し時間を与える）

**「必要なだけ、十分な時間を取っていいですよ」**

（グループに向かって）「皆さんも、お互いにワークをする時に、これを覚えておいてください。大切なことです。癒しが起きるのは、この時なのですから……」（コニレイがそう言うと、アンが頷く。彼女の呼吸が深く、ゆっくりとしてきて、かすかな笑顔を浮かべて、穏やかな表情になる）

「この溶けていく時に……ここで急いでも意味はありません。ただ楽しめばいいのです。時には、このように（指をパチンと鳴らす）、一瞬で終わることもありますが、頻繁に起こることではありません。大抵は少し時間がかかりますので、それが起こるペースに合わせ、身を任せてしまいましょう」（アンが目を開けて笑顔で頷く。ワークが終わったように見える）

アン　「そうですね」

コニレイ　「アン、どのような体験でしたか？（自分の内面を確認するように目を閉じる）……時には言葉にならないこともありますが、それで大丈夫です。もし言葉で表現できるなら教えてください」

アン　「余計な力が抜けていくような感じでした」

コニレイ　「余計な力が抜けていくような感じ。いいですね」

アン　「または、シンプルな手放しという感じ」（両手を下ろし、外側に向かってなめらかでゆっくりと弧を描くようなジェスチャーをする）

コニレイ　「シンプルな手放しですね。なるほど、素晴らしいですね」（アンの今の状態に合うよう、柔らかい声で話す）

## ■二つ目の『私』を統合する

コニレイ　「では、最後の一つ前の『私』に戻りましょう。（二つ目の『私』の場所を身ぶりで示しながら）それは後方の少し上にあって、薄いものでした」（アンは内面に意識を向けて、その場所を意識しているように見える）「まずはその場所をチェックしてみましょう。そこは前と同じですか、それとも少し違っていますか？」

アン　「さっきとは少し違っています！」（アンが頷きながら言う）

コニレイ　「今はどのような感じですか？」

アン　「同じように柔らかな質です。（右手で柔らかさを感じているような身ぶりをする）見つけるのが難しくなっています」

コニレイ　「つまり、今、統合した『私』と同じ柔らかな質ということですね？」

アン　「そうです」

コニレイ　「それは同じ柔らかな質で、見つけるのが難しくなったのですね。わかりました。素晴らしいです。（柔らかくゆっくりとした口調で話し始める）

**それでは、今残っている感覚の質の状態に気づき、それも含めていきましょう。以前の状態ではなく、今の状態に対してワークしていきます。今の状態に気づけたなら、今ある感覚が、身体の中にも周囲にも隅々まで広がる豊かな気づきのフィールドのように、そしてその中に開いていき、リラックスして、溶けて混ざるよう招かれた時、何が起こるのかに気づきましょう。**（アンは目を閉じて、深くゆっくりと呼吸する）**そう……いいですね……**（アンは目を閉じたままプロセスを続け、頷いている。再び深くリラックスした状態に入っているように見える）**それは、どのような形でも起こりえます……**（アンの顔に笑

みがこぼれ、目を閉じたまま柔らかく微笑み始める。やがて目を開け、満面の笑みを浮かべて私を見て頷く）

アン　「どのような体験でしたか？（アンは顔を輝かせ、晴れやかな表情で再び笑う）そしてグループの皆さんは、体験を目撃することができましたね」

コニレイ　（笑い続けながら肩をすくめる）「本当にただ……（右手で身ぶりをしながら、言葉を探して）「あはは、楽しい！」という体験です」

アン　「楽しい体験だったのですね。素晴らしい。私たちにもわかりましたよ、喜びが伝わってきました」

コニレイ　「はい」（顔を輝かせている）

## ■最初の『私』を統合する

アン　「それでは、最初の『私』に進みましょう。これまでに見つけてきた『私』を一つずつたどって、最初の『私』へと戻ってきました。頭の中心あたり、細長い星のような形をしていました。まだそこにありますか？　さきほどと同じですか、それとも少し違っていますか？」

コニレイ　（確認するために目を閉じる）「これも、前とは少し違っています。そこにありますが、これもまた柔らかい質になっています（空気を感じるかのように右手を動かす）。どう表現すればいいかわかりません。柔らかな質です。火花のようなパチパチする感覚はありません」

コニレイ　「興味深いことだと思いませんか？　だって、これ（身ぶりで星型を作る）に対して何もしていないのに、すでに大きな変化が起きています。素晴らしいですね。では、**今の状態のままを感じながら、今そこにある、今の状態の感覚すべてをプロセスに完全に含めていくと思いましょう。今、この感覚が……あなたの身体の中にも周囲にも広がる豊かな気づきのフィールドのように、そしてその中へと開いて、リラックスして、溶けて混ざり合うよう招かれた時、何が起こるのかに気づきましょう**」（アンは目を閉じて、深くゆっくりとした呼吸をする。そして、プロセスが始まると共に頷く。このプロセスに慣れてきたので、私のガイドの言葉が終わる前にすでに統合が始まっている）

「**ええ、そうです。ただ自然に起こるままにさせてあげましょう……**」（アンはゆっくりと頷き続け、やがて目を開けて満面の笑みで私を見る）

「いいですね。今は、どのような体験でしたか？」

アン　「ええと……（適切な言葉を探しながら）スッキリした感じかしら？　文字通り、前よりもスッキリと、クリアに見えます。（アンは部屋の中を見回して、この体験に少し驚いているように見える）今は、自分がしっかりと存在している感じ……スッキリした感じです」（アンは頷きながら言葉を止める。集中して、軸が整った状態であるように見える）

コニレイ「なるほど……前よりもしっかりと存在している感じ、そして文字通りクリアに見えるのですね」

アン「はい」（同意して頷く）

## ■最初の感情の反応を統合する

コニレイ「では、この場所に戻りましょう（プロセスの初めで、失望の感覚があった場所を指し示す）。身体の真ん中、細長くて、下の方が重いボールのような形をしていました」（アンは目を閉じる）「今、どのようになっているのかを感じましょう。前と同じですか、それとも少し違っていますか？」

アン（力強く答える）「違います！」

コニレイ「今はどうなっていますか？」

アン「（確認するために少し間を置いて）ええと……まだ少し、ここで何かを感じ

コニレイ　ます（右手で喉の一カ所を軽くたたく）。そして、ここでも少し何かを感じます（今度は左手でお腹のあたりを軽くたたく）。でも、前よりもかなり軽くなりました」

アン　「なるほど」

コニレイ　「この二つの間に、繋がりはなさそうです（二つの場所を手で示す）。だから、（喉のあたりを示しながら）ここがとても軽くなったように感じます。そして、（お腹のあたりを示しながら）ここもとても軽くなりました。実際、お腹のほうはなくなってしまいました」

アン　「わかりました。では、ここを感じてみて……（アンが何かを感じていた喉のあたりをコニレイも指し示しながら）今、この瞬間の感覚の質に気づいてみましょう……」

コニレイ　「はい……」

アン　**「今そこに残っている感覚を感じながら、そしてこの場所に生きているエネルギーのような、その場所の感覚の質が、開いて、リラックスして、溶けて混ざり合うよう招かれた時、何が起こるのかに気づきましょう……」**（アンは目を閉じ、深く息を吸い、頷く。やがて笑いながら目を開ける。目を開けてもまだ声を出して笑い、微笑んでいる）

アン　「すでに無いのですね、そうでしょう?」
コニレイ　「ええ」
アン　「私が最後まで言う必要もなさそうですね。かえって、統合を遅らせてしまいそうです」
コニレイ　(同意して頷き、微笑む。今は顔に赤みが差している)「本当にこれは……クスクス笑いたくなるような感覚です」(リラックスして落ち着いた様子でクスクス笑っている)
アン　「なるほど、クスクス笑っているような感覚なのですね。素晴らしい。さっきから、ずっとそう言っていましたよね」(グループが声を出して笑う)「その感覚が、一番自然だと感じる方法で通り過ぎていくようにしてあげましょう」
コニレイ　(再びクスクス笑いながら)「スキップしているみたい、スキップしながら通り過ぎていきました」(両手を前に出して波のように動かす)
アン　「一つ、皆さんにもお伝えしておきましょう。身体の中だけでこの体験が起きていると感じる場合、この生きているエネルギーのような感覚が、全宇宙との壮大な統合などではなく、身体の内側だけで、身体中に流れるように広がっていくことがよくあります。そのような時は無理に壮大な統合へと広げようとはせず、身体の内側全体にだけ広がらせてあげれば大丈夫です。それが自然に起こることなのであれば、それでよいのです。それがその感覚独自のホールネスなのです。

私たちはただ、自然に任せるだけです。それができたなら、起きていることをリラックスして受け入れることができるなら、それこそがシステムの知恵を本当の意味で信頼できていることになるでしょう。

このことは、私自身もホールネス・ワークをやればやるほど実感する学びです。とにかくリラックスして、システムがやりたいようにやらせてあげることができれば、それで大丈夫です。すべてがうまく進みます」

アン　「ええ、なんだかまるで小さな精霊とか妖精みたいなものが……飛び跳ねながら、スキップしながら私の腕を降りていくみたいな感覚です」（アンが自分の身体の中で起きている統合の体験を比喩的に説明する。明らかに心地よさそうである。さらに赤みが増した明るい表情で、両手を胸から腕へと下ろしながら、リラックスした満面の笑みを浮かべている）

コニレイ　「なるほど。素晴らしい。いいですね。繰り返しますが、ここで急ぐ必要はありません。今のアンのように、しばらく楽しむ時間を取ってあげてください。その後で、優しく確認をしていくという次の手順に進みましょう」

## ■最初の状況を確認する

コニレイ　「このような在り方で……（アンがこの新しい在り方を十分に体験できるように間を置いて）このように『私』が統合され、最初の感覚が統合された今の在り方で、その人がしたことを思い浮かべると、どのように感じますか？」

アン　「ええと……『あ、そう』という感じです」（「それがどうしたの？　どうでもいいわ」という様子で肩をすくめる）

コニレイ　「なるほど。『あ、そう』という感じですか」

アン　「以前は、相手の言動を私への失望と受け止めていました（両腕を自分の方へ向け、最初の感情があった胸の場所に持っていく）。今はそのことを考えると、『あ、そう』という感じなんです。あの人の問題であって、私の問題ではないわ」（アンはリラックスして見える。大した話ではないように何気なく手を振る仕草をし、微笑んでいる）

ジル　（グループの女性がアンに話しかける）「あなたのボディランゲージから、以前との違いがはっきりわかりますよ」

コニレイ　「本当にそうですね。（アンの方を見て）では、さらにいくつかの事例でも探求していきましょう。その人が同じようなことをしている、他の例を想像して

アン　みて……この在り方でいる時、今はどのように感じますか？」

コニレイ　「同じです。『あ、そう』という感じです」（グループのメンバー、アン、私の全員が笑う）『あ、そう！』（アンが肩をすくめて笑う）

アン　「『あ、そう』という感じですね。きっと、他の5や10の事例で試したとしても、それも『あ、そう』となるのでしょうね」（アンが頷く）

コニレイ　「今、あなたがこの在り方を体験していることで、周囲の人たちも自らの存在を楽しめるかもしれませんね」

アン　「はい。これからは、この『あ、そう』の感覚を『気にしない！』の合図にします」（全員が笑う）

コニレイ　「ええ、いいですね。素晴らしい！　ありがとう、本当にありがとうございました。これがプロセスのすべてです」（グループのメンバーが拍手を送る）

アン　「ありがとうございました」

コニレイ　「いいえ。こちらこそありがとうございました」

アル　（受講生の一人が発言する）「セミナーの最初で、トレーニングから得たいものをお互いにシェアした時、アンは「スッキリすること」がゴールだと言っていました」

コニレイ　「それは興味深いですね。もうすでに、それが起こり始めているようですよ。

素晴らしい！」

――デモンストレーション終了――

部屋にいた全員が、二〇分という短い時間でアンに起きた著しい変化を目撃することができました。注目すべきは、その変化が一切の頑張りを必要とすることなく、非常にスムーズに進んだことです。これは珍しいことかもしれません。ホールネス・ワークがこれほどまでに早く、穏やかに、私たちの深く大切な部分へと私たちを連れて行ってくれる理由を、ここからさらに学んでいきましょう。

## ■拳のメタファーをもう一度

コニレイ　「『私』とは、拳を握りしめるように意識が収縮したものだと、先ほどもお話ししました（『私』を表すために右手で拳を作る）。しかし私たちには、大抵複数の『私』が存在するので、実際にはこのような感じです（右手の拳を左手で包んで見せる。こうして一つの『私』が、もう一つの『私』で包み込まれているような二つの『私』の構造を表現して見せる）。少なくとも、もう一つ、またはそれ以上の『私』が、大抵の場合は存在しています。このように層を成している『私』は、マトリョーシカ人形と同じような仕組みを持っています。一番内側の人形を取り出したければ、まずは外側の人形から外していかなければなりません。

『私』も同じことです。外側の『私』の存在に気づかずに内側の『私』を統合へと招くことから始めてしまうと、大抵の場合、外側の『私』が内側の『私』の十分な統合を妨害してきます。この内側の『私』（右手の拳を指し示す）は、外側の『私』が存在している限り、十分に開くこともリラックスすることもできません（右手の拳が開かないように、左手を再び右手の拳に被せて見せる）。

さらに、多くの場合、『私』の層は二つだけではありません。たくさんの層が重なっています。ですから、最初に見つけた『私』だけでなく、さらなる『私』の層を見つけていくことで、結果に大きな違いが生まれます。こうすることで変容をより簡単に、深く、そして完全なものにすることができます。

最初に見つけた『私』が開いたり、リラックスしたりできない状態であることを理解しやすくするために、そして外側の層も見つけ出すことがどれだけ重要であるかを実感してもらうために、私はこの拳のメタファーをよく使います。しかしこれは、**心理面で起きていることを機能的に説明するための**、単なるメタファーであって、実際に『私』がこのような空間的構造を持っているということではありません。

二つ目や三つ目の『私』の場所はどこでもあり得ますし、形も様々に異なります。二つ目の『私』がもっと深い部分に存在するかもしれないし、逆に、とても表層に近い場所にあるかもしれません。そして通常は、最初の『私』の解放を**妨げるような構造になっていません**。その存在自体がそうした作用や影響を及ぼしているだけです。つまり外側の『私』の層とは、どのような形でもあり得るし、身体の中を始めとする気づきのフィールドのいかなる場所でも見つけることができるということです」

## ■エゴに関するもう一つの真実

この時のアンとのデモンストレーションは、体験というものが私たちの内面でどのように整理されているのかを示す重要な、かつ良い例となりました。本来、エゴは一つしかないと言われてきました。しかし、このデモンストレーションで私たちが発見したのは、**実際に入れ子や層のような形状となっている複数の『私』**でした。エゴを溶かし、解消することが苦しみから解放される真の方法であるならば、エゴ、つまり『私』のこのような構造を知ることは、永続的で意味のある変化を起こすために非常に重要であると考えます。つまり、**すべての『私』をリラックスさせることが**、完全な変容のために不可欠なカギであるということです。

## ■四カ月後　アンからの報告メッセージ

「このプロセスには、大いに助けられました。日常生活の中で、どのような変化が訪れたのかをお話ししたいと思います。まずは、これまで手放すことができなかったあの失望という感情を、やっと手放すことができました。（デモンストレーションで私がどんな問題を扱ったのかでさえ、ほとんど忘れてしまったくらいです！）

第二に、私にあの感情を持たせていた人物は、もう私の身近にはいません。彼女の言動はそれまでも非道徳的だったし、それが変わることはないと思ったので、彼女とは離れました。

さらには、彼女の言動のせいで同じような失望感を体験していた人々に対して、効果的なコーチングや指導を実践することができました。自分が同じ体験をしたから相手の気持ちがわかるという理由からではなく、ホールネスという状態からコーチングすることができたのです。

また、私は彼女（私を失望させた人）に対して思いやりを持ち、共感を覚えることができるようになりました。以前からそうした気持ちはあったのですが、以前よりずっと強くなりました。つまり、あのプロセスは許しをも可能にしたのです。

そして最後に、私はあのプロセスを自分一人で何度も繰り返し行なっています。コーチまたはコンサルタントとして、今では共感力がはるかに高まり、集中力の高まった、中立的で、パワフルな状態になれたと感じています。このプロセスは幅広く応用できる、私にとって頼りになるスキルの一つとなりました」

## ■プロセスがもたらした結果

このプロセスを体験する前と後で見られたアンの劇的な変化は、ホールネス・ワークが持つパワフルな影響力を示しています。プロセスがもたらす結果は人によってそれぞれ異なりますが、穏やかさや落ち着きのような感覚を体験するという根本的な部分は、実践した人に皆共通していると言えるでしょう。

デモンストレーションから四カ月後に届いたアンからの報告は、このシンプルなプロセスが、時にはさらに別の何かを生み出すこともあると教えてくれています。自分を失望させた人に対する情緒面での反応が変わっただけでなく、正しい行動がとれるようにもなったと彼女は言っています。「私にあの感情を持たせていた人物は、もう私の身近にはいません」と言っているのがその証拠です。それに付け加え、その人物に対する思いやりや共感を持つことができただけでなく、同じ気持ちを持つ人々を導くことができるようにもなり、デモンストレーションで扱った問題の解決をはるかに超えた結果をもたらしています。

そしてその後の四カ月間、アンはホールネス・ワークを自分自身に対して使い続けることで、以前よりも「共感力がはるかに高まり、集中力の高まった、中立的でパワフルな状態になれた」とも言っています。こうした変化のすべてが始まったのは、ホールネス・ワークの基本プロセスの使い方を学ぶための、たった二〇分という時間だったのです。

第5章

# 基本プロセスの概要

## 各手順の説明

「真の教育は、体験から生まれる」

――ジョン・デューイ

そろそろ皆さんもプロセスをご自身で体験してみて、自分の問題が変容すると何が起きるのだろうかと楽しみになってきたことを願います。美しく荘厳に沈んでいく夕日を誰もが体験できるのと同じで、アンに訪れたようなウェルビーイングの感覚や安らぎ、開放感を、このメソッドを使う人は誰でも自分なりの形で体験することができます。

本章では、ご自身で探究する準備として、基本プロセスの各手順を復習しながら、それぞれの手順の目的と、それぞれの手順で達成したいことが明確に理解できるように説明を付け加えていきます。続く第6章では、実際にご自身でプロセスを行えるように、シンプルで効果的な言葉を使った手順ごとのガイドをしていきます。

では始めましょう。

まずは、基本プロセスのフローチャートを見てください。全般的にシンプルでわかりやすい構造であることがおわかりいただけるでしょう。

**ホールネス・ワーク基本プロセス**
**問題に取り組む**

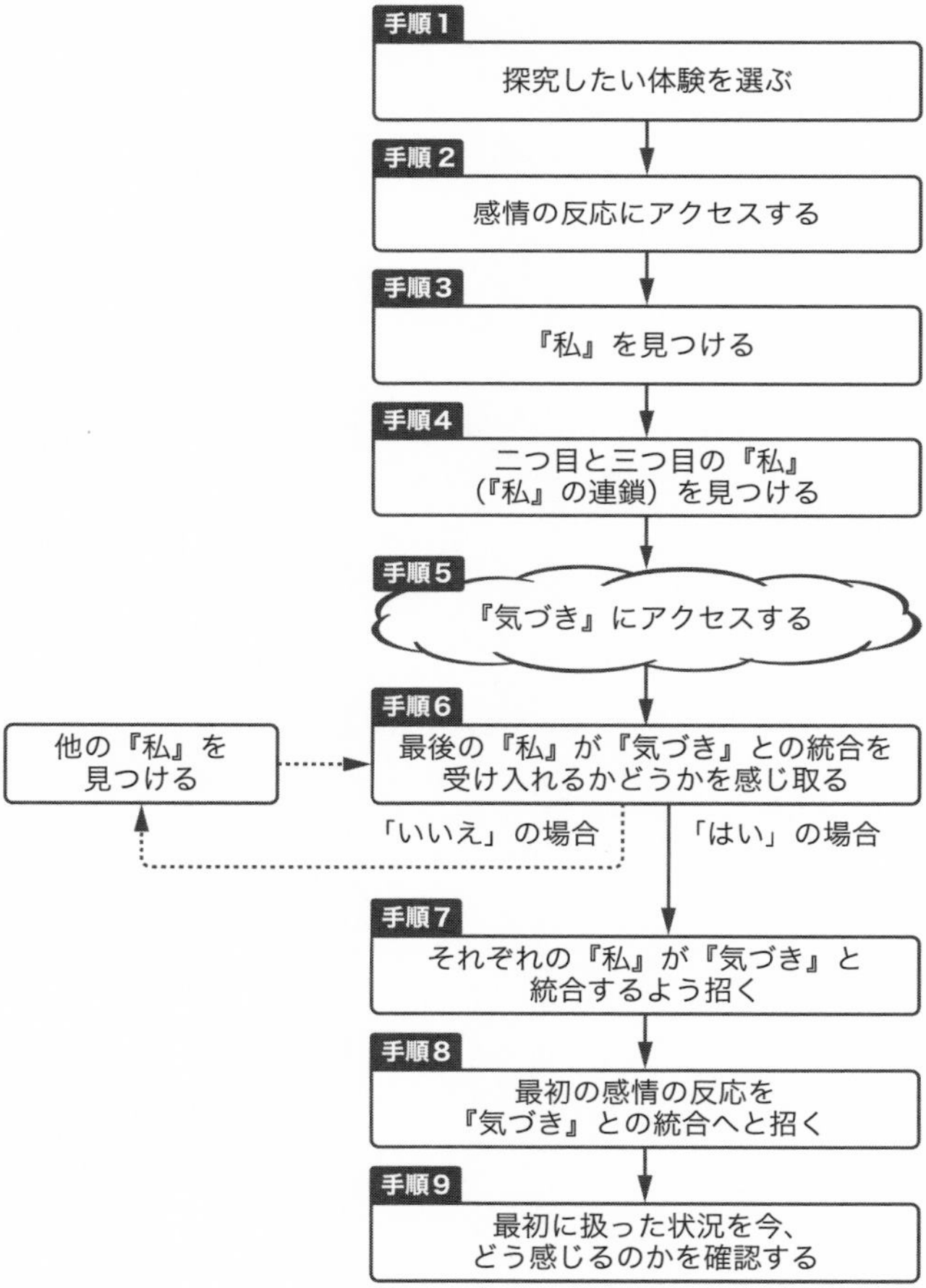
手順1
探究したい体験を選ぶ
手順2
感情の反応にアクセスする
手順3
『私』を見つける
手順4
二つ目と三つ目の『私』
(『私』の連鎖)を見つける
手順5
『気づき』にアクセスする
手順6
最後の『私』が『気づき』との統合を
受け入れるかどうかを感じ取る
他の『私』を
見つける
「いいえ」の場合
「はい」の場合
手順7
それぞれの『私』が『気づき』と
統合するよう招く
手順8
最初の感情の反応を
『気づき』との統合へと招く
手順9
最初に扱った状況を今、
どう感じるのかを確認する

## 九つの手順の詳細

では、それぞれの手順を紐解いて、理解を深めていきましょう。もちろん自身の探究をすぐに始めたければ、第6章に進んでもらってもかまいません。

### ［手順 1 ］探究したい体験を選ぶ

ホールネス・ワークの基本プロセスは、あなたが変容させたいと願う大抵の問題に対して使うことができます。しかし、**初めてこのエクササイズを行う時は、あまり深刻ではない軽めの問題を必ず選んでください。**最初に軽めの問題に取り組むことで、手順をより簡単に学ぶことができ、さらに深刻な問題に取り組むためのスキルを確立することができます。

例えば、あなたの身近な誰かの行動で、本当の意味で害はないのだけれど、あなたの感情のスイッチが入ってしまうような行動を、まずは扱ってみることをお勧めします。それは自分が愛する誰か、同僚、見ず知らずの他人の行動かもしれません。いくつかの例をあげてみましょう。例えば、想像してみてください……

- 汚れたお皿をシンクに置きっぱなしにする
- 夕食時に予告なしにいきなり訪ねてくる
- 押し付けがましいアドバイスをしてくる（何度も）
- 一緒に何か楽しいことをしようというあなたの誘いを断る
- 正しくあろうとする（何度も……あるいはいつも）
- 鼻をほじる
- 似合っていない、または大きさの合わない服をいつも着ている
- 電車の中や、公共の静かな場所で、携帯電話で大声で話す
- 飛行機内で後ろの席の人があなたの背もたれを足で蹴ってくる、または隣の人の肘がぶつかってくる
- 運転中に割り込まれた

あなたの感情のスイッチを入れるのはどのような行動ですか？　あなたが探究したい軽めの問題であれば、何を選んでも大丈夫です。**ある人にとっては軽い問題でも、他の人にとっては大きな問題かもしれませんし、その逆もあり得ると知っておくことが大切です。したがって、前述のリストに例としてあげたものが重大な問題だと感じるなら、もっと軽い何かを選びましょう。**例えば「スーパーのレジで並ぶこと」や「好きなブランドのピーナツバター

が売り切れていた」なども挙げられるかもしれません。

### ［手順 2 ］感情の反応にアクセスする

扱う問題を選んだら、その問題について少し詳しく見ていきましょう。どのようにするかというと……

- その問題や状況が今ここで起きていると想像する
- それが起きると、自分の感情がどのように反応しているかに気づく

（例えば、「じれったい」「イライラする」「悲しい」「傷ついた」「混乱した」など、他にも様々な感情の反応があるでしょう。その感情の反応を言葉で表現できなくてもかまいません）

次に、カギとなる三つの質問をします。

**「その感情の反応はどこにありますか？」**

答えの例：「胸のあたりです」

ほとんどの人が自分の身体の中のどこか、特に胸やお腹のあたりにその感情が位置しているような体験をします。例えば、上司に特定の何かをされると傷つくと感じる場合、その感情が下腹部あたりにあるように感じるかもしれません。感情は、身体の外に位置することも

あります。例えば胸の前や頭の後ろ、時には身体の中と外にまたがっていると感じる場合もあるかもしれません。たとえ驚くような、または、奇妙な場所にあると感じたとしても、このプロセスでは、思い浮かんだ場所を使っていきます。

**「それはどのような大きさ、形ですか？」**

答えの例：「丸くて、メロンくらいの大きさです」

感情は、どのような大きさや形にも感じることができます。小さいかもしれないし、大きいかもしれません。丸、三角など、どのような形でもあり得ます。大きさや形は問題ではありません。時には明確な形をもたないこともあります。輪郭がはっきりしない雲のような形かもしれません。繰り返しますが、その時に思い浮かんだ大きさと形で進めていけば大丈夫です。

**「どのような感覚の質ですか？」**

答えの例：「ぼんやりしていて、少しチクチクしています」

それが占めている場所の表面だけでなく、内部まで入り込むかのように、それはスカスカしていて空気みたいなのか、逆に密度が濃いのか、温かいか、冷たいか、軽いか、重いか、明るいか、暗いか、静止しているか、動いているかなどと確認することができます。ここでも、どのような感覚の質に気づいたとしても問題ありません。重要なのは、それを感じられていることです。

中には、感覚の質ではなく「悲しい」「イライラしている」「傷ついている」などの感情に最初に気づく人もいるかもしれません。そうした感情に気づくことから始めてもかまいませんが、このプロセスがうまくいくためには、その後で感覚の質に気づくように意識を向けていくことが大切です。つまり、その場所に入り込むように感じてみて、温かいか冷たいかなどの質に気づくことです。ここで気づくものが、感覚に「悲しい」などの名称や意味を付ける前の、今この瞬間のダイレクトな体験なのです（第11章で、意味付けから感覚の質へと移行することについてさらに学んでいきます。今は、次の手順に進みましょう）。

**［手順 3 ］『私』を見つける**

手順2では、感情の反応の場所、大きさと形、感覚の質を見つけていきました。そして次のように聞いていきます。

**「これに気づいている『私』はどこですか？」**

そして先ほどと同様に、新しく見つけた『私』に対するいつもの三つの質問をします。

**「どこにありますか？」**

**「どのような大きさ、形ですか？」**

**「どのような感覚の質ですか？」**

## ［手順 4 ］二つ目と三つ目の『私』（『私』の連鎖）を見つける

大抵の場合、『私』、もしくは「それを知覚している自分」は一つではなく、複数存在しています。最初の『私』に気づくことができたなら、その『私』に気づいている二つ目の場所の『私』にも気づくことができるでしょう。これを、もう一つの『私』あるいは、もう一つの『知覚している自分』と呼ぶことができます。

このようにして手順4では、私たちが『私』の連鎖と呼んでいるものを見つけていきます。つまり二つ目、三つ目の『私』を見つけていくのです。二つ目の『私』を見つけるには次のように聞いていきます。

**「この最初の『私』に気づいている『私』はどこですか？」**

そしてカギとなる三つの質問をします。

**「どこにありますか？」**
**「どのような大きさ、形ですか？」**
**「どのような感覚の質ですか？」**

### ■『私』をいくつ見つけるのか？

ここで皆さんは、次のように思うかもしれません。「きりがないのではないか、別の『私』なんていくつでも見つけられる！」。このプロセスをうまく進めていくためには、通常、三つから五つの『私』が見つかれば十分です。

大抵の場合、少なくとも三つの『私』が見つかれば、変容がより完全で力強いものとなります。したがって、次の章の『手順ガイド』では、三つの『私』を見つけることから始めていきます。

三つ目の『私』が見つけられたなら、最後に見つけた『私』に実体があるかないかを確認します。その理由は、私がホールネス・ワークを開発していた当初、『私』にあまり実体がなく、「スカスカしていて空気のような」状態の時には、『気づき』との統合を受け入れやすいと気づいたからでした。多くの場合、そのような『私』は簡単に、自然に溶けることができます。ほとんど実体がないことが確認できたら、統合へと招く次の手順に進みましょう。

デモンストレーションでアンが見つけた三つ目の『私』は、はっきりと特定できないほど存在感のないものでした。実体がないか、あっても非常に薄いものであることが明らかだったため、この『私』であれば、統合を受け入れる可能性が高いとわかりました。逆に、三つ目の『私』の密度が比較的濃い場合は四つ目以降の『私』も聞いていき、より実体のない『私』が見つかるまで探し続けます。

稀なケースですが、一つか二つの『私』を見つけた後、それ以上は見つけられない人もいます。それが起きたとしても心配することはありません。『私』を三つ以上見つけることが必須というわけではありません。

**［手順5］『気づき』にアクセスする**

この時点で、身体の内側とその周囲に常に存在している『気づき』を体験する時間を取りましょう。

アンとのデモンストレーションでは、この手順が含まれていなかったことにお気づきかもしれません。それはデモンストレーションの直前に、アンも他の受講生たちも『気づき』に丁寧にアクセスする体験をしており、私が声のトーンを使って、その体験に彼女を引き戻すことができるとわかっていたからです。とはいえ、『気づき』にアクセスするために長い時間がかかるわけではないので、皆さんが実践する時にはこの手順を入れることをお勧めします。

**［手順6］最後の『私』が『気づき』との統合を受け入れるかどうかを感じ取る**

統合とは、二つだったものが一つになることを意味します。プロセスを始める段階では、

『私』、つまり知覚している自分は『気づき』という体験から分離しています。この二つに分かれたものが一つになるように招く時、空間の中の小さな特定の場所にあったものが、『気づき』のフィールド全体へとリラックスして溶け込んでいきます。

その前に、『私』が統合を喜んで受け入れるかどうかを確認します。

## ■ 統合へと優しく招く

自分の内面に向かって聞きます。

**「『私』の感覚が、周囲と内面の隅々にまで広がる『気づき』の豊かさの中に、そして豊かさのように……、開いてリラックスする……ことの招きを受け入れるかどうか確認しましょう……」**

この問いかけをする時の言葉の使い方が重要です。このプロセスは、何かを無理強いするのではなく、「させてあげる」ことを最も大切にしています。通常この時点では、『私』は開き、溶けることへの招きを受け入れてくれます。「やっと気づいてもらえた！」「やっと誰かが聞いてくれた！　開いてリラックスしたいに決まっている。どんなにホッとすることか！」という感覚になることがよくあります。

しかし、何らかの理由で『私』がこの招きを喜んで**受け入れない**場合は、受け入れていないことに気づく必要があります。それはただ単に、他の『私』を見つける必要があることを意味しています（第6章『手順ガイド』で、そうしたケースでの言葉の使い方をご紹介します）。このプロセスの全体を通して常に覚えておいて欲しいのは、身体と心のシステムが望むものが何であれ、それを見つけ出し、その通りにしてあげることです。システムが受け入れたくない何かを押し付けることは絶対にしません。

### ［手順 7 ］それぞれの『私』が『気づき』と統合するよう招く

最後に見つけた『私』が統合を歓迎するなら、この手順に進む準備ができたということです。最後に見つけた『私』から始めて、連鎖を逆順に遡りながら、見つけていったそれぞれの『私』を統合へと招きます。

『私』を一つずつ統合へと招きながら、それぞれの統合が十分に完了できるように時間を取ります。急ぐ必要はありません。この段階で癒しが起こるので、この時間を堪能しましょう。

### ■ 一つの『私』が統合したら、前の『私』の場所に、今は何があるのかを確認する

アンとのデモンストレーションでは、三つ目の『私』の統合が完了した時に二つ目の

『私』の場所をチェックして、今はそこに何があるのかをアンに気づいてもらいました。

**「前と同じですか、それとも少し違っていますか？」**

同じでも違っていても問題ありませんが、少し時間をとって気づいていきます。こうすることで、前はどうだったのかという記憶ではなく、今どうなのかでワークすることができます。

前と同じ場合もあれば、少し違っている場合もあります。時には、前の『私』が完全になくなっていることもあります。これは、統合が自発的に起きたことを示しています。もし何かが残っていたら、それがなんであれ、統合へと招くだけです。最初の『私』で終わるまで、それぞれの『私』を統合するプロセスを繰り返します。

### ［手順8］最初の感情の反応を『気づき』との統合へと招く

一連の『私』が統合したら、今度は最初の感情の反応を統合します。まずは、最初の感情の場所に、今は何があるのかに気づきます。

**「前と同じですか、それとも少し違っていますか？」**

今、そこに何があったとしても、統合へと招きます。

### ［手順 9］最初に扱った状況を今、どう感じるのかを確認する

プロセスを経て、体験がどのように変化していたとしても、この新たな在り方の自分として、最初に扱った状況に入ってみましょう。以前の自分であれば、感情のスイッチが押されてしまったであろう、最初の状況です。この手順は、状況を良くしようとか、何かを無理に変えようとするものではありません。**ただ純粋に、今どのような状態なのかを知るためにチェックしているだけです。**

大抵の場合、最初に扱った状況に対する感じ方が、前とはかなり違っていることがわかります。どのような感じ方だったとしてもまったく問題ありません。自分が実際に感じていることに気づきたいと望むことは、それだけで私たちのシステムをリラックスさせます。個人の成長を可能とするような確実で完全な問題の変容には、そのリラックスが必要なのです。

＊＊＊

真の学びは、プロセスを自分で体験することから得られます。次の章では、そのためのロードマップを提供します。覚えておいて欲しいのは、ホールネス・ワークを使った人々の体験は多種多様であるということ、そしてそのすべてが、より大きな全体性とウェルビーイン

グへと向かっていくための一歩だということです。アンの体験はかなり劇的なものでしたが、わずかな変化しか起こらない時だってあります。それぞれの手順がどのように展開していくのかは、人によってそれぞれ異なります。それは、私たち全員がそれぞれに異なる場所を起点としているからです。それでもこのプロセスは、より大きな全体性という方向に向かい、現在の皆さんのシステムに適応することができるのです。

第6章

# 手順ガイド
## 自分で基本プロセスをやってみる

「練習こそが最高の師である」

――プブリウス・シルスの名言

本章で紹介する手順ガイドは、自分でプロセスを行う時でも使いやすいように、手順をシンプルにまとめたものです。プロセスの効果を最大限に引き出すためには、書かれている通りの言葉を使うことをお勧めします。あなたというシステム全体にとって、プロセスで体験することが処理、そして統合しやすくなるように、特定の言葉が注意深く選ばれています。

この手順ガイドを使ってプロセスを自分一人で行うこともできるし、友人などに読んでもらってもいいでしょう。一人でワークする場合は、それぞれの指示を読んでから目を閉じ、答えを探すために少し時間を取ってください。体験に入っている状態を維持しやすくするために、スマートフォンやタブレットにガイダンスの言葉を録音する人もいます。その場合、それぞれの手順の後でいったん音声を止めて、自分の中で処理ができるように少し時間を取り、何が起こるかにただ気づきましょう。

プロセスをまったく同じように体験する人は二人といないので、あなたの体験は他の誰とも違うものになります。どのようにプロセスが進もうと、それがあなたにとっての完全な体験となります。

## ■始める前に

- 一五分から三〇分の間、邪魔が入らないような、心地よく座ることができる静かな場所を見つけましょう。
- 何も書かれていないメモ用紙とペン、あるいは鉛筆を用意し、それぞれの答えを簡単に書き留められるようにしてください（第6部「リソースとルーツ」に入っているワークシートを参照することもできます）。
- 探究と発見をしていく心の準備をしましょう。

## ホールネス・ワーク基本プロセス　問題に取り組むための手順ガイド

体験の質を高めるために、太字ゴシック体で示されているスクリプト部分は、友人やあなたが信頼する誰かが語りかけてくれているように読みましょう。普段より柔らかく、ゆったりとした声でこれらの言葉を聞くと、答えを感じ取りやすくなります。

### ［手順 1 ］探究したい体験を選ぶ

深刻さの度合いが軽いものから中程度の問題や体験を選びましょう。あなたの感情のスイッチを軽く押すような何か、誰かが本当に傷ついたり、危害が加えられたりしないものを選びます。

例：「私の親友は、いつも上司の愚痴を言っている」

### ［手順 2 ］感情の反応にアクセスする

「今、それが目の前で起きていると想像して、それに対する反応として自分がどのように感じるかに気づきます……この感情を少しの間、体験しましょう……」

A.「この感情を感じる場所に気づきましょう」

【書き留める】

B.「では、この感情の大きさと形に気づきましょう」

【書き留める】

C.「今、領域の中やその隅々まで感じてみて、感覚の質に気づきましょう……重い感じ、圧力がかかった感じ、振動、シュワシュワやブクブクした感覚を感じているかもしれません。温かさや冷たさかもしれません。言葉にできない何かかもしれませんが、それでも大丈夫です。そこにある感覚に、ただ気づきましょう」

【書き留める】

### ［手順3］『私』を見つける

「あなたは次のように言うことができます。『私は【　場所　】で、【　特定した感覚の質の言葉　】な感覚に気づいています』

A.「では、この感覚に気づいている『私』はどこですか？　その『私』はどこにありますか？……そう言われてふと頭に浮かんだ場所に、ただ気づきましょう。あなたの頭や身体の中、または頭や身体の外のどこかかもしれません」【「もしもはっきりとわからなければ、推測しても、答えがわかった振りでもかまいません」】

B.「その『私』はどのような大きさと形ですか？」

C.「では今、（『私』が占める）領域の中やその隅々までも感じてみると、どのような感覚の質に気づきますか？　霧がかかったような感じ、すっきりとした感じ、ぎゅっと密度が濃い感じ、空っぽな感じ、重い、軽い、振動している、静止しているなどの感覚があるかもしれません。それを言い表す言葉がなくても大丈夫です。その感覚そのものに、ただ気づくことができます」

### ［手順4］二つ目と三つ目の『私』（『私』の連鎖）を見つける

「今あなたは、次のように言うことができます。『私は、ここの【　　　一つ前の『私』の場所　　　】で、【　　　感覚の質を示す言葉　　　】な感覚に気づいている』

A.「では、これに気づいている『私』はどこですか？」

もしくは

「その知覚は、どこから起きていますか？」

B.「そしてこの『私』は、どのような大きさと形ですか？」

C.「この『私』が占めている場所の領域の中や隅々までも感じてみると、どのような感覚の質に気づきますか」

手順4を繰り返して三つ目の『私』を見つけます。

三つ目の『私』の感覚の質をチェックしましょう。

- 比較的スカスカしていて薄く、実体がない感じなら、手順5へ進みます。
- まだかなり密度が濃く、しっかりと実体があるものだったら、密度や実体の感覚が薄い『私』を見つけるまで手順4を繰り返します。その後、手順5へ進みます。

### ［手順５］『気づき』にアクセスする

「では、『気づき』を体験する時間を取っていきましょう……。今、あなたは自分の身体のいたるところを簡単に感じることができます。つまり『気づき』は、身体中のいたるところにあるということです……。もし近くで音がしたなら、あなたは頑張ることなく、自然にそれが聞こえるでしょう……。反対側で音がしても、やはり頑張ることなく、それに気づくでしょう。たとえ目を閉じていても、あなたを取り巻く周囲の空間の感覚を簡単に感じることができます。……『気づき』とは、あなたの身体のいたるところで、そして周囲のすべてで、頑張ることなく気づける力です……。そしてそこには境界線もなく、終わりもありません。

そしてあなたは今、このすべてを同時に体験することができます……」

### ［手順６］最後の『私』が『気づき』との統合を受け入れるかどうかを感じ取る

「では、最後に見つけた『私』に意識を戻しましょう。それがどこにあるのか、その大きさや形、そして特に感覚の質に気づいてください」

「ではチェックしましょう。この『私』の感覚は、豊かな『気づき』のように、そしてその中に開き、リラックスすることへの招きを快く受け入れますか？」

【答えは「はい」でも「いいえ」でもどちらでもかまいません。次にどうすればいいかを教えてくれるだけです】

**返事が「はい」なら、手順7へ進みます。**

**返事が「いいえ」なら、別の『私』を見つける必要があるという意味に過ぎません。**

別の『私』を見つける方法

A.「この【　　　　『私』の場所　　　　】の感覚が、開いてリラックスしたくないことに、今、気づいたのですね?」

B.「では、それに気づいている『私』はどこですか?……その知覚はどこから起きていますか?」

C.「ではチェックしてください。この『私』の感覚は、豊かな『気づき』のように、そしてその中に開き、リラックスすることへの招きを快く受け入れますか?」『気づき』との統合への招きを快く受け入れる『私』が見つかるまで、これを続けます。そして手順7に進みます。

## ［手順7］それぞれの『私』が『気づき』と統合するよう招く

最後に見つけた『私』から始めます。

「周囲のすべてと、内側の隅々にまで広がる豊かな『気づき』のように、そしてその中へと『私』の感覚が開き、リラックスする……ように招かれた時、何が起こるのかに気づきましょう……この場所にある感覚を優しく感じていくことができます。そして開いていくこととリラックスを、ただ起こるがままに自然に起こさせてあげましょう。あなたは、何もしなくていいのです……力を入れることなく、ただ、自然に起きることを感じているだけです」

次に、残りの『私』も統合へと招いていきます。すでに統合した『私』の一つ前の『私』から、順番に始めていきます。

A.「では、【一つ前の『私』の場所】をチェックしましょう。今、この場所に存在するものに気づきます。それは前と同じですか……または少し違っていますか？　今、そこで気づけるものに、ただ気づいてください」

【どのような答えでも大丈夫です。前と同じかもしれないし、少し違っているかもしれません。完全に消えてしまっていることも稀にあります】

B.「では、この【今ここにある感覚の質】が、豊かな『気づき』のように、そしてその中へと……開いてリラックスする……ように招かれた時、何が起こるのかに気づきましょう……ただ起こるがままに、自然にそれを起こさせてあげましょう。それが落ち着くための時間を、十分に取らせてあげてください」

すべての『私』が統合へと招かれるまで、連鎖のそれぞれの『私』に対してこの手順を繰り返します。

### ［手順8］最初の感情の反応を『気づき』との統合へと招く

A.「では手順2で、最初に始めた時の感情のあった場所をチェックしましょう。今、この場所の感覚は前と同じですか？　または少し違っていますか？」

B.「（今あるがままの）この感覚が、周囲のすべてと内側の隅々にまで広がる豊かな『気づき』のように、そしてその中へと……開いてリラックスする……ように招かれた時、何が起こるのかに気づきましょう……」

C.「今、そこで自然に起きることを、ただ起きるがままにさせてあげましょう。この体験を、好きなだけ楽しむことができます」

## ■「統合への招き入れ」その他のオプション

前述の文言ではうまくいかないと感じる時は、少し異なる次の二つの言い方で、統合への招きを探求することができます。

- 「豊かな『気づき』が……意識のすべてが……【場所】の感覚のように、そしてその中に……流れ込んでくるように招かれる時、何が起こるかに気づいていてください」

または、こちらを試してみてください。

- 「【感覚の場所】にすでに存在していた『気づき』が、自ら目を覚ますように感じるかもしれません」

### 読者へのヒント

『私』が『気づき』と統合されると、大抵の場合、手順8は自然に、快く受け入れられます。それでも統合が難しいと感じる、または望んでいないと感じる場合は、その気持ちを尊重することが大事です。何かを無理に起こさせようとするのは、決して役には立たないと覚えておいてください。このプロセスでは力を加えることではなく、力みや頑張りをリラックスさせる穏やかさが重要となります。本書後半のセクションで、何かが難しいとか、望んでいないと感じる時に、（頑張らずに）どうすればいいのかをさらに学んでいきます。

**［手順 9 ］最初に扱った状況を今、どう感じるのかを確認する**

**「この在り方**（複数の『私』と感情が、『気づき』と統合された状態）**でいる時、あなたが最初に扱った最初の問題の状況の中にいると想像してみると、今はどのように感じるのかに気づきましょう……。その状況に、何らかの行動を起こす他者が関わっている場合、その相手が今、その行動を起こしていると想像してみてください」**

**「そして、この在り方でいる今、どのように感じますか？」**

前より楽になったと感じますか、または、感情を覚えないようなニュートラルで、自分が良いと思えるような反応ができるリソースフルな状態になっていると感じますか？　そうであるなら、この在り方に慣れるためにも、過去の似たような状況を二つ思い浮かべて、この「在り方」でいることを想像してみましょう。また、未来で起こるかもしれない、似たようないくつかの状況を想像してみて、この「在り方」でいる自分を思い描いてみましょう。最初の感情がなくなっている、または変容したと感じている場合でも、例えば、自分に制限をかけたり、ストレスを感じたりするような他の反応に気づくのであれば、その新たな反応を出発点として基本プロセス（手順1〜9）をもう一度繰り返すことをお勧めします。

第6部「リソースとルーツ」に、この基本プロセスを一ページにまとめたものを用意しています。

＊＊＊

## ■補足説明

何を体験しましたか？

基本プロセスを実践した人の体験は多様で、広範囲に渡ります。非常に深い体験をする時もあれば、変化が起きたとしても、かすかにしか感じられない時もあります。そして初めて体験する時は、ほとんど何も起きていないように感じられることもあります。

大きな変化を体験した人は、あなたというシステムの中にこの統合が定着し続けるように、プロセスが終わった後に少し時間を取ることをお勧めします。頑張ることを必要としない、穏やかな気持ちになれることをしてください。五分や一〇分でも効果はあります。例えば、次のような時間の過ごし方が統合を促進してくれます。

・自分のための静かな時間を過ごす
・散歩に行く
・自然の中で過ごす
・温かいお風呂に入る

## ■何かが起きていると感じられない場合は？

プロセスを始めたばかりであれば、まだ大きな変化などを感じられなくても大丈夫です。まずは実践し始めることで、後に重要な体験へとつながっていくかもしれない土台を築くことができます。私も最初は、あまり大きな変化を感じられなかった一人でしたが、プロセスを続けることで、人生の様々な領域で大きな変容を体験していきました。そしてそこには、健康上の重大な問題の解決も含まれていました。

手順のどれかが、今のあなたの体験に合わないと感じる場合もあるかもしれません。しかしそれは、あなたに合うようにその手順を少し変えればよいだけのことです。その瞬間の自分の体験に従って手順を変える方法を知ることで、プロセスは基本的に、常にうまくいくようになります。

多少の練習と、いくつかの役に立つコツがわかれば、プロセスはより簡単になり、あなたの体験はより豊かになっていくことがわかるでしょう。本書を読み進める中で、さらに詳細な原理や、手順にバリエーションを加える方法、そしてプロセスがうまくいかないように感じる時の対処法を学んでいきます。

第7章

# 意義ある結果
## ホールネス・ワークの恩恵を受け取る

「労苦に対する最高の報酬は、それによって得られたものではなく、それによって自分が何者になったかである」

――ジョン・ラスキン

個人的に最も大きな進歩を感じるのは、ホールネス・ワークを日常的な習慣として取り入れた時だと多くの人が言います。しかし、これを生活の一部として習慣化するには、多少の動機づけも必要だとも言います。皆さんのやる気を駆り立てるためにも、ホールネス・ワークによって具体的な変化を体験した人々から寄せられた数多くの体験談の中から、いくつかをご紹介しましょう。こうした体験談は、皆さんのインスピレーションを刺激するだけでなく、人生のどのような側面でホールネス・ワークを使っていきたいのか、そのアイデアも与えてくれるかもしれません。

すでにお話しした通り、多くのクライアントが劇的な結果をすぐに体験するのとは対照的に、私が初めてホールネス・ワーク基本プロセスを試した時は、ほんの僅かな変化しか体験できませんでした。**もしも私が、このプロセスを実践的な習慣として継続していなければ、他の方法では得られなかっただろうと私が心から信じる、とてつもなく大きな恩恵を逃していたかもしれません。**

ホールネス・ワークの実践を長年にわたって積み重ねてきた今では、このワークが、私の人生のあらゆる側面に影響を与えるものになっており、同じように実践を継続している人たちにとっても共通した結果を出しています。したがって、あきらめずにこのワークを続けることをお勧めします。そうすることで、あなたにとっての可能性を発見することができます。

## 万人に共通すること

ホールネス・ワークを使う人は皆、ある素晴らしい恩恵を絶えず体験しているようです。

それは、心身ともに深くリラックスした状態です。基本プロセスを初めて実践した時点でこの状態をはっきりと体験する人もいますが、最初は控えめだった体験が時間の経過とともに強くなっていく人もいます。

ただ座ってくつろぐのとは違う、さらに深い次元でのリラクゼーションが起きると大抵の人が感じます。なぜなら、このプロセスがもたらすリラックスとは、単に筋肉を緩めるのではなく、精神や心の緊張を和らげることだからです。

私たちの意識がわずかに収縮することから小さな複数の『私』が形成されていき、「思考の緊張」と呼ばれる状態を作っていきます。このような緊張が私たちの精神に存在する時、多かれ少なかれ、筋肉にも必ず緊張が生み出されます。したがって、精神がリラックスしている状態の時は、同様に筋肉もリラックスしています。

## 個々の結果

先に紹介したように、基本プロセスを実践したことでアンの生活は大きく変わりました。有害な人間関係を手放す時だと、彼女は明確に理解したのです。ホールネス・ワークを通じて起こり得ることは個人や状況によって様々に異なりますが、どれほど多様な結果が生み出されるのかを実感していただくためにも、ワークショップの参加者、クライアント、友人などから届いた報告をここでいくつかご紹介しましょう。彼らから聞いた体験談は、私に大きな刺激を与えてくれました。皆さんにとっても同様の刺激となってくれること、そしてホールネス・ワークをどのような問題に対して使いたいのかを考え始めるきっかけになってくれることを願います。

## ■姑との関係

私は、姑との関係を改善するためにたくさんのワークショップに参加して、様々なことを試してきました。姑の態度や言動は本当に腹立たしく、そばにいるのも嫌でした。夫の母なので責任ある大人としての態度は保っていましたが、愛情を持って何かをしたことはなく、ただ義務感から行動していました。

彼女を愛することは不可能だと心から思っていました。でも最近、彼女の元を訪ねた時に自分の態度が大きく変わったことに気がついて驚きました。私はホールネス・ワークを実践していて、物事が変化しつつあるのはわかっていましたが、その変わりようには驚かされました。姑と一緒に笑ったり冗談を言い合ったりした後、帰り際に彼女は、私が帰るのは名残惜しいとまで言い、私も名残惜しいと感じました。

自分は彼女を愛していることに気づき、義務からではなく、愛情から彼女と一緒にいることをとても心地良く感じました。義理の妹が私に、何があったのか、どうしてあのように振る舞ったのかと聞いてきた時、私の中で起きた変化がいかに大きなものだったかに気づきました。

特に私が驚いたのは、この訪問には夫が同行していなかったことです。私一人で姑との時間を過ごさなければならず、「緩衝材」としての夫はそこにはいませんでした。

数カ月後――

姑の体調がすぐれない現在、これ（変化）がとりわけ大きな意味を持つようになっています。彼女に対する愛情は、今ではさらに深まっています。そこには一切の葛藤はなく、私はこのワークに対して永遠に感謝し続けるでしょう。このワークを学び、実践することを前向きに検討しているすべての人々が、その機会に恵まれることを願います。

――米国在住　ライフ・コーチ

## ■ビジネスとマネジメント

私は、経営者やビジネスマンを対象としたワークを提供しており、多くの人がレジリエンス・トレーニングを目的にやってきます。効果の高さと簡潔さの両面においてホールネス・ワークが他に類を見ないほど貴重な財産だと、クライアントからもフィードバックをもらっています。

例えば、翌週は本当に辛い一週間になるだろうと心配していた一人のマネージャーとワークをした時のことです。想定できる問題の状況や危機的状況を三つ想像してもらったのですが、彼は想像するだけでパニックに陥りました。どの問題も非常に厄介なものであり、想像しただけで彼は強い反応を示しました。

想像してもらった問題とそれぞれの状況に対してホールネス・プロセスをやってもらいました。そして彼は、非常に冷静に、非常に力強く、その一週間を乗り切りました。彼が想定していた筋書きの一つは現実になったそうです。「とても興味深かった、なぜならそれが現実になったとわかった瞬間、「それで?」と肩をすくめるような感じでさほど動揺することもなく、ただ問題解決に取り組むことができたからです」と後に彼は話してくれました。

このような結果が私のクライアントに現れています。私にとっても、このプロセスは信じられないくらいに、苦もなくできるものです! このようなことが起こるなんて想像すらしていませんでした。ホールネス・ワークとは、外部からやってくる様々なストレス要因に対して免疫を作り出してくれるようなものです。ある意味、自分に紐付いていたストレス要因とのつながりが不活性化したような感じです。これまでのストレスのパターンが、活性化されなくなるのです。活性化されなくなると、「ストレスとして反応することもできるけれど、この誘いに乗るのはやめよう」となったりします。

そしてクライアントとのワークを通して私が目撃してきたことは、それが自動的になっていく傾向があるということです。身体的な反応を感じた瞬間にそこにつながることができ、すでに習得している癒しのプロセスとして自分のシステムがホールネス・ワークの統合パターンを始動させてくれる、そのような自動化です。すると、身体的な反応が勝手に統合されてしまいます。

——ドイツ在住　ビジネスコンサルタント

## ■慢性痛

コニレイがホールネス・ワークのワークショップでデモンストレーションのボランティアを募った時、私は手を上げ、首の後ろにある慢性的な痛みでワークすることを選びました。この痛みはずっと不快感の原因になっていたので、何かが起きるかどうか、試したいと思いました。プロセスが終わる頃には痛みが消え、首も身体も前よりリラックスしていると感じました。あれから数カ月が経ちますが、痛みは消えたままです。

――イリノイ州シカゴ在住　ワークショップの参加者

■リハーサルで初見の楽譜を即読

それが起きたのは、私がホールネス・ワークを知ってすぐの頃、まだオンライン・トレーニングを受講していた時でした。

私は聖歌隊で歌っているのですが、ピアニストが急な病気で来られなくなり、リハーサルが始まるほんの数時間前に突然、代わりにピアノを弾いてくれないかと打診されました。了承はしたものの、初見で楽譜を読むのは大好きとは言えないことの一つであり、おまけに私はかなりのあがり症です。リハーサルはなんとか進行していきました。二曲ほどが終わり、三曲目に入った頃、指揮者が特定の部分を繰り返したいと言い出しました。

それまで私は「それなりに上手に」弾けていたのですが、突然あちこちで間違えるようになり、最終的には演奏が止まってしまいました。一生懸命やればやるほど、状況はひどくなっていきました！　その瞬間に私は気づいたのです。『私』が額のすぐ外側で、小さくて、丸くて硬い状態に収縮し、そして文字通り、音符を一つずつ読もうとしていました。

ほぼ同時に、その『私』が、周囲のすべてに広がる豊かな『気づき』と知性の中へと開いて、リラックスしていくよう招かれていると悟りました。そしてそれは、『気づき』の中へとリラックスして戻っていきました。このすべてが、わずかな瞬間に起きました。それと同時に私の演奏は「それなりに上手」な状態へとリラックスして戻っていきました。周囲の人がそれに気づいていたかどうかわかりませんが、リハーサルで起きていたこと、そして世の中における自分の在り方に対して起きていることを自分がどのように理解していたかの両方の点で、私にとっては決定的な瞬間でした。

――英国在住　ミュージシャン

## ■物理とフェンシング

私がこの報告を送るのは、ホールネス・プロセスが、変えられないと思っていたある重要な問題を解決してくれたことで、私の人生が生きやすいものになったと感じているからです。

私は物理が嫌いで勉強にも身が入りませんでした。母に手伝ってもらいながら、この問題に対してホールネス・プロセスを使った後は、家でも学校でも物理の学習速度が速くなり、やる気と興味が出てきました。

それに加え、私にはフェンシングでの悪いクセ（取り組みの時に腕をまっすぐに伸ばすのではなく、曲げてしまうなど）があり、フェンシングの上達を妨げている身体の動かし方なども変えたいと思っていました。何度かホールネス・プロセスを使いましたが、すぐに自分の中で変化を感じることがよくありました。レベルの高い大会で上級生を相手に試合をする時の自信が簡単に持てるようになり、たくさんのことを学びました。コーチが言っていることを本当の意味で聞き、彼が私に望んでいること、やって欲しいことが理解できるようになりました。

――米国テキサス州在住　高校生

## ■片頭痛の前兆

私は長年にわたり、時おり感じる片頭痛の前兆に悩まされてきました。パターンはいつも同じでした。最初は自分の視野の中にチラチラ光るところがあると気づきます。それは大抵の場合、左側から小さな弧を描いてやってきます。まるで壊れた鏡の小さな鋭い破片のようにも見えました。実際に片頭痛にはなりませんでしたが、それが徐々に私の視界を覆って、どんどん頭が混乱していき、吐き気と若干の頭痛がしてきます。

その状態で物事をやり続けようとすると、混乱と不快感がさらに悪化することが経験でわかるようになり、翌日になってもまだ、スイッチが切れたような感覚が続きました。しかし一時間ほど横になって、症状が自然に消えるのを待てば、それほど酷い状態にはなりませんでした。

ある日、その前兆が始まったので、自然に症状が「消えるのを待つ」ために少し横になると妻に言った時です。妻が、ホールネス・プロセスが少しでも役に立つかどうか試してみないかと聞いてきました。そんなもので何かが変わる可能性はほぼ無いだろうと思いながらも、逆に害になることもないだろうし、目を閉じて試せるのであればやってみようと思い、やることにしました。

妻は前兆について聞いたあと、『私』はどこかと聞きました。すると『私』の感覚の質に気づいた途端に、前兆が消えたのです！　私はとても驚き、なぜそのようなことが起きたのかと不思議に思いました。妻が私を次の手順へとガイドしようとした時、私は「もう痛みは消えたよ」と言いました。それ以来、前兆が始まるといつでも、私は数分の時間を取ってこのプロセスを行なっています。毎回、完全に、あるいはほとんどの前兆があっという間に解消し、やっていたことを続けられるようになっています。

——米国コロラド州在住　著者／トレーナー

## ■子供の実践例：「自分の殻から抜け出す」

車で学校へ送っていく道すがら、息子はいつも「宿題のせいであまり寝ていない。ものすごく疲れている」などと不満を言っていました。私はホールネス・プロセスを学んだばかりだったので、試してみたいかと息子に尋ねました。非常にシンプルにプロセスを行うことができ、息子を穏やかな状態へと導いてくれました。息子は穏やかに、落ち着いて、笑顔で車を降りました。私もとても嬉しかったです。車を降りる時、息子は私に言いました。「よかったよ。なんだか、自分の殻から抜け出したみたい」

――米国テキサス州在住　子を持つ親

## ■身体の機能障害

このワークを共有していただいたことに、もう一度お礼を言いたいです。ホールネス・プロセスは、これまで経験した中で最も素晴らしく、穏やかで繊細なプログラムでした。最近は身体の痛み、特に背中、肩、腰に繰り返し起こる痛みに取り組み始めています。このプロセスを六週間ほど実践していますが、どんなにストレッチをしても戻ってきていた身体の不調が、今ではほとんど消えてなくなりました。本当に驚きです。いくら感謝しても足りません。

――オーストラリア在住　ITコンサルタント

## ■人格の構造を変化させ、瞑想法として使う

親友の家に滞在している時に、コニレイのホールネス・ワークの動画を見終わりました。私の友人は素晴らしい人です。元気いっぱいで思いやりがあり、のびのびした性格の人です。しかし同時に、悲しみと怒りの感情に襲われる傾向があり、この強い感情は予期せずに湧きあがってくるようでした。彼女は、まったくそうではないにもかかわらず、侮辱されたとか拒否されたと解釈して、苦痛や怒りに打ちのめされることがありました。

彼女の家での滞在は長いものだったので、学んだばかりのホールネス・ワークを使ってみたいから実験台になって欲しいと頼みました。気持ちよく了承してくれた彼女と私は、十数日間に渡り、ワークを連続して行ないました。結果は、私の想像をはるかに超えるものでした。

動画の中でコニレイが、このメソッドを連続して使い続けることで、実際に人格を再構築することがあると説明していました。まさにそれが、あり得ないような形で友人に

も起き始めました。彼女は、仕事、結婚、家族関係に数多くの複雑な問題を抱えていました。日々が過ぎていくのと同時に、それらが溶けてなくなっていくのを見るのは驚きでした。

まるで彼女を縛っていた結び目をほどいていくためのエレガントなやり方を、彼女の精神はすでに知っていたかのようでした。問題についてダイレクトに話すのではなく、まずは問題を特定し、ホールネス・ワークを通じて問題にまつわる緊張を解消していくような感じでした。

この結果に最も驚いたのは、彼女の親しい人々でした。まずは彼女から不安定さが消えていくのがはっきりと見え、生来の落ち着き、思いやり、遊び心が確かなものとなっていきました。まるで、統合された新たな彼女の生き方のようでした。

この夏の滞在以来、彼女とはさらにたくさんのワークに取り組んできました。彼女が自主的にワークを進められるように。今では、彼女が自分でプロセスを行い、私はわずかな微調整を入れるだけのセッションになっています。こうすることで、彼女はこのメソッドを使うことに、そして「『気づき』のフィールドのように、そしてその中に溶けていく招き」に対して、彼女の精神が反応する心の能力に、自信を高めることができています。彼女は週を追うごとに、この新しく発見した確固たる人格の基盤が、実際には制限のかけられていない自分の本当の姿なのだと、深く信じるようになっています。

私は五〇年以上に渡り、日常的に瞑想を行なってきました。実践してきた時間は四万時間を超えます。今では、座って行う瞑想の一部としてホールネス・ワークを一日中、習慣的に使っています。これは、日常生活の些細な事象に紛れ込んでいる崇高な精神への深淵、かつ現実的な入り口だと考えています。これがあなたの心に訴えてくるように思うなら、まずはこのワークに浸ってみて、何が起きるのかを試してみることをお勧めします。

――イリノイ州ニューオリンズ在住　エグゼクティブ・コーチ

＊＊＊

一人ひとりが体験する変化は、さらに他の誰かの人生にも違いを生み出し、それがまた、さらに多くの人々の人生にも影響を与えます。ホールネス・ワークによってあなたが作り出す変化があなたにどのような恩恵をもたらし、その変化による波及効果はどのようなものだろうと思わずにはいられません。皆さんも自分の問題に対してホールネス・ワークを使ってみてください。そして、プロセスがあなたの人生に与えるポジティブな影響についてぜひ聞かせてください。

こうした変化が、あまりにも素晴らし過ぎて現実だとは思えないとか、少したじめらってしまうような場合は、あなたの体験に最も良く作用するようにプロセスを調整できる方法（時には、調整が必須の場合もあります）を学ぶために、さらに本書を読み進めてください。第9章「ヒントと質疑応答」でも、そうしたアイデアのいくつかをお伝えします。また第4部でご紹介する瞑想フォーマットからも、さらなる選択肢を手に入れることができます。

第8章

# 人間関係の改善
## 感情のトリガーから感情の選択へ

「昨日、賢かった私は、世界を変えたいと思っていた。

今日、思慮深くなった私は、自分自身を変えようとしている」

――ルーミー

最初のエクササイズで、私は皆さんに次のようにお願いしました。

「本当の害はないとわかっているけれど、あなたの感情のスイッチを入れるような誰かの何らかの行動を問題として選んでください」

人間関係における「感情のスイッチ」にホールネス・ワークを使う時、多くの人に驚くような変化が起こります。これは非常に嬉しいことです。なぜならある調査によると、人間関係が順調な時、人はさらに健康で長生きすることができ（注1）（注2）、毎日の生活の質が大幅に向上することがわかっているからです。

基本プロセスを学んでいる時は、軽度から中程度の問題を選ぶことも勧めていますが、このワークは、人間関係における大きな問題でさえもパワフルに変容することができます。そして、大きな問題を完全に変容させて癒す上で最大限に効果を発揮するためには、その時々で感じる反応に対してホールネス・ワークを継続して使っていくことが重要です。

## 人間関係における一般的な四つの改善

定期的にホールネス・ワークを使う人たちの多くが、観察可能な少なくとも四つの点において、人間関係が改善していることを実感します。

### 1．自分自身の反応が変わる、そして気持ちが穏やかになる

これは、感情のスイッチは押されるけれども、重大な危害などは被らない物事に対して起

こりうる反応です。相手が同じ行動を起こし続けたとしても気にならなくなります。しかしそれは、自分の感情のスイッチを切ったり、抑えつけたりしているからではありません（それは決していい考えではありません）。そのことに対して、本当に感情が動かなくなるからなのです。

このような変化が起きた良い例となるのがカラのケースです。対面式で開催したホールネス・ワークのトレーニングで、私が「感情のスイッチを押すような何かを選んでください」とお願いした時、すぐにカラの頭に浮かんだのは、夫が時々、彼女を傷つけるような話し方をするということでした。「夫の大きくてキツイ声の調子と言い方が気になっていました。彼は乱暴で無神経な人なのです」と、カラは言いました。そしてこのように付け加えて言いました。

「ホールネス・ワークを行なった後でも、夫の話し方は、前と何も変わりません。ですが、私の感じ方が完全に変わったと気づきました。もう気にならなくなりました。夫の声が時々そうなるだけで、必ずしも私が原因ではないことがわかりました。だからもう大丈夫です」

彼女は新たな反応を手に入れたのと同時に、夫の話し方に対する新たな洞察も自然と得ることもできました。

カラの夫は田舎育ちの人でした。そこでは、人がどのような話し方をしても互いに気に留めることはほとんどなかったそうです。夫とは対照的に、カラは都会で育ちました。彼女が育った地域の人々は、誰もがコミュニケーションに気を遣い、上手にコミュニケーションすることの意味を明確に理解しているような環境でした。

カラはさらに、職場の人たちに対する自分の反応が変わったことにも気づけて嬉しかったと言いました。カラは小さな会社を経営しており、毎日、かなりの人数のクライアントとやり取りをします。カラは、次のように言っています。

「今では、人がどのような言動を取ったとしても、以前より気持ちが楽でいられます。以前であれば気にしていたようなことを相手に言われても、今は、それがその人の物の言い方の問題に過ぎないのだとわかるようになりました。単にそういう人なのだと気づけるようになったのです」

私たちの感情の反応が「癒された」あるいは「統合された」時、自分を悩ませていたものが、実は大した問題ではないことに気づきます。そのことに対して感情が動かなくなったり、ただ穏やかな気持ちしか感じなくなったりします。これが起きるのは、何かに対して起こるすべての反応を完全に、そして十分にワークに取り入れた時です。つまり、自分の感情を抑圧したり、実際に感じていることを無視して「良い人」になろうとしたりするのとはまったく逆のことです。

ホールネス・ワークに、反応として現れる感情をすべて含めることで、そうした反応の中に封じ込められていた知恵は一つも消えることなくそこに残り、より良い形で表現できるようになります。例えば、話す必要がある時はちゃんと話せるようになったり、本当に大したことではなかったんだと実感した時、それが手放せるようになったりします。かつては問題だと思っていたことについて、遊び心を持って相手をからかうようになっている自分に気づくことさえあるかもしれません。あるいは愛情を持って、相手の個性的な言動を楽しむようになるのかもしれません。

## 2. 自分を自由に表現し、本心を語ることができる

ニーシャは、義母との関係という問題にホールネスの基本プロセスを使いました。ニーシャの義母は、主婦としての在り方について毎日のように小言を言ってきました。ニーシャと彼女の夫は共にフルタイムで働いていたため、家族の三度の食事は毎週、他の誰かに料理してもらえるように、彼女が手配をしていました。

これはとんでもないことであり、家族の毎日の食事は一家の主婦が作るべきだと義母は考えていました（義母は、ニーシャと同じように働き、そして料理にも参加しない息子のことには一切触れませんでした）。ニーシャにとって、義母の小言の矢面に立つことは鬱陶しく、イライラさせられることでもありましたが、自分が何かを言える立場ではないとずっと感じていました。おとなしく聞いてはいたものの、腹の中は煮えくり返っていました。

セミナーが終わり、自宅へ戻ったニーシャはいつもの通りに義母の小言を聞くことになりました。しかしこの日、ニーシャは義母にこう言いました。

「この会話には、もううんざりしています。夫も私も一日中働いています。そして私は、うまくやっていると思います。お義母さんのアドバイスは、私が必要だと思った時に私から伺います」

この時、別の部屋にいた夫が様子を聞いていたらしく、「何を大騒ぎしていたんだ？」と後から聞いてきました。ニーシャは状況を夫に説明し、最後にこのように付け加えました。

「私が間違っていると思うなら、そう言ってちょうだい。でも、私は自分が正しいと思っています」

後に、ニーシャの娘がこっそりとこう言ってきたそうです。

「お母さんが言ってくれてよかった。いつちゃんと言ってくれるのか、私はずっと待っていたのよ！」

ニーシャのちょっとした変化で、家族のシステム全体が変わりました。

ニーシャはこの体験について話しながら、このようにも言いました。「この時、以前から腹立たしく感じていたことを義母に言葉で伝えたのですが、話しながら優しさを感じていました。意地悪な気持ちはなく、本心を語っている自分に気づいたのです」（興味深いことに、普段のニーシャは「本心を語る」というような言葉は使わない人です）

それから二カ月後、ニーシャはこのように話してくれました。

「義母は前とほとんど変わりませんが、私には、人生が違った体験になっています」

ニーシャの感情のスイッチが押されることはなくなり、プロセスを通じて得られた変化が継続していることを、彼女は喜びとともに実感しています。

感情の反応に対してホールネス・ワークを使うと、はっきりと何かを言わなければならない場合でも、言いたいことが自分の中で明確に整理されて、簡単に言えるようになっていきます。人と人の間には、超えてはならない境界線があることを伝えなければならない場合もあるでしょう。そのような時も、怒りや批判的な気持ちからではなく、優しさを持って伝えられるようになったりします。たとえ、まだ怒りを感じていた場合でも、何かが変化したと感じることができます。他の参加者がこのように表現しました。

「まだ怒りは感じていますが、怒りを感じながらも同時に愛を感じるようになっています。自分は変わったと感じます」

このように、感情が自分の中に残っている場合でも、ホールネス・ワークを使い続けることで、他者とのコミュニケーションが明確に、そして思いやりのあるものになっていきます。自分のニーズや要求、自分の境界線を相手に伝えることは自然なことだとわかるようになります。しかもニュートラルな気持ちで、時には愛を持って、相手と自分は同等であり、批判的になる必要も、自分が相手よりも下の存在だと卑下する必要もなく、それを伝えられるようになります。

## 3. 問題が消える

ホールネス・ワークを使うことで、自分の感情的な反応を変容させる機会が得られるため、周囲で起きていることとは無関係に、ウェルビーイングを体験する力が高まります。加えて、自分の感情のスイッチが押されるような他者の行動に対してホールネス・ワークを行うと、不思議なことに、その相手が「スイッチを押すようなこと」をしなくなる場合があります。次に紹介するのは、ホールネス・ワークのセッションを受けたロンからの報告です。

「私はルームメートのジャスティンとの間に問題を抱えていました。ジャスティンは時折、何の前触れもなく私に対して神経質にイライラし始め、自己防衛的な態度を取り始めます。何が起きていたのか私にはまったく理解できませんでしたが、彼の自己防衛的な態度に対応するのはストレスでした。そこで、この問題に対してホールネス・ワークを使ってみました。セッションが終わる頃には（ほんの二〇分程度でしたが）、私は深い穏やかさを感じていました。

とても良い気分でしたが、ジャスティンが例の行動に出た時の自分の感じ方に変化が現れるかどうかはわかりませんでした。しかし、あのワークをして以来、ジャスティンがいつもの神経質な自己防衛的な態度を取らなくなったのです。驚きました。なぜ、どのようにしてこのようなことが起きたのかわかりません。私が前よりリラックスしているから、彼に対する態度が変わったのかもしれません。本当のところはわかりませんが、あのストレスがなくなったのはとても楽です」

このようなことが、実際に時々起こります。そしてロンの発言の中に、その理由を示すヒントがあります。人間関係では常にフィードバック・ループが起きています。人と人との相互交流について考えてみた時、私たちは、相手の言動と、それに対する自分の反応に最も意識を向ける傾向があります。しかし、それは相手にとっても同じことです。こちらの言動と、それに対する彼ら自身の反応を意識しています。

私たちの内面で本物の変化が起きた時、私たちは以前と同じ行動を取らなくなります。例えば内面で深い穏やかさを感じている人に対して、苛立ちを感じることが難しいのと同じです。つまり、私たち自身が感情の反応を変容させて内面の統合された感覚を高めれば高めるほど、他の誰かの感情のスイッチをうっかり押してしまう可能性も低くなるということです。

しかしながら、相手を変えようと思いながらホールネス・ワークを行なっても、うまくいかない可能性が高いでしょう。相手を変えようとしていることはなんとなく相手にも伝わりますし、何かを強制しようとすることで、逆に相手の態度をかたくなにしてしまいがちです。正直なところ、人は誰しも相手に変わって欲しいと感じることがあります。自分がそう感じていると気づいたとしても、それは問題ではありません。また一つ気づくことのできた自分の一面であり、愛を持って、ホールネス・ワークに含めていくだけです。「相手に変わって欲しいと思っている『私』はどこだろう?」と聞けばいいのです。

たとえ相手が自発的に変わっていったとしても、あなたの気に障っていた行動が、ある日を境にきれいさっぱり消えてしまうわけではないかもしれません。その人が時々、「例の行動」を取ることもあるかもしれませんが、回数が減ったり、度合いが減ったりしていると気づくことも稀ではありません。そして、例の行動が実際に起きて、まだ感情のスイッチが少し押されるのであれば、ワークし続けられる何かがあるというだけです。

日常の中で起きる出来事に対してホールネス・ワークを定期的に実践していれば、十中八九、人間関係におけるこれら三つの変化を、遅かれ早かれすべて体験することになるでしょう。穏やかさとウェルビーイングの状態がさらに増していきますので、あなたの感情のスイッチを押していた誰かの言動が、スイッチを押さなくなっていきます。これまで自分の意見を主張できなかったり、本音を言えなかったりした人でも、以前より言いやすくなったと感じる場合もあります(逆に、いつも率直に自分の意見を言う傾向にある人は、中立的に、優しく、批判的ではない言い方に変わっていったりします)。さらに、ホールネス・ワークを使い続けていくにつれて周囲の人たちが親切になっていくなど、相手に変化が起きたように見える体験をすることもあるでしょう。

一方で、誰かが不親切だったり不公平な態度をとったりした時に、内面に穏やかさやウェルビーイングが足りない自分のせいだとか、自分が進化していないからだと思ってしまう場合もあるかもしれません。しかし、まったくそのようなことはありません。他者よりも困難な状況に数多く直面している人は確かにいますし、それすら控えめな表現だと思えるような状況にある人もいるでしょう！　人生が人よりも困難なのだとしたら、それはつまり、難題を自身の成長、変容に使う機会を、人よりも多く持っているということです。あなたが望みさえすれば……

もう何年も前のことですが、私の知っているスピリチュアリティの先生が、その仕組みを説明してくれたことがありました。彼によると、人間は何度も生まれ変わっていくつもの人生を経験するそうです。そして経験を重ねながら、少しずつ進歩し、進化していくのだと言います。そうした人生の中には、まるで長いバケーションを謳歌しているかのように楽なものもあり、存在レベルでひと息つけるように、たまたま与えられている人生なのかもしれません。そして中には、困難の連続となる人生もあるそうです。そうした人生でこそ、人はさらに進歩できる機会を得ているのだと彼は言いました。

これが真実かどうかはわかりませんが、私はこの考え方が教えてくれることが気に入っています。今の人生が楽なのか、困難なのかは、自身の成熟度や成長度合いの反映ではないということ。人はそれぞれ、独自の進化の道をたどっています。そして唯一無二の、他の誰とも異なるその人生を活用する機会が与えられているのです。

## 4. 時には、関係を終わらせる必要もある

私たちが全体性へと近づいた時に起こる、人間関係における四つ目の可能性があります。それは、その人との関係が自分にはもう合わないことに気づき、何らかの形でその関係から離れたり、その関係に終止符を打ったりする場合です。相手との関係を解消することが、自分の境界線を尊重する上で、自分の望みやニーズを表現するための最善の方法であると気づく場合があるのです。

誰かとの人間関係によって触発される感情や反応を統合していくと、私たちはますます全体性という在り方から行動できるようになっていきます。そうした在り方においては、関係を解消するか維持するかということも含め、決断が、より大きな英知からもたらされるようになります。全体像を捉えながら、「全体」にとって最善の決断を下せる可能性が高まります。第4章に出てきたアンにも同様のことが起きました。仕事仲間が道徳的ではないと気づいたアンは、その人と関わることをやめるという決断を下しました。

しかし一つ、注意すべきことがあります。身体的な虐待を受けているような関係の場合には、身の安全をまずは考慮してから、こうしたワークも含め、その関係を解消するための選択肢を選ぶようにしてください。自分を変えることで事態が改善されることを願ったり、あるいは、個人的な問題にすべて対処してから行動を起こそうと思ったりしている場合ではありません。

あなたの身の安全が脅かされている時は、何よりもそちらへの対処を優先すべきです。安全を守るためには、唐突に行動を起こさない方が良い状況もあります。置かれている状況は人によって異なるので、熟練の専門家と共に選択肢を探ることで、それぞれにとっての最善の方法が明らかになるはずです。

## ■私に起きたこと

人として成長したり、より良いコミュニケーションを実現したりするための数々のアプローチが存在する今、多くの人が、まずは人間関係をどのように変えていきたいのかを具体的に考え、それが実現できる方法を見つけようとします。しかしホールネス・ワークを使えば、それはとても簡単なことになります。あらかじめ何かを考えておく必要がないからです。唯一知っておくべきことは、ホールネス・ワークを通して私たちはより賢く、より優しくなることができ、人との関係において体験する不快な出来事に対処する工程でさえも、楽しめるようになるということです。こうしたポジティブな変化は、それまでに予想したこともない選択肢や行動を生み出すことがあります。

私自身の体験においても、重要だと思っていた問題がどうでもよくなっていったことに驚いたことが何度もあります。

また、緊張したり、感情的になったりする可能性のある瞬間でも、ユーモアの感覚が顔をのぞかせるような体験が頻繁に起きたことにも驚かされました。以前であれば、頑固に自分の意見を通してきたような夫とのやり取りの中で、遊び心を持って対処している自分に気づくことが頻繁にありました。自分が変わって初めて、過去の自分はすぐに感情的に反応し、非常に批判的であったことに気づいたのです。

もう一つ私が感じた変化は、人の話にもっと注意深く耳を傾けられるようになったことです。これはまだ取り組んでいる最中ですが、夫が私に伝えたいことが何であれ、心を開いて彼に注意と関心を向け、思いやりをもって聞くことが、以前と比べてはるかにできるようになっていることに気づきます。以前は批判として受け取っていたであろうことも、今では知っておくと役に立つものとして受け取れることが増えました。どちらもたくさんの欠点を抱えている人間ですが、このワークを続けることで、夫婦関係を心から楽しむことができています。

## ■皆さんの人間関係にも同様の恩恵がもたらされるには？

この章では、様々な人の体験をお伝えしてきましたが、中には一回のホールネス・ワークのセッションだけで良い結果が得られたケースもありました。しかし、人間関係に対してホールネス・ワークを使うのであれば、スイッチを押されるようなことが起きる度にホールネス・ワークを実践することで、確実に恩恵が受けられるようになります。私たちのシステムがこのプロセスに慣れていくにつれて、プロセスはどんどん簡単になっていきます。そして得られる結果もますます完全で強固なものになっていきます。かつてあなたの感情のスイッチを押していたものが、もはやそうではなくなったことに気づく瞬間が訪れるかもしれません。あるいは、以前は認識すらしていなかったような相手との関係性の別の側面に気づいたり、関係性そのものが変容し始めたりするかもしれません。このプロセスを継続的に使うことで、思いやり、優しさ、ユーモアのある状態へと私たちはますます変化していき、より完全で、豊かな人間になっていく傾向があるのです。

第9章

# ヒントと質疑応答
## 見解を得る

「思慮深い問いは、それだけで知恵の半分を占める」

——フランシス・ベーコン

新たな手法を学ぶ時は、実践することでさらなる理解も生まれますが、同時に多くの質問が出てくることにも私は気づきました！　基本プロセスを使って自分の問題に取り組んだ今、皆さんもそう感じているのではないでしょうか。

個人セッションやセミナーなどで私たちが直接会っているとしたら、皆さんの考え込んでいる表情を見て、私が直接、質問に答えられたでしょう。読者の皆さんとは直接会うことはできませんが、それでも皆さんのリソースになりたいと私は望んでいます。これを念頭に置き、いくつかのヒントと、よく聞かれる質問とその答えを用意しました。

シンプルなアイデアや適切なメタファーがあると、一見不可解に思えることが簡単な何かに変わることもあります。本章で新たな見解を得ることによって、皆さんがホールネス・ワークを心地良く進められるようになり、基本プロセスからさらに多くの恩恵を受けて頂きたいと思います。

## よくある質問

### ■『私』を見つけること

Q 『私』の場所がはっきりわからない場合、「推測するだけでいい」ということですが、なぜ推測するだけで大丈夫なのですか?

A このプロセスを行う時に私たちがアクセスしている情報は、通常、無意識下にある情報です。私たちは、『私』の場所を常に意識しながら生活しているわけではありません。推測するということは、無意識の体験に意識的に気づく許可を自分に与えているのと同じです。実は推測したものが探していたものだということもありますし、そうでなかったとしても、認識して統合する価値のある内的体験の一つの側面に気づかせてくれます。自分の推測を信頼して、推測で得た答えをワークに使っていくことで、無意識の体験に気づきやすくなり、時間とともにプロセスもますます簡単になっていき、推測もさらに正確になっていきます。

つまり、推測することでプロセスが進められるということです。「一〇〇％正しい答えだと確信できるまで、プロセスを進められない」と言ってしまったら、プロセスはそこで止まってしまいます。なぜなら単純に一〇〇％の確信が持てることなどほとんどなく、特に自分の答えに疑問を持っている状態の時は、確信など持てるはずがないからです。結論として、推測でうまくいくことは多くあっても、一〇〇％の確信を待ってしまうと、確実にうまくいかないということです。

第6部「リソースとルーツ」で、『私』を見つけるためのさらなるヒントを説明しています。

## ■『私』とポジティブな目的

Q 『私』のうちの一つが、開いてリラックスしたいと願っていましたが、そうなることを怖がってもいたようです。

A

このような体験をまだしていない人は、ホールネス・ワークを生涯にわたって実践していく中で、いずれ間違いなく体験することでしょう。

『私』があまりにも長く収縮した状態であったなら、それがこの『私』がそれまで知っていた唯一の体験となります。開いてリラックスした状態を覚えていないかもしれません。そして覚えておいてください。それぞれの『私』は、正当な理由や目的があって作られました。私たちが安全でいられるように守ったり、大丈夫という気持ちにさせようとしたりしているのかもしれません。あるいは物事を管理したり、人間関係が良好に保てたりできるようにと、何らかのポジティブな目的のために存在していたのです。そして自分が溶けてしまったら、その仕事を実行する力を失ってしまうと思っているのかもしれません。

しかし、『私』が気づいていないことがあります。『私』が開いてリラックスして統合した時に実際に起きることは、その存在目的がどのようなものであっても、それがシステム全体に広がることで、存在のすべてでその目的を果たせるようになるということです！　その目的を明確に理解する必要はありませんが、それぞれの小さな『私』は、私たちのために何らかの有益なことをしようとしています。そして素晴らしいことに、『私』がリラックスして『気づき』のフィールドと統合すると、たとえそれが何かはわからなくても、果たそうとしていたポジティブな目的は、私たちのシステム全体が引き受けてくれるようになります。小さな『私』に閉じ込められている時には、この一部分だけで目的を果たそうとしていましたが、『気づき』の中に溶け込んでしまえば、私たちの意識のすべてでこのポジティブな目的を果たそうと最善を尽くすようになります。

例えば、『私』が不安や緊張を感じる時、私たちを守ることがその目的であることが多いはずです。確かに安全でいたいですよね！　しかしその小さな『私』は、空間の中で縮こまっており、限られた小さな場所からこの目的を果たそうとしているため、リソースが限られています。そして残念なことに、硬直して縮こまった『私』は逆に私たちの安全を脅かしているかもしれません。なぜなら、限られた視点しか持っていないからです。

こうした『私』の一つが『気づき』のように溶ける時、安全という目的は守られつつ、現実に起きていることにもっと気づけるようになります。私たちが『気づき』として存在していれば、実際の危険をもっと察知できるようになり、もっと対処ができるようになります。そして状況が安全であり、今は何もしなくて大丈夫であることにも気づけるようになり、いざという時のためにエネルギーを蓄えておくことができます。

『私』が溶けてリラックスしたいと思いながら、そうすることに少しの恐怖を感じる時、それはまるで小さな子どもが、怪物が隠れているかもしれないクローゼットのドアを怖がって開けられないようなものです。怪物なんていないことの方が多いですが、それを確かめるためには当然、ドアを開けて中を見るしかありません。ドアを開けている間、少し恐いと思っても大丈夫です。「なんだ、クローゼットの中には何もいないじゃないか！」と気づいた時に、リラックスすることができます。

誤解がないように書いておきますと、「クローゼットの中の怪物」とは、私たちの内的世界の『気づき』の中に『私』が溶け込んでいく時に少し怖いと感じているように思えることを指しています。内面の『私』が統合されるにつれ、大抵、私たちはもっと安全でいられるようになります。なぜなら、外の世界で実際の危険が迫っている時にはそれに気づきやすくなり、適切な行動を取りやすくなるからです。

実験的に開いてリラックスすることもできるし、気に入らなければ、元の状態に戻ることができる、と『私』に教えてあげることも、時には役に立ちます。「ほんの一瞬だけ、開いてリラックスしても問題はない？　それでも私は大丈夫？　地球はちゃんと自転を続けている？」と『私』が確認することができます。大抵の場合、開いてリラックスした状態はもっと幸せだと『私』が発見してくれます。そしてシステム全体が心地良くなってストレスを減らすことができます。同時に、元に戻ることもできると知ることで、小さな『私』をかなり安心させることができます。

ストレスが減ることに加え、『私』がリラックスして統合することによって『私』の柔軟性も増していきます。それはまるで、握りしめていた何かを手放すようなものです。

例えばスーツケースを運ぶために手で取手を掴み、そのまま握りしめていたとしたら、他のことのために、私はその手を使えません。今この瞬間に他の何かを掴みたくても、上手に掴むことができないでしょう。

しかし、一度『私』が開いてリラックスすれば、そしてそうすることの利点を体験すれば、元の収縮した状態に戻りたいとは思わなくなります。

## ■『私』の連鎖を見つけて統合に招く

Q 『私』が二つしか見つけられませんでした。一つ目と二つ目の『私』は簡単に見つかったのですが、その後は答えが返ってこなくなりました。

A このような場合、三つ目の『私』を無理に見つけようとする必要はありません。そのまま統合の手順に進み、二つ目の『私』が統合を受け入れるかどうかを確かめてください。「この知覚はどこから起きているだろうか?」というもう一つの質問方法を使っても、他には知覚が起きていないこともあります。ただ『気づき』があるだけ。あまり実体のない拡散したような『私』に行き着いたのであれば、またはこれ以上『私』がいないと感じられるのであれば、それ以上の『私』を探す必要はありません。

Q 『私』が一つしかないこともありますか?

A 時々そういう人もいます。ワークを始めたばかりの時に『私』が一つしか見つからないことは、非常に稀ではありますが、起こり得ることです。『私』が一つだけ見つかり、他に見つからない時は、統合へと招く手順にそのまま進んでください。

Q 三つ目の『私』の密度が比較的濃かったため、さらに『私』を探し続けました。そして、六つ目の『私』もまだ密度が濃いままです。さらに探し続けるべきですか?

A これだけたくさんの『私』を見つけても、最後の『私』の密度がまだ比較的濃い場合、私であれば、『私』が統合を試してみたいかどうかと聞きます。連鎖の後半では、密度の濃い『私』でさえ、少なくとも部分的には統合を受け入れることがよくあります。ただし、何かを強制することは絶対にしないと覚えておいてください。最後の『私』が、ほんの少しでも統合を試してみることに前向きであるかどうか、確認してみましょう。答えが「はい」であれば、連鎖を遡りながら、それぞれの『私』が統合を**どの程度**受け入れるのかを確認してみて下さい。たとえ初めての時はごくわずかな統合であったとしても、それに気づいていきましょう。

以前、ホールネス・ワークを日々の実践として学びたい、と望んだクライアントがいました。初めてプロセスを体験した時、七つか八つの『私』が見つかり、最後の『私』

の密度もどちらかと言えば濃いものでしたが、『私』をさらに探し続けるよりも、統合を体験し始めるほうが彼女のシステムにとって良い効果があると私は思いました。そこで私は、最後の『私』が『気づき』の中に、または『気づき』のように、開いてリラックスすることへの招きを受け入れるかどうかを確認するよう、彼女に伝えました。すると彼女は「はい、でも部分的にしか受け入れたくないようです」と答えました。この『私』はリラックスしたいと思っていましたが、一度に完全にリラックスすることを安心して受け入れられなかったのです。それでもまったく問題ありませんでした。私はその『私』が、安心してリラックスできる位まで、リラックスするよう促しました。それ以外の『私』も、部分的にであれば、リラックスすることができました。次のセッションで再度プロセスを行なった時、彼女の複数の『私』は、もう少しだけ先に進むことを望みました。こうして、回を重ねる度に少しずつ統合は進み、最終的には完全な統合を歓迎するまでになっていきました。

**Q** 『私』が統合への招きを受け入れているかどうかを知るには、どうしたらいいですか?

**A** 通常、『私』が統合を受け入れる時は、「この感覚は、開いてリラックスすることを受け入れますか?」と問いかけた時に少しだけリラックスし始めます。

統合を受け入れない時は、そのまま同じ状態に留まるか、わずかに緊張感が高まることもあるかもしれません。『私』がそれを知らせてくる方法は、様々に異なります。『私』が躊躇しているようならば、それは「ノー」のサインとして受け取り、次の『私』を見つけていくことが最善の方法でしょう。

Q なぜ、「『気づき』の中へ、そして『気づき』のように、開いてリラックスする」と言うのですか？　おかしな言い方ですが、どういう意味ですか？

A おっしゃる通りです！　これは普通の話し方ではありません。この特殊な言い方で私が何を言わんとしているかは、比喩を用いて説明すると、わかりやすいかもしれません。ボウルの水にインクを一滴落としたら、インクが広がっていくのを観察することができます。インクは水の中に溶け込んでいきます。『気づき』のフィールドの中に開いてリラックスするよう『私』を招く時も、これと似たようなことが起こります。さらに「……『気づき』のように」と付け加えます。理由は、『私』も『気づき』のフィールドと同じ意識でできているからです。従って、『私』が『気づき』の豊かな空間の中に溶け込む時には、自身も『気づき』のフィールドと同じものであることを体験してもらうことができます。もはやそこに分離はありません。

これが腑に落ちなくても問題はありません。それがどのように起ころうとも、起こるがままに無意識に体験させてあげましょう。時々、私も次のように言うことがあります。

『私』の感覚が、完全な『気づき』のフィールドのように開いてリラックスした状態へと招かれた時、何が起こるのかに気づいてください」こちらの方がうまくいくのであれば、このように短縮してもかまいません。

## ■部分的な統合

Q 一つの『私』が、部分的にしか統合しませんでした。それでも大丈夫でしょうか？　それは密度の濃い、小さな球体から始まりました。それを統合へと招いた時、密度の濃い球状が溶け始め、もっと軽くて、もっと拡散したような大きめの雲に変わっていきました。そこまでしかいきませんでした。

A はい、まったく問題ありません。それが部分的な統合と呼んでいる状態です。『私』が完全に統合する時は、『気づき』のフィールドに完全に溶け込んでいきます。もはや分離した構造を持つ別物ではなくなります。ただ時には、『私』が一度に完全に溶けることが「自然」ではないこともあります。今、その瞬間の自分のシステムに合う方法で開き、リラックスするように招くことが大切です。ですから、「五〇％だけリラックスしたらどうなるのか？」を『私』が実験したいと望んでもよいのです。それが二五％であっても、一〇％、八〇％であっても、『私』が心地よい程度で構いません。

これは、泳ぎを練習している時と似ています。いきなり水深の深いところに飛び込むのは気が進まず、まずは浅いところに入ってみて、どのような具合なのかと試すことができれば安心です。もしかしたら最初は、つま先を水につけるだけのほうが安心できるかもしれません。

水に慣れてきたら、もう少し深くまで水に入っても大丈夫だと、徐々に思えるようになっていきます。つま先を入れても安全だということが体験できたら、次は足全体を入れてみようという気持ちになったりします。今度は両足を入れてみよう、浅い水の中を歩いてみようと思うかもしれません。つまり、自分にとって安全なのかどうかを試すことができるということです。同じことが内面の世界でもできます。

ホールネス・ワークとは、皆さんが心地よいと感じ、自分に合っている、うまくいくと思える方法を見つけながら進めていくものです。だからこそ、部分的な統合だって素晴らしいものとなり得るのです。（何も強制することなく）システムを統合へと招く時、その瞬間の自分に最も適した方法で統合が起こるということを信じましょう。

第4部の瞑想フォーマットを学ぶ一環として、システムを十分に尊重した部分的統合の、もう一つのやり方をご紹介します。

## ■最初の感情の反応を統合すること

Q 私が取り組んでいた、最初の感情の反応が統合されなかったら？

A 最初の感情が自然に溶けないならば、それは大抵の場合、気づく必要のある、そして統合されなければならない、他の何かがあることを意味しています。時々、一つの感情に二つの『私』の連鎖が紐付いていることがあります。その場合、片方の『私』を統合しただけでは感情が残ることもあります。これを確認するには、**その瞬間の感情の反応に気づくことから始めましょう**（最初に取り込んだ時とは、少し違っているかもしれません）。その瞬間の状態に気づき、「この知覚はどこから起きているのか」を確認します。そこから、新しい『私』の連鎖でワークを始めることができます。

しかしながら大抵の場合は、『私』の連鎖を一つ見つけて溶かすだけで、最初の感情を溶かすには十分です。特に、軽い問題に取り組んでいる時はそれで十分でしょう。また一方で、同じ感情に二つの『私』の連鎖が結びついていたとしても、それが良いとか、悪いとかではありません。『私』の連鎖を一つ統合するだけで、状況全体が変容するのであれば素晴らしいことですし、一つの感情や問題で二つの『私』の連鎖が見つかるのであれば、それもまた素晴らしいことです。そのような時には、最初に自分で思っていた以上の無意識の収縮を手放すことができるでしょう。

ただ、すべてを一度に行う必要はないと、心に留めておいてください。一回のセッションで既にいくつかの『私』を溶かしていたなら、今日もう十分だと感じるかもしれません。しかし、気になるから続けたいと思うのであれば、二つ目の『私』の連鎖を確認してもよいでしょう。

**Q**

ワークが終わっても、最高の気分になれない時はどうしたらよいのでしょうか？　私は「怒り」に取り組んでいました。「怒り」は感じなくなったのですが、今は「傷ついた」感覚を感じています。

**A**

このようなことが起きる時に最初に気づいて欲しいのは、実はこれも進歩なのだということです。怒りの代わりに傷つきを感じても、気分は良くならないかもしれません。しかし、一つの感情の反応（そして関連する『私』の連鎖）を統合したからこそ、今、他の感情の反応に気づくことができるようになったのです。つまり、次の反応の層に気づき、それも変容することが可能になったということです。

次のステップは、今どのような感情が存在しているとしても、それに対して同じプロセスを行うことです。最初の感情と二つ目の感情（この場合は「傷ついた」）を変容させることですべて完了し、リソースフルな状態を感じられるかもしれません。あるいは、その後、三つ目の感情が現れるのかもしれません。繰り返しますが、一回ですべてに取り組む必要はありません。まずは一つの感情だけに取り組み、後日、他の感情のワークに戻ることもできます。

## ■感情の統合：身体中に広がった時

Q 最初の感情を統合に招いた時、身体中で何かが起きるのを感じました。チクチクする熱のような感覚が胴体部分に広がり、さらには腕や足にまで広がっていきましたが、身体の外までは広がりませんでした。これは、大丈夫でしょうか？　『私』が溶ける時は、周囲の空間にまで何かが広がっていくような感覚だったのですが、最初の感覚の時は、私が感じる限りでは、身体の中だけでした。

A まったく問題ありません。時に感覚は、主に物理的な身体のどこか一部に溶け込んだり、溶けて広がったりするように統合されていくように感じることがあります。それまで分離した体験として存在していたものを、全体へと溶け込むように招いているのですから、それが自然だと感じる方法で統合は起こります。しかし、感覚としての「全体」は、主に身体感覚として感じられることが多く、身体の特定部分で強く感じることが多いでしょう。

人によって統合の体験はそれぞれ異なりますが、『私』が統合される時は、『気づき』

のフィールドのすべてに溶け込むように感じたり、身体中に流れるように感じたりすることが多くあるようです。そしてこれは、主に身体の特定の場所で起きていると感じることが多い、感情や身体感覚の統合とは異なるように感じるのかもしれません。

自然な統合よりも広い範囲に無理に広げようする人も時々いますが、それは決して役に立ちません。身体の特定領域に広がったと感じた時に、統合は完了しているのかもしれません。身体の限定的な領域だけでこれが起こるのであれば、「今、可能な限りの統合が完了した」ことを示している場合もあります。私も何度もこれを体験しています。それがどのような体験であろうと、自然に起こるがままを楽しめばよいのです。普遍的に言えることは、何かが完全に統合された時には、境界線や限定的な領域は感じないということです。それがどれだけの空間を占めているか、いないかは関係なくなります。

## ■歪曲とフィルターを変化させる

Q 歪曲やフィルターとは、どういう意味ですか？　これまでも何度か、「ホールネス・ワークを実践するとフィルターや歪曲が溶ける」とおっしゃっていましたが……。

A 抽象的に答えるよりも、本書冒頭で述べたルースの話を例に説明しましょう。ルースは、プールサイドにたむろしている近所の人たちが、自分のことを批判していると「知って」いました。このルースの「知っている」をフィルター、あるいは、事実に追加したり、事実の上に被せたりする「覆い」だと捉えることができます。ルースは、プールサイドを通り過ぎることでさえ居心地の悪さを感じていました。ホールネス・プロセスを行なった後、彼女は安心してプールサイドに行かれるようになり、自分が事実だと「知っていた」はずの物事が、事実とは大きく異なっていたことを知りました。みんなフレンドリーで、一緒におしゃべりをしたり、交流することを楽しむことができる人々でした。

こうした体験は、ルースに限られたものではありません。人の体験としてはよくあることで、だからこそホールネス・ワークがこれほど有効なのです。私たちは皆、体験にフィルターを被せています。あまりに自然に、無意識的に行なっているので、それが真実なのかどうかと疑問を投げかけることは決してありません。

私も自分自身のフィルターを知ることはできませんし、皆さんも自分のフィルターを知ることはできません。フィルターを使わずに物事を見るまでは。フィルターとは自分のビリーフや思い込みの現れであり、私たちがそうであると「知っている」ことだけを、認知できるようにするものです。

もしも皆さんの中で私と似た考え方をする人がいたとしたら、事実を歪曲している可能性があると考えただけで、それは危険なことなのではないかと思うかもしれません。

「私がそんなことをするはずがない」と思いましたよね？　しかし、こうしたフィルターを発見して溶かすことができるのは、私が体験した中でも最も素晴らしいことの一つなのです。実は、フィルターを通して私たちが「知っている」と思っていることに比べ、事実そのものの方が限界も少なく、リソースに富んでいます。以前にも私がこのように言っているのを聞いたことがあるかもしれません。「文字通り、空気はさらに澄んで、私たちはさらに自由になり、もっと穏やかに、楽な気持ちで人生を生きることができるようになります」

ルースが見事に描写してくれたように、私たちは再び、思い込みやビリーフで色付けされていない世界を、もっとダイレクトに自由に体験することができるようになります。これは私たち一人ひとりに起こり得ることです。ホールネス・ワークを行うことで「覆い」が穏やかに溶けていき、現実にもっと触れることができるようになります。それこそが大きなメリットなのです。

### 読者へのヒント――初めて体験する時に難しさを感じた場合

基本プロセスが最初からスムーズに進んだのであれば、それは素晴らしいことです！　さらなる学びのためにも、第3部に進んでください。

難しく感じた場合でも同じことを提案します。第3部に進んで、さらに学んでください。

プロセスが簡単に進まない時は、他の何かが起きていることが多いので、それらを含めるように意識を変えていく必要があります。ホールネス・ワークでは常に、体験に手順を合わせます。手順に体験を合わせるのではありません。

ホールネス・ワークの原則とメソッドを書籍の形式で提供するということは、情報を一方的に伝える必要があることを意味しています。しかし、このワークについて学べば学ぶほど、今この瞬間の体験がどのようなものであっても、その体験の流れに従っていくことができるようになります。この先の各章のデモンストレーションと教えが、皆さんの選択肢の幅を広げてくれるでしょう。

■要約：知っておきたい重要事項

ホールネス・ワークには、いつでも簡単な方法が存在します。

- プロセスが難しいと感じるのであれば、今この瞬間に自分の体験で起きていることをプロセスに含めるために、意識の方向性を少しばかり変える必要があることを意味しています。

• 何かが自然に起こらない場合、無理に何かを起こさせようとしても決して役には立ちません。ホールネス・ワークとは、力を加えることではなく、穏やかに力を抜いてリラックスすることです。さらに努力を重ねることではなく、努力という力を抜くことです。プロセスを頑張ってやっていると感じるのであれば、それはホールネスのプロセスではなく、別の何かを行っていることになります。

このメソッドが真に理解できた時には、フォーマットに合うように自分を変えるのではなく、プロセスを皆さんに合わせる方法が常に存在することも理解できるようになります。本書を読み進めるに従い、こうしたことをさらに学んでいきましょう。

# 第3部

# さらなる原理・理解を広げる

# 招待状　前に進むこと

「私たちは、新たな扉を開けて、
新たなことをしながら前に進み続ける。
なぜなら私たちには好奇心があるから……
そして好奇心が私たちを新しい道へといざない続ける」

——ウォルト・ディズニー

まだ読み終わっていない本（または読み始めてもいない本）が、本棚にたくさん並んでいるという人は多いでしょう。しかし今、すでに第3部まで読み進めてきたという事実は、皆さんにはまだ興味があり、何かを探し求めていることを意味しているはずです。ですから、ホールネス・ワークのさらなる原理、つまりホールネス・ワークがどのようなもので、なぜ重要なのかを学ぶ準備ができているのであれば、このまま読み進めてください。この第3部にて、それらを説明していきます。そして、それらを理解していることで、このワークのさらなる探究と実践が進めやすくなります。

先にもっと体験をしてみたいという人は、第4部の瞑想フォーマットまで読み飛ばしていただけます。その後で、第3部の原理の追加説明に戻ってきて構いません。

どこを最初に読むかにかかわらず、説明されている内容を理解し、十二分にその恩恵を得るためには、本書で紹介しているすべてのホールネス・ワークのエクササイズを実際にやってみることが肝心です（注1）。エクササイズを実践することで初めて、自身の在り方における変化、生きやすさが実現していきます。

第10章

# ホールネス・ワークのメタファー

## 自然な語法に身をゆだねる

「本物の詩は、解釈する前に何かを伝えてくる」

――T・S・エリオット

言葉で説明するのは難しい体験もあります。ファースト・キスの味、そよ風の感触、バナナを食べた時の体験を言葉にすることが難しいのと同様に、『気づき』のように、そしてその中で安らぐ体験を言葉で表現することは非常に困難です。ホールネス・ワークを探究する中で、手順は明確で具体的であるにもかかわらず、『気づき』との統合という体験をうまく表現できる言葉を探している自分に気づくかもしれません。私たちの内面世界の情景と「万物との一体感」は、何とも形容しがたい体験です。これが難しいからこそ、比喩的な表現が非常に効果的となります。メタファー（比喩）は、有形物も無形概念も包括できるようなイメージ（心象）を用います。そこで皆さんにも、ホールネス・ワークの原理への理解をさらに深めてくれるいくつかのメタファーを共有したいと思います。

私や私のクライアント、多くの受講生の理解を助けているホールネス・ワークのメタファーについて考える前に、基本となる考え方を復習しましょう。ホールネス・ワークを最も簡潔に説明すると、「内面の分離を溶かして分離のない体験に至る」ことです。別の言い方をすれば、すべてを受け入れるが何も排除しない極めて穏やかな方法とも表現できます。それは、真の自由と真のウェルビーイングへと私たちを導いてくれます。小さな『私』を作り出す時、私たちは知らないうちに意識全体から体験の一部を切り離してしまっています。そしてホールネス・ワークを行うことで、私たちは完全で統合された体験へと戻ることができます。

このワークには、メタファーを使うことによって理解と体験が深まる二つの主な側面があります。それは『気づき』の体験と、分離していたものが『気づき』に溶け込んでいく統合のプロセスです。では、それぞれのメタファーを探究していきましょう。

## 『気づき』のメタファー

スピリチュアリティの世界（特に東洋のスピリチュアリティ）には、『気づき』とは鏡のようだと教える先生がたくさんいます。鏡はあらゆるものを映すことができますが、鏡自体は中立的で損傷を受けることはありません。私はこのメタファーが好きですし、適切だと思っています。鏡は悲しい顔、怒った顔を映し出すこともできれば、幸せな顔を映し出すこともできます。鏡は、そこに実在するものであれば何でも平等に映し出すことを受け入れます。鏡は映されるものの感情の種類によってダメージを受けることはありません。強烈な怒りを映している時でも、平和や幸福を映している時とまったく同じように問題がありません。これは『気づき』のフィールドも同じです。どのようなものがそこに含まれていても無傷なままです。私のクライアントの多くが、難しい体験に取り組んでいる時は特に、このことに気づくと安堵し、安心します。

しかしながら、『気づき』とは鏡のようであるというメタファーは、『気づき』がどのように統合してくれるのか、私たちを癒やしてくれるのかについては教えてくれません。ホールネス・ワークにおいて癒しと統合は中核となる要素であるため、私は「コンポスト（生ゴミを堆肥に変える容器)」も『気づき』のためのメタファーとして使っています。一見、あり得ないような例えに聞こえるかもしれませんが、だからこそホールネス・ワークのメタファーとしてうってつけなのです。コンポストは、人が食べ残したものや、腐っていたり、カビが生えたりしたものでさえも受け入れることができます。そしてコンポストの中では、そうした食物が基本元素へと自然に分解されて肥沃な土へと戻り、植物を育てるための媒体に変容していきます。まさに、新たな生命と成長を支えるために必要なものとなります。コンポストに入れるもので、腐り過ぎているものはありません。どんなにカビが生えて不快なものであっても、コンポストで処理されると必然的に、新たな生命を支えることができる豊かさを持つものになります。

それと同じように、『気づき』のフィールドも、私たちが体験することすべてを受け入れてくれます。闇が濃過ぎる、あるいは腐り過ぎているから受け入れられない、ということはありません。そして自分のどのような一面だったとしても、『気づき』のフィールドへと差し出されると、溶け込み、溶け合って『気づき』のフィールドを豊かにするのです。そして創造力、新たな成長、新しい生き方の源となっていきます。これこそが、ホールネス・ワークがもたらしてくれる恩恵です。良い体験も悪い体験もすべて、自分の好きな一面も嫌いな一面も、『気づき』のフィールドによって変容させてあげられれば、すべてが私たちを豊かにしてくれる材料となるのです。手に負えない、好きではないと思えるような自分の一面にも、あらゆるものが、さらなる知恵と感情知性、想像力とウェルビーイングの源となってくれるのです。

辛くて苦しかった体験を変容しようと思う時には特に、困難で大変な体験でさえも堆肥に変えてしまえると知ることは、とても大きな違いを生みます。たとえば『私』が怒りを抱いている、復讐をしたいと思っている状況など、好きになれない自分の一面は、誰にでもあるでしょう。しかし、闇が最も深い部分でさえも、『気づき』と出会って溶けて混ざり合うことを受け入れる時、それが『気づき』のフィールドを豊かにしてくれるのです。好きになれない自分の一面など手に負えないし、なくしてしまいたいと思うかもしれませんが、それぞれにはちゃんとポジティブな目的があり、私たちの役に立とうとしてくれています。だからこそこれらがホールネス・ワークを通じて全体の中に解き放たれる時、全体としての私たちはより賢くなっていかれるのです。

## 統合の体験についてのメタファー

クライアントやワークショップの参加者が統合の体験を描写しようとする時、意図せずして自然のイメージやメタファーを使うことがどれほど頻繁に起こるのかということに気づき、私は興味をそそられました。自然界から引き出されるこうした描写には、言葉にならないものを言語化する以上の恩恵があるのだと思います。おそらく、自分の内面で起きていることを理解する助けとなり、体験をさらに豊かなものに変えてくれているのだと思います。

私も、溶けるとか溶け込むなどと表現することがよくありますが、どちらも自然からのメタファーです。実際にこのプロセスは、長年にわたって積み重なってきたわずかな心のこわばりを溶かしていきます。

それは、濃い霧に差し込む幾筋かの陽光のようであると言えます。私には、友人を迎えに空港へ向かう途中の素敵な朝のドライブが思い出されます。

前日に降った雨が、周囲の景色を覆い隠してしまうほど濃い霧となって辺りに低く立ちこめていました。そこへ太陽が姿を現しました。濃い霧と陽の光が交わる様は美しいものでした。そして少し前までそこに実在していたはずの霧が、すーっと消えていきました。

太陽の光が霧を溶かす時、力を加えるという感覚はありません。太陽は、霧を溶かすために、頑張る必要もありません。太陽の光が届くと、霧は自然と消えていきます。ただそういうものなのです。もちろん、霧に含まれていた水分はまだ存在はしているのですが、形を変えて、大気中に完全に統合されたということができるでしょう。

また、結晶が周囲の液体に溶け込んでいく様を誰もが一度は見たことがあるはずです。例えば、コップの中の氷が周囲の水に溶ける様子を見たことがあるでしょう。水がそこにあって（温度が適切であれば）、氷は溶けて自然に液体に戻りますが、ここには一切の努力はなされていません。あるいは、塩の結晶が液体の中に溶け込む様子を見たこともあるでしょう。これらの描写に共通するテーマは、形のあったものが形のないものに変わるということです。

固体→液体（溶解）
液体→気体（蒸発）

ホールネス・ワークで起こる溶けるという感覚も同様の作用です。『気づき』が存在する時、それも意識的に存在する時、『気づき』は太陽光、もしくは液体のように機能し、どのような堅固な構造も自然に溶けていきます。それを努力して起こそうとする必要はありません。結晶化した思考の構造は、『気づき』が存在する時には自らを維持することができません。

ホールネス・ワークを通じて何千人もの人たちを導いてきましたが、参加者たちは他にもたくさんの自然のメタファーを使って体験を共有してくれました。『私』の感覚が優しい雨になったと言う人もいれば、『私』が溶ける時に流れる水のようになったと言う人、全体に差し込む光の筋のようだと言う人もいます。時には蒸発して、時には激しく爆発することもあります。物質世界では自然に起こっているこうした変化の現象を想像するだけで、私たちの内面で起こる変容の体験がさらに豊かなものになっていくように感じられます。

＊＊＊

皆さんがホールネス・ワークを体験する時にはどのようなメタファーが出てくるのだろうかと考えずにはいられません。もちろん、統合の体験を比喩的な言葉で描写しなければならないということはありません。私個人の体験でも頻繁に起こることではありません。統合が起きている時にメタファーが自然に浮かんでくるのであれば、ただ、それを満喫すればよいのです。そして時には、それが体験を深めることに役立つ場合もあります。その時に、何が起ころうとも、それが皆さんにとって完璧な体験となるのです。

第11章

# 「名前付け」を超えて
# 意味から感覚の質に意識を移していくこと

「現実とは、たとえ信じることをやめた時でも、消えてなくなるものではない」
——ヴァリス、フィリップ・K・ディック

人と交流したり、出来事を話したり映画を見たりする時、誰と誰が何をしたとか、これはどういう意味なのかとか、どのような気持ちになるのかなどを話すことで、私たちは人生に意味付けをしたり、人生を物語になぞらえたりしています。その状況の「単なる事実」を共有していると考えるかもしれませんが、私たちが語ることは大抵の場合、いえ、おそらく常に、実際に起きたことと、出来事に対する個人の解釈や意味付けを組み合わせています。一人ひとりが異なるフィルターを持ち、物事に異なる意味を付けているため、ある出来事に対するある人の解釈が、そこに居合わせている他の人の解釈と少し違っている、あるいはまったく違っていることがよくあります。同じ出来事なのに、人によってこれほどまでに異なる解釈があることに、いつも興味をそそられます（目撃者の証言を聞く警察官なら、よく知っていることでしょう）。

ホールネス・ワークが大きな変容をもたらす重要な理由の一つは、自分の体験に与えた意味や解釈から、違うレベルの現実へと体系的に移行できるからです。

このレベルのことを、ここでは**直接体験**と呼んでいきます。それぞれのホールネスのフォーマットで感覚の質を体験する時に気づいているのが、この直接体験です。この移行がなければ変容は難しく、不可能かもしれません。このレベルの現実に移行すると深い変容が可能になるだけでなく、簡単になります。直接体験とは、意味や解釈を加える前の体験です。赤ちゃんが世界を体験するのと似ています。

ホールネス・ワークの多くの手順が、私たちが直接体験に気づけるように導いてくれています。しかし、ほとんどの人が直接体験に意味や解釈を加える習慣があるので、ホールネス・ワークのエクササイズを行なっている時でも気づかないうちにこれをやり続けているかもしれません。

この章では、自分が感覚の質のレベルで体験（直接体験）しているのか、体験に意味や解釈を加えているのかを認識できるようにサポートしていきます。この理解があれば、ホールネス・ワークの実践に意味付けや解釈が紛れ込んでしまっても、意味付けの世界に囚われることなく直接体験に簡単に戻れるようになります。

例えば、「私は悲しい」（あるいは怒っている、傷ついている、恥ずかしい）と言った時、多くの人が、自分は体験を共有していると思っています。しかし、実際には直接体験を共有しているのではなく、相手がすんなりと共感できる形で自分の体験を表現しています。

直接体験であれば、例えば「胸のあたりがなんとなく重く感じます、大きさはだいたい両手を合わせたくらいです」となるでしょう。または、「お腹がチクチク、ブクブクする感覚です」となるかもしれません。しかし、友人にそう伝えたとしても、相手はどう反応していいかわからないでしょう。そこで人は、自分の体験を解釈、分類しているのです。その体験を「悲しい」や「緊張する」などのように名前を付けて表現することで、自分も同じ分類の体験をしている相手は、こちらが言っていることをあっさりと理解してくれます。

人がこのような話し方をするのには理由があります。誰かに共感してもらうために便利で効果的だからです。しかし、どのような方法であったとしても体験を符号化したり、名前を付けたりすることで、さらに固定された体験を作り出してしまうので変化させづらくなります。根本的な変容を手に入れたいと思っても、こうしたレベルの体験に注意を向け続ける限り、変容は起きませんし、起こせません。別の考え方をすると、自分の体験に意味付けをすることは、直接体験の上に層を重ねていくようなものです。そして実際の体験ではなく、上に重ねられた層に注意を向けてしまうと、実際の体験を変えることがさらに難しくなります。

ホールネス・ワークを行う時、人はよく自分の体験の意味や解釈に気づくことから始めます。つまり、自分の「物語（ストーリー）」です。そしてプロセスの手順が、異なるレベルの体験、つまり特定の場所で体験している実際の感覚へと私たちの注意を導いてくれます。

皆さんもホールネス・ワークの基本プロセスを行なった時に、気持ちや感情の反応（悲しみや怒り、傷心など）を感じて、そこからどのように感覚そのもの（チクチクする、重い、温かいなど）に気づけるようになったのかを思い出せるかもしれません。『私』の場所を特定した時も、『私』を「モノ」として、つまり感覚の質として体験できたと思います。これを読みながら、意識を感覚の質に十分に向けられていなかったことに気づいた人には、価値ある気づきとなったかもしれません。今後、プロセスを行う時には、物事はずっと簡単になるということです。

## 六つのよくある意味付け／解釈による上塗り

ホールネス・ワークを実践する時に、感覚の質の代わりに、意味や解釈で答える例で最も多いものを六つ紹介します。これらの例を見れば、どのレベルの体験に意識が向けられているのかを認識しやすくなるでしょう。

### 1．感情（どう感じるか）

この『私』は……

「怒っている」

「傷ついている」

「悲しんでいる」

「恐れている」

「安全だと感じていない」

### 2．動機や意図（何をやろうとしているのか）

この『私』は……

「私を守ろうとしている」

「すべてをコントロールしようとしている」

「変わりたくないと思っている」
「私が間違いを犯さないようにしている」

### 3. 機能　(実際に何をしているのか)

この『私』は……
「私に圧力をかけてくる」
「私を守っている」
「抵抗している」

動機や意図の「何をやろうとしているのか」と、機能の「実際に何をしているのか」は、同じ場合があります。

### 4. 原因　(『私』が形成された理由)

この『私』は……
「両親に批判されて育ったから」

「とても孤独な幼少期を過ごしたから」
「父にそっくりであり、父方の男性は全員がこのような感じ」

## 5．結果（そのために何が起きるのか）

この『私』は……
「私のやる気に火をつけてくれる」
「だからリラックスできない」
「集中力を保ってくれる」

## 6．比喩

この『私』は……
「ヘルメットのような感じ」
「太陽だ」
「噴水だ」
「胸に刺さったプラスチックの破片のような感じ」

## 意味や解釈から感覚の質への移行

このような答え方に思い当たるものはありますか？　あったとしても、それはあなただけではありません。こうした解釈は、決して遠回りや行き止まりではなく、むしろ直接体験の入り口となり得ます。

『私』の感覚の質を確認していて、「怒っている」のような感情や「それがすべてを取り仕切ろうとしている」のような意図に気づいた時には、まずは、ただこれに気づき、受け入れることです。気づいて受け入れることが重要でないならば、そもそものような情報を無意識から受け取ることもないでしょう。直接体験や感覚の質のレベルまで一気に移行しようと頑張る必要はありません。まずは、現れたものを受け入れてあげましょう。システムに覚えておいてもらい、気づけるようになってもらいましょう。体験のすべてを歓迎することは、完全な統合に不可欠です。

まずは気づいたことを受け入れてから、次に感覚の質に意識を向けていきましょう。例えば、『私』が「傷ついている」ことに気づいたとします。まずは、これに「ただ気づく」というシンプルな気づきで十分です。次に、「これが占めている場所の内側と、その隅々に広がる感覚の質は何か？」とチェックします。「傷ついている」という言葉が何を意味するかに意識を向けるのではなく、「ここの感覚の質は何か？」と、その場所の内側と、その隅々まで感じてみてください。意識の矛先を変えるのは、それくらいシンプルなことです。

これが簡単にできる人がいる一方で、意識を変えることは難しい大きな一歩であると感じる人もいます。最初は、難易度が高いように感じるかもしれません。私たちは、解釈することで体験を符号化するのに慣れきっているからです。しかし練習を重ね、直接体験、つまり感覚の質への気づきをそっと受け入れていけば、簡単に意識を向けられるようになります。

## 意味付けから感覚の質に意識を移行した二つの事例

### 1．怒っている『私』

アリは、いら立ちの感覚に取り組んでいました。その感覚はお腹のあたりにあって、頭のすぐ前の左側に『私』があることに彼は簡単に気づきました。小さくて丸い感じの感覚でした。その時の探究をご紹介します。

コニレイ　「では、頭のすぐ前にあるものの感覚の質はどのようなものですか？」

アリ　「怒っています！」

コニレイ　「素晴らしい。それは怒っているのですね。それに気づけたのは素晴らしいことです。では、他のことにも気づいていきましょう。その怒っているものは、あなたの頭のすぐ前の左側にあるわけですが、この場所の内側や、その隅々まで感じてみると、どのような感覚の質を感じますか？　温かいですか、それとも冷たい？」

アリ　「熱いです」

コニレイ　「いいですね。では、明るいですか、それとも暗いですか？　密度は濃いですか、薄いですか？」

アリ　「赤っぽくて、熱い液体のような感じです」

コニレイ　「素晴らしいです。まさにそういうことが知りたかったのです」

この時点で、アリはプロセスの次のステップに進む準備ができていました。

## 2. 管理人

リアの『私』は、彼女の頭の後ろの方にありました。感覚の質を聞いたところ、彼女は「ああ、これは管理人です。いつも物事をコントロールしています」と答えました。

コニレイ　「なるほど。これが常に物事をコントロールしていると感じるのですね。「管理人」のような表現は、実は体験の解釈となってしまっています。それに対してストーリーを作り上げてしまっているのです。そのストーリーは正しいかもしれないし、間違っているかもしれない。しかし正しいか間違っているかは、今日、ここでやろうとしていることには影響しません。何であったとしても、まずは気づけたことから始めていくのが良いやり方です。あなたは、それがコントロールしていると感じるのですね。

では、コントロールという言葉を手放し、頭の後ろのこの場所の内側と、その隅々まで、ただ感じてみましょう。ここの感覚の質は何ですか？　密度は濃いですか、薄いですか？　止まっていますか、動いていますか？　温かいですか、冷たいですか？　少しぼんやりしていたり、明るかったり暗かったりなどもあるかもしれませんね」（リアに具体的な選択肢を与えることで、彼女の注

意をこの場所の直接体験に向けた）

リア　「あ、硬い感じがします。温かくもないし、冷たくもないと思います。普通です」

ここで感覚の質を表す言葉が出てきたので、リアはプロセスの次の段階に進む準備が整ったと言えます。

## ■より深い受け入れ

自分の感情も含め、自分自身を受け入れることがいかに大切であるかについて、昔から多くが語られてきました。しかし、受け入れているのが体験に与えている自分の解釈であるならば、プロセスは不完全になってしまいます。体験に与えた名前というレベルに留まった受け入れをしてしまうと、現在の問題が実際にはさらに固定され、型にはまってしまう可能性があります。なぜなら、体験に対する解釈を受け入れているからです。

ホールネス・ワークでは、「傷ついている（怒っている、など）」といった解釈を受け入れることから、より深いレベルの体験、つまり自分の直接体験や感覚そのものに注意を向けていきます。ダイレクトに認知できるようにすることで、解釈レベルで受け入れるよりももっと本質的な受け入れができるようになります。多くのセラピー的手法では、その人が受け入れやすい意味付けや解釈へと移行させようとしますが、ホールネス・ワークはさらに深くまで降りていくことで、内在する体験を解放することが可能となります。

## 感覚の質なのか、意味と解釈なのか

次の表は、感覚の質と解釈の違いを説明しています。

| 感覚の質の例 | |
| --- | --- |
| ● 温かい、冷たい | ● 柔らかい、硬い |
| ● 明るい、暗い | ● 重い、軽い |
| ● 透明、不透明 | ● 動いている、静止している |
| ● 密度が濃い、スカスカ | ● ブルブル、ブクブク、ブンブン |
| ● 個体の、霧／もやがかかった | ● ツルツル、ザラザラ |

**意味や解釈の例**

- 感情（どう感じるか）：「悲しんでいる」「怒っている」
- 意図（何をやろうとしているのか）：「私を守ろうとしている」
- 機能（実際に何をしているのか）：
  「頭と身体を切り離している」「すべてを管理している」
- 原因：「この『私』が形成されたのは、両親によく殴られていたから」「この『私』が形成されたのは、行儀よくしていなければいけなかったからだ」
- 結果：「夜に目が覚めてしまう理由はこれだ」
- 比喩：「頭の上にある傘のようだ」「パイナップルだ」
- その他：「これはアーキタイプ（元型）だ」

## ■痛み：感覚の質とよく間違えられる

感覚の質について聞かれると、体験を描写するために「痛み」という言葉を使う人がいます。痛みは、感覚の質の言葉だと思えるかもしれませんが、実は体験の解釈なのです。痛みという言葉がぴったり合うかもしれませんが、自分の体験が「痛みである」と考えると、感覚そのものからは少し離れてしまいます。私たちが痛みと呼んでいるこの体験とは、一体何なのでしょうか？　鈍い痛み、ズキズキする痛み、刺すような痛みなどですか？　それを言い表す言葉がなかったとしても、体験そのものに気づくためには、ひと呼吸置くことが役に立ちます。

私が「痛み」と呼ぶ体験は、チクチクした感じ、または不安定にグラグラする感じ、あるいは温かい、熱い、熱せられた金属のような熱さかもしれません。相手が「ズキズキする」とか「ヒリヒリする」などの表現をした場合は、その表現をそのまま使っていくと思います。多少、比喩的な表現かもしれませんが、プロセスがうまく行く程度には近い表現です。どの言葉を使うかについて、あまり細かくこだわる必要はありません。

考え過ぎてしまうと、体験の感覚の質から注意が逸れてしまう恐れがあります。感覚の質を正確に表現する言葉が見つからず、ヒリヒリとかズキズキなどが一番近い表現となる場合もあります。自分で自分をガイドする場合、体験の感覚の質に注意を向けている限り、一切の言葉を使う必要もなくなります。そしてプロセスを十分に知っているために、今、行なっていることを書き留めなくても済むようになります。

## 感覚の質に注意を向けることがなぜ重要なのか

直接体験や感覚の質に注意が向いていると、自分の体験が溶けたり、『気づき』のフィールドと融合しやすくなったりすることについては前にも申し上げた通りです。その理由は、『気づき』そのものが、直接体験のレベルだからです。意味が『気づき』と統合することは不可能ですが、感覚が『気づき』と統合することはできます。意味と『気づき』は異なるレベルの体験なのです。意味や解釈は、直接体験に付けられた名前です。私たちの体験をカテゴリー別に分類するものです。直接体験に注意を戻すことで、『気づき』という直接体験とも統合しやすくなります。

意味と『気づき』を統合しようとすることは、塩と愛を混ぜ合わせようとするようなものです。塩の結晶は水には溶けますが、塩と愛を混ぜることは現実にはできません。ですからホールネス・ワークにおいては、意味ではなく感覚そのものに注意を向けることで、『気づき』との統合が可能となるのです。

＊＊＊

ホールネス・ワークの原則に対する理解を深め、活用する力を高めたい方は、次章で述べるホールネス・ワーク基本プロセスへの「九つの鍵」のうち、自分がすでに理解できているものがいくつあるのかを確かめてみてください。

# 第12章

# 基本のホールネス・ワーク九つの鍵

## 「魔法」を理解する

「すべての混沌には秩序があり、すべての無秩序には隠された秩序がある」

――カール・グスタフ・ユング

ご自宅にある電気のスイッチを思い浮かべてみてください。スイッチを入れると、ほら！明るくなりますよね？　もしあなたが他の大多数の人と同じなら、電気はなぜつくのかと考えることはあまりないでしょう。しかし、電気というものが初めて世の中に登場した時、一見すると謎めいたその仕組みはちょっとした魔法のように思われていました。電気のスイッチを使うために電気技師になる必要がないのと同じで、このプロセスを使うために理論的な解釈を習得する必要もありません。しかしながら本章を読むことで、頑張りを必要としないこのワークの根底を成す強力な原理へのさらに深い理解を得ることができます。

本章では、ホールネス・ワークに独自性や、普遍的な効果をもたらすホールネス・ワークの構造に組み込まれた「九つの鍵」を探究していきます。これらの鍵を理解することで、ワークをより深く体験できるようになる人もいます。ですから、これらを理解することでより完全な体験への助けとなるのであれば、それは素晴らしいことです！ そうでない場合は、遠慮なく手放してください。それぞれの鍵は、これまでも本書内の随所で考察してきましたが、すべてを一カ所にまとめることで相乗的なつながりに気づくことが役に立つ場合もあります。

## 1．『私』を見つける（気づいている自分）

『私』を見つける方法を持っていることは、私たち自身と私たちの感情の癒しを促進し、精神の進化を促進する上での突破口になると言えます。

「『私』を見つける」というやり方は、セラピーの世界においては他に類を見ない画期的な方法です。大半のチェンジワーク（自己変容を促すワーク）が、私たちが抱く感情に焦点を当て、そうした感情をどのように変化させ、管理するかに焦点を当てます。実はこれは、非常に難しいやり方なのです。

その代わりにホールネス・ワークでは、ほとんどの人にとって完全に『気づき』の外にあるもの、つまりそれに気づいている『私』に焦点を当てていきます。これに意識的に『気づく』ことで、状況がガラッと変わります。なぜなら小さな『私』には、感情の反応をある程度まで作り出すビリーフや前提が含まれているからです。感情を直接変えようとしても、それを作り出した小さな『私』が残ったままでは、同じ感情の反応がまた作り出されることになります。

スピリチュアリティの世界では、「偽りの自己という感覚」について言及している東洋の教えがたくさんあります。そこでは「小さな私など本当は存在しない」と教えています。「分離した自己の感覚などは幻想である。自分が本当は何者なのかに、ただ、気づくことが重要。唯一存在するのは、万物を、そして自己のすべてを包含する大きな自分だけである」

このフレームワークに欠けているのは、「小さな私」が人の内部体験に実際に存在しており、特定の居場所もあるという認識です。日常の中で私たちが頻繁に口にする『私』は、内面の世界において認識され、直接働きかける必要があります。

つまり、スピリチュアルな教え（や先生）が「小さな私など幻想であり、ありのままの広大な自己にただ気づきなさい」と語る時、必要不可欠なステップを飛ばしてしまうことになります。ありのままの広大な自己を体験するだけのアプローチでは、小さく収縮した『私』

は変わらずそこに残り続けます。そして、身体の委縮や緊張を伴う収縮した精神として、気づかれないままそこに残る傾向にあります。

収縮した小さな『私』の場所を見つけて取り込んでいくことで、簡単かつ確実に『私』を統合できるだけでなく、そうすることによってのみ、豊かさが増した広大な自己の『気づき』を体験できるようになります。『私』を統合すればするほど、スピリチュアリティの先生たちが語るような広大な自己を体験し、その自己として生きることができます。

スピリチュアリティの世界では、感情に対処することを回避する「スピリチュアル・バイパス」について語られることがあります。ホールネス・ワークでは、感情を回避しません。感情の反応を引き起こす根本的な原因を変化させます。例えば誰かが熱を出したとして、単に熱を下げるのではなく、原因となる感染症を治療する方が効果的なのと同じです。

## 2. 『私』を一つだけ見つけるのではなく、『私』の連鎖を見つけていく

『私』に焦点を当てることは確かに大きな意味を持つことではありますが、これだけではまだ、自分を変容させていくための最も簡単な方法でも、最適な方法でもありません。なぜなら連鎖していたり、層になっている『私』が存在しているからです。最初の『私』を知覚している『私』がいて、さらにそれを知覚している『私』がいて……と続く人がほとんどです。

こうした『私』の層が見つけられると、ワークはさらに簡単に、そして深遠なものになっていきます。私たちがアクセスし、変容させているものは、無意識の深いところに埋もれていた何かであり、一般化をする上でより広範に渡って私たちに影響を与えてきた何かなのです。

第2部でまとめた基本のホールネス・プロセスを何度か行えば、このことがもたらす違いを体験するようになるでしょう。

## 3．『気づき』が意味するものが明解である

『気づき』と考えた時、多くの人が実際に体験するものは限られた意味しか持たないことが多いでしょう。ホールネス・ワークによって可能な深い変容を実際に起こすためには、『気づき』が何を意味するのか参考にできるような体験が必要です。

気づきという言葉は、スピリチュアリティの世界では頻繁に使われる言葉です。しかし、人が気づきだと思っている体験にはそれぞれにバラつきがあり、一貫性がありません。このワークを教え始めた頃に私が『気づき』を体験しましょうと言うと、多くの受講生たちが、内面と外側のあらゆるところに存在する、すべてを包み込む広がりの感覚を体験するのではなく、意識を向けている物体の周囲の空間に限定された体験をしていることに気づきました。限定的な気づきの体験をしている場合、プロセスはうまくいきません。

スピリチュアリティの分野で高名な先生の話を聞いた私のクライアントの一人が、自分は『気づき』を「すべての内なる思考や対話、反応への気づき」として体験していると説明してくれました。それがその先生による『気づき』の説明だったそうです。私はそのクライアントに「あなたの体験の中で、内なる思考や反応のすべてに気づいている場所はどこですか?」と聞いたところ、彼女は「ここです」と答えて頭の上の後ろのほうにある小さな点を指しました。つまり、それは小さな『私』の一つだったということです。連鎖の中の『私』の一つであり、『気づき』の豊かなフィールドではありませんでした。

本書で前述しているように、『気づき』をどのように体験するか参照できる体験を提供することで、境界線や「縁《へり》」のない広大な存在としての『気づき』を簡単に、そしてすぐに体験することができます。

『気づき』の体験は、ホールネス・ワークのプロセスを行う度に、さらに完全に、さらに豊かなものになっていきます。分離した『私』を統合へと招く度に、それは『気づき』の完全さの中へと統合されていきます。これによって『気づき』のフィールドはさらにその豊かさを増していきます。論理的に考えると、矛盾しているかのように思われるかもしれません。『気づき』は物質としてではなく「単なる空間」として体験されることが多く、それを豊かにするというのは、どういうことなのだろうかと思う人もいるでしょう。だからこそ私は、セミナー参加者によくこのように聞きます。「『私』が溶け込む時、『気づき』のフィールドが何らかの形でさらに豊かに、さらに満たされていくことに気づきましたか？」実際、ほとんどの人がそのように体験します。

プロセスを行えば行うほど、『気づき』はますます境界線のない、静けさと穏やかさを持つ広大な感覚となっていきます。『私』が豊かな気づきの中に解放される度に、『気づき』はさらに深遠で、豊かな、満たされたものになっていきます。『私』の中に閉じ込められていたエネルギーが、それがどのようなエネルギーであったとしても、『気づき』のフィールドの中に、そしてその隅々にまで、溶け込んで存在するようになります。

## 4．取り組んでいる体験の正確な場所に気づく

私たちの多くが自分の感情や気持ち、思考に気づいていますが、それを体験している具体的な場所を認識することはあまりありません。これこそが変容が始まるための鍵となります。内部体験の場所に気づくことで一つひとつの感覚を区別し、変容を招き、何かが変化したかどうか、あるいはどのように変化したのかを確かめる助けとなります。この鍵は、他のチェンジワークのメソッドにも共通しますが、これ以外にここで紹介しているほとんどの鍵がホールネス・ワークに特有のものです。

## 5. 意味や解釈から感覚の質に移行する

本書の第11章は、すべてがこの鍵についての説明でしたが、少し異なる視点からもう一度触れていくに値する内容です。多くの人が、人生を直接的に体験するのではなく、物事に与える意味や解釈を通して体験することを学んできました。悲しみ、苦しみ、怒り、幸福のように、感情に名前を付けることさえもその直接体験に意味を与え、体験をカテゴリー別に分類していることになります。体験に与えた意味に意識を向けたままになっていると、その悲しみや怒りに紐付くストーリーに私たちをつなげてしまいます。こうしたストーリーとは、世の中に対する、そしてその世の中における自分の居場所に対する深層でのビリーフが具現化されたものです。もしかしたらそのストーリーによって、悲しみの原因や「何かがうまくいった試しがない」理由が描写されているのかもしれません。または「やっぱり誰も信じてはいけない」ことのさらなる証拠の一つが、怒りなのかもしれません。

こうしたストーリーや因果関係の描写は、これまでと同じワンパターン化された神経回路の轍を踏み、これまでと同じ反応を私たちの脳にも身体にも起こさせます。その結果、最も基本的で強力な変化と変容のレベル、つまり名前やストーリーから解放されたレベルにアクセスできなくなります。この深層レベルでこそ、意識や無意識の想定によってプロセスが干渉されることなく、私たちのシステムが自由に自然に自らを再編成できます。

もっと簡単に説明すると、私たちのシステムには、自然な修正反応があると想像するとわかりやすいでしょう。感覚の質を『気づき』のフィールドの中に、そして『気づき』のフィールドそのものとして招くと、感覚の質がどのように自発的に変容していくのかを、私たちは目の当たりにします。こうした変化がどのように起こるのかを具体的に予測することは不可能ですが、実践を通じて、それが本当に起こることだと体験するようになります。

「問題を作り出した意識レベルから、その問題を解決することはできない」と、アインシュタインが言ったと伝えられています。ウィル・ロジャース（注1）も次のように言っています。「もし愚かさが我々をこの混乱に陥れているのなら、なぜその愚かさでここから抜け出せないのだろう?」

端的に言うと、ホールネス・ワークは自分の最も深く、最も繊細な知性のレベルに私たちを繋げてくれます。意味付けや解釈から体験の質へと意識が向けられた時、私たちはその知性レベルにアクセスします。私たちはこれを、『私』と最初の感情や思考の両方で行なっています。このような意識の移行があるから、根本的な統合が可能になります。物事に被せてきた意味付けや解釈だけでそれを体験し続ける限り、統合は起こりません。感覚の質に移行ができれば、統合は可能となり、簡単になっていきます。

## 6. 問題に取り組む前に「知覚している自分」を溶かす

小さな『私』を溶かすことは、『気づき』を完全な豊かさとして体験すること、そして私たちを困らせていた最初の感情や思考を効果的に変容させることのどちらにとっても極めて重要です。小さな『私』がその場に留まっていると、厄介な感情が本当の意味でリラックスしたり、そのリラックスした状態を保ったりすることはできません。

それぞれの小さな『私』は、人生に緊張やストレスを生み出しがちなビリーフや前提を持ち続けています。こうしたビリーフや前提が、私たちの感情の反応を作り出しています。小さな『私』が溶けることで、まだ意識では感じてすらいなかったストレスまでもが溶けてなくなっていく傾向があります。

## 7. 取り組んでいる問題に自分を戻し、再体験するのではなく、『気づき』として体験する

従来のように、不快な感情を感じた体験に自分を戻したとしても、その体験をただ再体験するだけです。そして、マイナスの感情の習慣を増大させ、強化させる結果となります。どのような技術も練習すれば上達するのと同じように、マイナスな感情の体験を何度も再体験

すると、ある意味、どんどん不快な反応に「上達」していきます。そのような体験は不快なだけでなく、役にも立ちません。残念なことに、チェンジワークのメソッドの中には、これを意図的にやらせるものもあります。例えば友人が自分に共感してくれた時（または、私たちが友人に共感する時）など、私たちは、気づかないうちに何かを再体験していることもあります。このような典型的な方法で感情を再体験すると、意味や解釈、「すべき」、「すべきでない」に満ち溢れた、分離した小さな『私』からそれを体験することになります。

実は、基本のホールネス・プロセスの最後にも、問題となっていた感情をもう一度感じてみるという手順があります。しかしながら、すでに小さな『私』を溶かして『気づき』を体験した私たちは、癒しや変容をもたらす異なるものとしてそうした感情を感じるようになっています。感情そのものではなく、感情の場所にある感覚を『気づき』として体験できるようになっています。『気づき』に境界線はありませんから、何かを『気づき』として体験することは分離のない全体として体験しているということです。それを一体感として体験しています。こうすることで、扱っていたものがどんなに頑なだったとしても、自らが分解し、再び全体の中へと溶けて戻っていくのです。

## 8. 強制するのではなく、許可して招く

変化のための手法では、ほとんどの場合、何かを起こさせようと働きかけます。わずかではあっても、意志の力も加わっていることも多いのです。意志の力があれば、様々な場面で成果を得ることはできますが、私たちの存在レベルでの完全な統合にはうまく作用できませんし、作用しません。なぜなら、本質的にあらゆる力は分離を伴うからです。何かを「する」人と「される」人、つまり行為の主体となる人と行為を受ける人がいます。『私』が自らを強制し、加える力が強ければ強いほど、分離は大きくなっていきます。力が一体性を生み出すことは決してありません。代わりにホールネス・ワークでは、内面で起きている頑張りに気づき、自然にリラックスできるようにそれを招きます。

## 9. 現れるものをすべて包み込む

ホールネス・ワークでは、すべてを歓迎します。プロセスの邪魔になり得るものは何もありませんし、邪魔に見えるものを手放す必要もありません。体験に現れるすべてを取り込むための方法は必ずありますし、常に手順通りにワークを進める必要もありません。実際、手順から外れないように頑張ってしまうと、自分の癒しや進化のために重要な何かを失ってしまう結果となる場合もあります。

ホールネス・ワークを行う上での様々な選択肢を学んでしまえば、その瞬間に自分の中で展開する体験に従うだけで、プロセスを続ける方法が必ず見つかるようになります。第4部「瞑想フォーマット」と第20章「実際に起きていることを取り込む」は、そのための能力を高める助けとなる内容を記しています。

＊＊＊

これがホールネス・ワークの九つの鍵です。皆さんが深く継続的な変化を得るためのホールネス・ワークのパワーへの九つの鍵。基本プロセスと瞑想フォーマットを練習すればするほど、これらの原則が作用していることがさらに強く感じられ、リラックスして、体験するがままの流れに身を任せられるようになるでしょう。

第13章

# 統合の三つの方向
## 内部構造に調和する統合への招き

「悟りとは一万の事象の深い造形である」

――道元禅師

磁気カードや暗証番号が登場する前は、ドアの錠を開ける時には実際の鍵を使って開けるのが普通でした。鍵穴に鍵を差し、どちらか一方に回してみて、開くかどうかを試します。もしそれで開かなければ、次は反対の方向を試しましたよね？　錠には構造があり、特定の方法で開くように設計されています。通常は、構造と一致する方向に鍵を回転させることで錠は簡単に開きます。ホールネス・ワークの統合の手順も同じだと言えます。そのご説明をしましょう。

分離していたものを私たちの存在の全体性へと統合していくことで、ホールネス・ワークは他に類を見ないほど強力に、かつ効果的に作用し、私たちの体験を真に変容させ、私たちがさらに進化できるように助けてくれます。私がこのメソッドを誰かに紹介する時（そして本書でも皆さんに紹介してきた通り）、統合へと招く時の言葉遣いは、基本、一種類だけをまずは使います。**「（『私』の）感覚が、豊かな『気づき』のフィールドのように、そしてその中へと開いてリラックスするよう招かれた時、何が起こるのかに気づきましょう」**

しかし、あくまでもこれは統合するための一つの方向でしかありません。統合には主に三つの方向があり、そのすべてを知っておくことが役に立つということを発見しました。その理由をご説明します。統合への招きがうまくいかない時、提案された方向と違う方向での統合を望んでいる場合があります。三つの方向をすべて知った上でそれぞれの『私』に提示していくと、『私』はしっくりくるものを自然と感じ、それを使います。ドアの鍵を開けるのと同じように、どの方向が最善なのかを探る必要はありません。単純に、一つの方向を試し、また別の方向を試してみて、どうするのが簡単にうまくいくのかに気づいてみましょう。

では、統合の三つの方向とは何でしょうか？　この章では三つの方向について説明し、次に続く『瞑想フォーマット』では、三つの方向をデモンストレーションします。それぞれの方向を大まかに理解さえすれば、考え込む必要も、暗記する必要もありません。三つの方向それぞれで使う言葉は、瞑想フォーマットのスクリプトに載せてあります。

**［方向①］『私』が『気づき』のように、『気づき』の中に溶け込む**

この方向には、次の言葉を使います。「**『私』の感覚が、豊かな『気づき』のフィールドのように、そしてその中へと開いてリラックスするよう招かれた時、何が起こるのかに気づきましょう**」

外に向かって開いていくような感覚として体験する人が多いようです。空間の比較的小さな場所から、自分の内側と周囲を含む広大な空間のフィールドへと溶ける、溶け込む、または流れ出していくような感覚です。小さな『私』を維持するための頑張りという力みが緩くなる時、収縮していたものが外側に向かってあらゆる方向へ流れます。このような感じでしょうか……

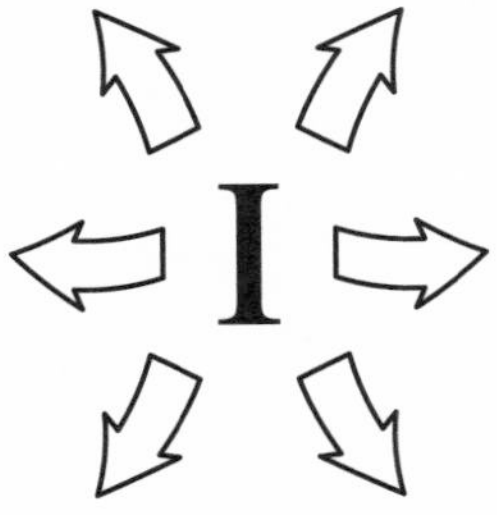


『私』（Ｉ）→『気づき』

『私』という小さな点から、周囲を取り巻くさらに広い空間への流れ、溶けて混ざり込む、または溢れ出すという動きです。ある特定の場所（『私』の場所）から、いたるところに拡散している存在へと向かう動きと言うことができるでしょう。

**［方向②］『気づき』が『私』の中に、そして『私』のように開いてリラックスする**

二つ目は一つ目と逆の方向ですが、同じ結果をもたらします。この方向には、次のような言葉を使います。

**「すべての『気づき』が『私』の感覚のように、『私』の中に流れ込むことができます」**

または、

**「すべての『気づき』が『私』の感覚のように、そしてその中に、開いて入り込んできて欲しいと望んでいるのかもしれません」**

このような体験になるでしょうか……

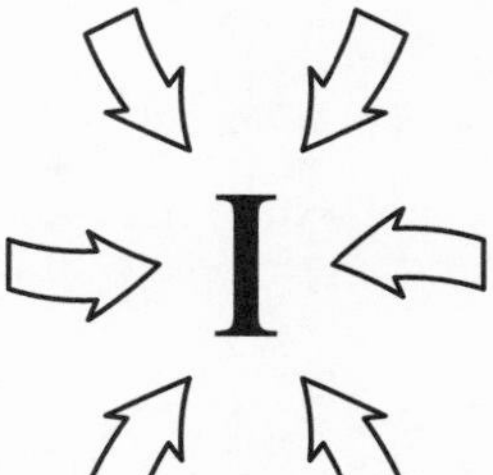


『気づき』→『私』（I）

『私』は時々、『気づき』として開いてリラックスしたいと望むのではなく、『気づき』の方から来て欲しいと望むことがあります。これは、私たちの本来の在り方である広大な意識のフィールドが、『私』という小さな領域と自分を切り離していないような感覚として体験することができます。広大な『気づき』のフィールドが、小さな領域の中に、そしてその小さな領域のように開いてリラックスし、自らを『私』の感覚として体験します。

これは『私』が『気づき』に拒否されたように感じた場合に特にしっくりくるかもしれません。『私』が『気づき』に向かって開くことを望まず、『気づき』の方から来て欲しいと望むような場合です。相手に冷たくあしらわれたと感じた人が、仲直りのきっかけを相手に作って欲しいと思うようなものです。この方向が合っていると感じる理由は他にもありえますが、もちろんその理由を理解する必要はありません。何が自然に受け入れられるのかをただ感じ、その方法で起こるように招きます。

では、「『私』の感覚のように、『気づき』のすべてが開いてリラックスする」と、実際には何が起きるのでしょうか？　理論上、小さな空間の中にその何倍も大きな何かが流れ込むというのは不可能です。しかし私の経験上、方向性が合っているのであればそれは可能なだけでなく、同時に大きな意味を持つことがあります。無限に広大な何かをどのような容器に収めることも、つまり空間の小さな場所などに収めることはできません。私の経験上、一見すると小さな空間に見えていた場所がもはや小さな空間ではなくなり、境界線のない広大なものとして体験するようになります。

この二つ目の統合の方向で起きることを理解するために、少しだけ違う説明をしましょう。これらの説明は、「頑張って」理解する必要はありません。自分で試してみた時に、あなたにとって意義のある体験を引き起こすかどうかにただ気づいてみてください。

- 『気づき』が『私』の中に向かって開いていく。意識は『私』以外のすべてを失い、まるでその（『私』の）領域の中に流れ込んでくるように、そしてその領域の中に、その領域のように、完全なる意識そのものとなっていく。
- 『気づき』が『私』に近づいてくる。

『私』を感じている感覚があり、その感覚が吸収されていくと、感じているものと感じられているものが同じになります。感じているものと感じられているものの識別感が崩壊します。これを「身を委ねる」と表現することもできるでしょう。詩人ジャラール・ウッディーン・ルーミーのいくつかの詩で描写されているのは、おそらくこれなのでしょう。

## ［方向③］すでに存在していた『気づき』が「目覚める」

統合の三つ目の方向について理解するためには、もう少し詳しい説明が必要かもしれません。この方向では次のような言い方をします。

**「『私』の場所にすでに存在していた『気づき』が目覚める時、何が起こるのかに気づいてください」**

この方向では、『私』の中の何かが外に向かって流れ出るのでも、『私』の外側にある何かが『私』の中に流れ込むのでもなく、『私』の感覚が位置しているまさにその場所で何かが起こります。非常に大きな変化が起きるのですが、何かが動くという感覚はありません。

『気づき』は私たちの全身に、そして周囲のいたるところに存在していることを私たちは知っています。つまり、『私』の場所にも『気づき』はずっと存在していましたが、眠っていたような状態

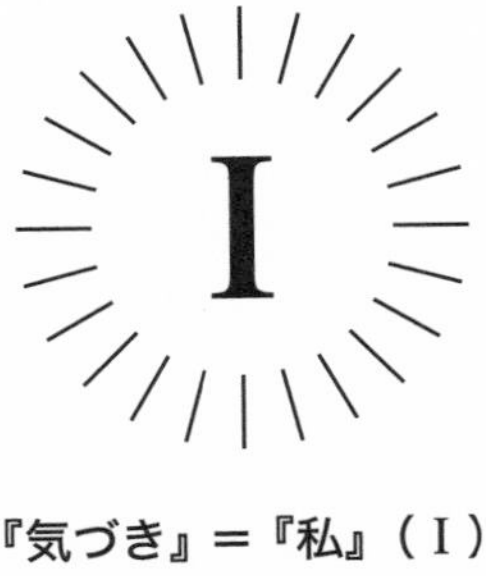


『気づき』＝『私』（Ｉ）

だったということです。そこに存在していたことすら知らなかったのです。

例えるなら、このような感じです。私たちが周囲の世界の何かを知覚する時、自分自身の外にあるものを知覚しています。私は今、椅子を見ているので私の注意は椅子に向けられています。私の意識は、私が知覚しているものに向きます。私は自分が知覚している椅子に対して「目覚めている」けれど、自分自身への知覚は「眠っている」と言うことができます。統合の三つ目の方向では、椅子に向いていた私の意識が、今は知覚している場所に向いています。他の何かに向けられていた注意がそれ自身に向けられ、自らを体験します。自らに目覚めます。つまり、注意を向けるものと注意が向けられる対象という区別がなくなり、もしくは泡のように消えていき、「存在」という感覚そのものを純粋に体験しています。

少しだけ異なった言い方もご紹介します。

**「この場所にすでに存在していた『気づき』が、それ自身を『私』の感覚として体験します」**

または、

**「『私』の中に、そしてそのいたるところにすでに存在していた『気づき』を体験するかもしれません。そしてそれは、いたるところに広がる『気づき』と同じものです」**

この統合の方向がしっくりこなかったとしても、まったく問題ありません！　今は無視してください。しっくりこない時は、大抵の場合、今のあなたと心身のシステムに合った統合の方向ではないことを意味しています。

## その他の統合の方向

すべての統合がこの三つの方向にきれいに分類できるわけではありません。三つの方向を理解することは、ただの始まりに過ぎません。それがどのような方法だったとしても、最も自然な統合へと招くという意図があれば、独自の方法で統合が起きることに気づくかもしれません。例えば、収縮した感覚が渦のように回転しながら散っていったり、雨のように降り注いであらゆる方向に流れ出したりするかもしれません。『気づき』が渦を巻きながら上から、または下から感覚の中へと流れ込むかもしれません。または掃除機に吸い込まれるように、中心へと流れ込むかもしれません。全方向からなだれ込んでくるように感じたり、外側に向かって静かにはじけるように感じたりするかもしれません。

プロセスを繰り返すほど動きの感覚は微細なものになっていき、どの統合の方向も同じだと感じるようになっていきます。動きを感じる代わりに、動きのない静けさの感覚がどんどん増していきます。感じるものと感じられるものとの感覚がどんどん薄れていきます。そして「存在」の感覚がただ増していくのを感じます。

## 自分に合った方向を見つける

ホールネス・ワークでは、最も自然だと感じられる統合の方向と、意識の収縮の構造には関連性があると考えます。『私』を説明するために私が使った拳のメタファーに、話を少し戻しましょう。今、私の手が拳を握っていたとして、それをリラックスするよう招いたなら、リラックスが起こり得る方向は一つしかありません。力が抜けていくことで、手のひらに押し付けられた指が自然に外側へと開いていきます。この方向がうまくいくのは、手と指の構造がそうなっているからです。逆方向に開こうとしても、つまり指の付け根から開こうとしてもうまくはいきません。これをやるには、指の付け根を手から外さなければなりません。決して良い考えではありませんよね！

握っていた拳がリラックスするように、『私』を統合に招くことは、そこで起きているあらゆる「力み」から力が抜けていくように招いています。『気づき』との統合は、そこで起きているいかなる力みからもリラックスすることでのみ起こります。それ以外のどの方向からも統合が起こることはありません。だから私はよく言うのです。**「どういう方法であろうと、自然な統合を起こさせてあげることができます」**

安心してください。これは見かけよりもずっと簡単です。どの方向が統合に最も適しているかなど、見つけ出す必要はありません。そもそも、知ることができません。『気づき』と『私』の感覚が出会った時に初めてわかることです。握られていた拳が、頑張ることなく自然にリラックスする独自の方法を見つけ出すのと同じで、リラックスすることへの許可がありさえすれば、内面で収縮していた『私』も、自然に頑張ることなくリラックスする独自の方法を見つけます。『私』の感覚と同じ領域に『気づき』が存在した時、統合の方向は自ずとわかってきます。

## ■いつ、どの方向を使うか

私がホールネス・ワークを教える時は、方向①の「気づきのように、その中に……」をまずは使います。初めてホールネス・ワークを体験する人が、ほぼ必ず必要とする方向だからです。しかし、ホールネス・ワークを継続していく中で、残りの二つの方向のどちらかが必要となる時がほぼ確実に訪れます。プロセスをスムーズに終わらせる最も自然な統合の方向が方向②か方向③だと感じる時が必ず訪れます。

次の第4部で紹介する「瞑想フォーマット」では、方向②（『気づき』が『私』の中に、『私』のように開いていく）と方向③も取り入れていることに気づくと思います。もちろん、これらの統合の三つの方向を一度知ってしまえば、すべてのホールネス・ワークのフォーマットの一部として使うことができます。あなたがどのように統合を体験するかの選択肢を増やしてくれます。

## ■経時的な変化

時間の経過とともに、統合の方向が自然に変化していく場合があります。前にも述べた通り、ホールネス・ワークを始めたばかりの人は大抵、方向①が「起きて欲しいと望んでいる」方向だと気づきます。次に、方向②が選択肢に入るようになっていきます。そして最後に、方向③が最も合っていると感じるようになることがあります。

考えてみれば、これは理にかなったことです。ワークを始めたばかりの頃は、知覚している自分、つまり『私』は、空間の中の小さな場所でかなり収縮した状態で存在しています。これがリラックスすると、『気づき』の豊かな空間の中へと、その隅々へと流れ込み、溶け込みたいと望みます。意識の中で収縮していた場所にとっては、この統合の方向がすぐにリラックスできる方向となります。

ホールネス・ワークを始めて間もない人が方向②を使うと、多くの場合、締め付けられるような感覚を感じます。巨大なものを小さな空間に詰め込もうとしているように感じられたりします。当然ながらこれは、この統合の方向が意図することではありません。

しかし、私たちの心身のシステムが方向①によるリラックスを何度も体験していく中で、方向②が自然で適切で、必要だとさえ感じるようになる場合があります。方向②は、『気づき』が『私』の感覚のように開いてリラックスする体験なので、『私』の領域にあるどのような境界線でも自然に溶け出していきます。小さな空間に詰め込まれたような感覚ではなく、広大な、少なくとも境界線のない状態として体験できるようになります。しかしながら、広大なものとして統合を体験するかどうかは重要ではありません。時として、必要な統合が局所的に起こっていると感じられる場合もあり、閉じ込められた場所から輪郭や境界線のない何かへと変容するような体験が起こることもあります。

方向③の統合は、知覚するものとされるものとの体験が最も完全な形で融合される方向です。そして多くの人にとって、始めはこの方向がまったく理解できないことがほとんどです。

東洋の精神世界では、主体と客体の融合、あるいは主体と客体の区別がなくなる瞑想状態の「サマーディ」という考え方があります。ホールネス・ワークの三つの統合の方向はどれも、主体と客体の融合を招くものです。体験をしているものと、体験されているものとの区別がなくなります。ただ、その体験が起きているだけという状態です。

そしてこの主体と客体の区別がなくなるという感覚がどんどん進行していくと誰しもが感じるようになります。ホールネス・ワークを続けていくと、ますます完全な形でそれが体験できるようになるからです。しかしこの変化は、人によってそれぞれ異なる展開を見せます。ここまでの私の体験では、方向①の統合がワークを体験し始めるための最も簡単な方法となります。そして二つ目の統合の方向で、主体と客体の区別の崩壊が、さらに完全に起こるようになります。そして三つ目の統合の方向で、この区別が完全になくなる可能性がさらに高ります。

多くの人が主体と客体の区別がなくなって、溶け広がるような体験をする前に、何度も方向①に取り組む体験を繰り返す必要があります。同様に、方向②を繰り返し体験することで、方向③を体験する際に主体と客体の区別が完全になくなる体験ができる可能性が高くなります。

方向のどれか一つで無理やり統合しようとしても、何も良いことはありません。誰にでも何かしらの進化は自然に起こりますし、自分に最も合った方向がその人の進化の度合いを決めるわけでもありません。このように考えている自分に気づいたとしたら、「もっと進化したいと望んでいる『私』はどこにいる?」と問いかけてみると、気づいて統合できる有用な『私』が明らかになるでしょう。

統合には方向があると学ぶことは、有益で魅力的だと感じる人もいます。まるで不可解な現象を紐解いていくかのようだと。逆に、ちょっと難解だと感じる人もいるかもしれません。もしあなたが後者であれば、このことについて深く考える必要はありません。

統合へと招く方法が少なくとも三つあるということだけを覚えておけば大丈夫です。それぞれの方向で使う言葉遣いは、次の第4部で確認することができます。その瞬間の自分にとって何がベストなのかは自分のシステムが一番よく知っていると信頼してみるのも良いかもしれません。自分の場合、どのように変化していくのかを知るのも興味深いと思いませんか?

## ■統合の三方向：ガイドの言葉

方向①：『私』→『気づき』

「『私』の場所にあるその感覚が、豊かな『気づき』のフィールドのように、そしてその中に開いてリラックスすることができます。この感覚は、『気づき』の中に溶けて混ざり合い、流れ込むことができます」

方向②：『気づき』→『私』

「『気づき』は、『私』の場所にある感覚のように、そしてその中に開いてリラックスすることもできます」

「すべての『気づき』、そして、意識そのものであるあなたのすべてが、『私』の場所にある感覚のように、そしてその中に自然に流れ込んでいく時、何が起こる

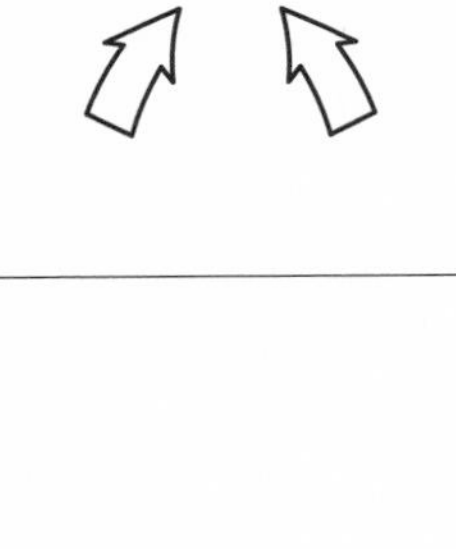

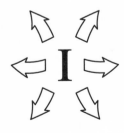

のかに気づいてみましょう」

方向③：『気づき』＝『私』

「『私』の場所にすでに存在している『気づき』が、自ずと目覚めるかもしれません」

「『私』の領域にあった『気づき』が、それ自身を感覚として体験することができます」

I

第4部では、ホールネス・ワークの瞑想フォーマットに焦点を当てていきます。あなた自身のことをもっと知り、さらなる変化を起こし、ホールネスへとさらに近づいていく機会となるでしょう。

# 第4部

## 瞑想フォーマット

その瞬間に変化を起こす

第14章

# 二つのデモンストレーション

## 瞑想フォーマットのシンプルさを体験する

「リラックスして待つことを覚えれば、
大抵の質問への答えはあなたのマインドがくれるだろう」

――ウィリアム・S・バロウズ

ホールネス・ワークの二つ目のフォーマットを体験するチャンスが巡ってきました。皆さんがすでに知っている体験を深めることになるでしょう。なぜなら、第2部で学んだ最初のホールネス・ワークのフォーマットと似ている点が多いからです。さらに、新たな選択肢も加わります。この新たなやり方を学ぶことで、さらに簡単にホールネス・ワークを生活に取り入れやすくなります。それこそが真の恩恵を得られる方法です。
またこのフォーマットは、前よりシンプルなものです。瞑想フォーマットでは、ワークをする対象を選ぶ必要がありません。プロセスそのものが私たちの問題を見つけ出し、変容が可能となり、必然となる体験へと私たちを導いてくれます。ホールネス・ワークのこのバージョンを実践することで、物事の詳細な点に偏りがちな私たちのマインドを休め、回復が可能な場所へと私たちを導いてくれます。そして、きちんと効果も出してくれます!

日常的に瞑想を実践することで神経システムを定期的に休ませ、結果として、数多くの効果が得られることは、よく知られた事実です(こうした効果についてはインターネットで簡単に検索することができるため、ここでは言及しません)。ホールネス・ワーク瞑想フォーマットもそれと同じ、またはさらなる効果をもたらしてくれます。なぜならここでは、さらに深いリラックス状態に入ることが可能で、さらに深いレベルにおける変容を起こすパターンを実践しているからです。「序章」で登場したアニータがホールネス・ワーク瞑想を数週間にわたって定期的に実践したところ、人生に様々な変化が表れ始めたことに気づいて驚いたのは、そのためです。

## ■瞑想に興味がない場合は……

それでも大丈夫です。このホールネス・ワークの形式を「瞑想」と呼ぶ必要もありません。「生涯実践」法や「回復」法などと呼んでもいいかもしれません。自分を進化させるためには非常に有効な方法です。短時間で実践でき、日々の予定に簡単に組み込むことができるからです。瞑想に興味がなくても「この実践法は自分に合う」と言う人はたくさんいます。よろしければ、ぜひ一度体験していただき、あなたにも合うかどうか確かめてみてください。

## ■瞑想を実践している、または瞑想に興味がある場合

セミナーや個別カウンセリングを通して、すでにお気に入りの、長年実践してきた瞑想法を持っている人ともワークをしてきましたし、なんとか瞑想しようと奮闘しているにもかかわらず、その試みはただの「苦闘」で終わっている人たちともワークをしてきました。

ホールネス・ワークは、他の瞑想法とは異なります。瞑想に苦労してきた人の多くは、その苦労から解放されたと安堵します。一度理解してしまえば、この実践法に必要なのは、あなたの体験にただ従っていくことだけということがわかるでしょう。「呼吸に意識を戻す」必要もなければ、特定のやり方で無理やり何かを体験する必要もありません。このプロセス

は、あなたの体験の中で起こるどのようなことにも合わせられるため、抵抗が起きたり、気が散ったりすることもありません。なぜそのようなことが起こるのかは、実際にフォーマットを体験してもらうとわかるでしょう。

長年に渡って瞑想を実践している人の多くが、ホールネス・ワークは日々の瞑想を豊かなものにすると話してくれました。この瞑想フォーマットは何らかの状態へとダイレクトに連れて行ってくれる方法であり、単なる瞑想状態やリラックス状態を体験させてくれるだけのものではないと彼らは称賛しています。ホールネス瞑想の神髄は「統合」、つまり内面の分離に気づいて溶かしていくことです。

この後のデモンストレーションを読み、このフォーマットを自分で試していただいた後で、以下についてより詳しくお伝えします。

- 他の瞑想法やマインドフルネスと根本的に違う点
- 多くの人がこの方法を簡単に実践できる理由

第19章「よくある質問と回答　さらに深いホールネス・ワークの探究」では、瞑想の途中で表れてくるものすべてのものを瞑想に取り込む方法や、瞑想中に思考がさまよってしまった時、気が散るような内部対話が始まってしまった時の対処法をお伝えします。私がなぜ

「意識を呼吸に戻す」ことを勧めないのか、または「気を散らすもの」をそのままにしておくのかがわかるでしょう。

## ■豊かな学びのための二つのデモンストレーション

瞑想フォーマットを最も効果的に教えるために、二つのまったく異なるデモンストレーションをご紹介します。最初のダンとのデモンストレーションでは、瞑想フォーマットがいかにシンプルですばやくできる方法なのかを知ることができます。ダンは、非常に早く深い状態にアクセスしていきます。二つ目のパムとのデモンストレーションは、体験が複数の「層」から成る時、瞑想フォーマットがどのように繰り広げられるのかを示しています。瞑想フォーマットを使い始めたばかりのほとんどの人は、二つ目のデモンストレーションに近い体験をしていることに気づきます。しかしすぐに、一つ目のダンとのセッションくらいシンプルなものになっていくと知っておくことも大切です。

二つのデモンストレーションを紹介した後で、ご自分でも簡単に瞑想フォーマットが実践できるように、プロセスの概要とやり方を手順ごとにお伝えします。

## ［デモンストレーション①］シンプルな体験

ダンとのデモンストレーションを読み進めながら、ダンと私がいた部屋に、皆さんも自由に入ってきてください。デモンストレーションが展開していく様子を皆さんも「見たり聞いたり」してみてください。または、頑張って理解しようとはせずに、体験をただ吸収して楽しむのもよいでしょう。またはダンの視点に立ち、ダンになったつもりで、彼が表現しているることを一緒に体験してもいいでしょう。または、皆さんにとって自然だと感じられる他の方法も見つかるかもしれません。

――セミナーのデモンストレーションより――

### ■『気づき』を体験する

コニレイ　「それでは、ダン、まずは心地よく座っていただき……そしてここに座っている今、あなたは目を閉じることができます。（コニレイの口調は徐々に穏やかでゆっくりになる）そして、深く息を吸って（ダンが深く息を吸う）……そうですね、あなたは身体の中と、その隅々までも感じることができます、簡単にリラックスできるものはすべてリラックスさせてあげながら……。そしてあなたは『気づき』をただ体験することができます……この『体験できる』という能力は……身体全体と周囲のすべてに存在します……。周囲のすべてに、どの方向にも同時に広がる空間を、ただ感じるのも良いかもしれません……そしてそこには、境界線もありません……」

## ■始まりを見つける

コニレイ　「では、心と身体のシステムの中とその隅々までを感じながら……この瞬間に、あなたが気づくどのようなものにも、ただ気づかせてあげましょう……あなたの気づきに入ってくるどのような感覚でも大丈夫です。……身体で感じる感覚かもしれないし、緊張や力みかもしれません。または内なる声やイメージかもしれません……。それがどういうものか私に教えてください」

ダン　（目を閉じて頭を椅子に預けている）「……ストレスに気づきます」

コニレイ　（「ストレス」は体験の解釈である。そのため、次に体験そのものを探っていく）「わかりました。あなたが『ストレス』と呼んでいるものは、どこにありますか？　どこでそれを体験していますか？」

ダン　（目を閉じたまま、少し間をおく）「……ここです」（ダンは喉のあたりを手振りで示す。ゆっくりと手を動かしながら、この感覚が位置する場所の形と大きさを示している）

コニレイ　「いいですね。では今、その感覚の質に注意を向けましょう。この場所の感覚の質に気づいてください」（コニレイも自分の喉を手振りで示しながら、ダンが自分の内部体験に気づきやすくなるよう、引き続き穏やかにゆっくり、かつリズミカルに話す）

ダン　「はい……。圧迫感です。首元から締め付けられるように、上に向かって圧迫されている感じです」

コニレイ　「ではあなたは、『私は首にあるこの感覚に気づいている』と言うことができますね？　そして、それは真実であると言えますね？」（ここでもコニレイはゆっくりと穏やかな口調で話している）

ダン　「はい」

コニレイ　「ではそれが感覚ですね、そして、それがどのようなもので、どこにあるのかもわかりました」（ダンが頷く）

| セッションメモ | |
|---|---|
| 最初の体験 | 「ストレス」 |
| 場所 | 喉のあたり |
| 大きさと形 | |
| 感覚の質 | 首元から締め付けられ、上に向かって圧迫される感じ |

## ■『私』を見つける

コニレイ　「そして『私はこの感覚に気づいている』と言う時、そこにも『私』がありますか。ではチェックしてください。**この感覚に気づいている『私』はどこにありますか？**」

ダン　（少し間をおく）「……目の周りです」（目を開けて、右手で両目の周りを示している）

コニレイ　「では、その『私』の大きさ、形、感覚の質に気づきましょう」

ダン　（目を閉じ、自分の内部体験に入っていく）

コニレイ　「その感覚の質を説明できる言葉や表現はありますか？」

ダン　「言葉は見つかりません……ただそこにある感じです」（声のトーンや話し方

から、彼がその感覚に気づいていることがわかる。気づいたことで前より少しリラックスしているように見える）

コニレイ　「はい、いいですね……」

| セッションメモ | |
| --- | --- |
| 最初の反応 | 「ストレス」 |
| 場所 | 喉のあたり |
| 感覚の質 | 首元から締め付けられ、上に向かって圧迫される感じ |
| 最初の『私』 | 目の周り、「ただそこにある」 |

**読者へのヒント**

ホールネスの基本プロセスの場合、次に『私』の連鎖を見つけていきます。瞑想フォーマットでは、限りなくシンプルに進めます。この最初の『私』が統合を受け入れるかどうかを、次のように聞いていきます。

## ■『私』が統合を歓迎するかを感じ、『私』を統合へと招く

コニレイ　「目の周りに『ただそこにある』……これを感じてみると……この感覚は……豊かな『気づき』のフィールドのように、開いて、溶けて、リラックスすることへの招きを受け入れますか？　これは『はい』か『いいえ』で答える質問ですが、どちらの答えでも等しく良い答えです……」

ダン　「はい」（頷く）

コニレイ　「では、この『ただそこにある』『私』、目の周りのこの感覚が、**開いてリラックスするように招かれ……周囲にどこまでも広がる広大な『気づき』の豊かさとして自らを体験すると……**何が起こるのかに気づきましょう」

ダン　（目を閉じて（言われたことを）処理している。呼吸が遅くなり、さらにリラックスしてきたように見える）

コニレイ　「ただ自然に起こるままにさせてあげましょう……そして少し落ち着いたと感じられたら、私に教えてください」

ダン　「……うまくいっています。とてもいい感じです！（ダンはとてもリラックスしてオープンな状態に見える。特に言いたいこともない様子）まるで自分が……すべてで……すべてじゃないのか……」

コニレイ　「この場所は、好きなだけ留まることができる場所です……深くリラックスできる間はずっと……ここは本当に『充電』できる場所ですよね……ゆっくりしてもらって大丈夫です……」（ダンは数分間、とても奥深い体験と見られる状態に浸っている）

## ■最初の感覚を『気づき』との統合へと招く

コニレイ　「次に進んでも大丈夫ですか？」（ダンはゆっくりと頷く）
「最初に始めた場所、首のこのあたりでしたね、もう一度チェックしましょう。（先ほどのダンの動きを真似て、コニレイが自分の喉のあたりを手振りで示す）今は少し違っているかもしれませんし、同じかもしれません。今、ここにどのような感覚があったとしても、あなたはそれに気づくことができます。（ダンは深い状態に入っているため、コニレイは引き続き穏やかにゆっくりと話し、言葉で反応する必要のないやり方で次のステップへの指示を出す）
では今、喉のあたりにある感覚を隅々まで感じてみて、この感覚が豊かな『気づき』のフィールドのように、開いてリラックスするように招かれた時、何が起きるかに気づきましょう……。もしかしたら、すべての『気づき』が、

『気づき』の豊かさが、この感覚のように、この感覚の中に開いてリラックスしたいと望んでいるかもしれません……。どのような方法だったとしても、自然だと感じる方法でそれは起こることができます」

ダン　「……」（ダンは、プロセスが自然に起きるのを待つように、少し時間を取っている。彼の全身は、ますますリラックスしている様子。そして目を開ける）

コニレイ　「……今、何が起きていますか？」

ダン　「違う感じがします……（深くリラックスした様子で、少し赤みをおびた顔色で、ダンは言葉を一旦切って続ける）本当にすごいです。とてもリラックスしていて……ただ存在している感じです。とても静か……瞑想する時にもこのような状態に入ろうとするのですが、いつも長い時間がかかります。今回は、瞬時にその状態に入れました。一瞬だったように感じます。そしてものすごく簡単でした……このプロセスは、大々的に宣伝した方がいいですよ！」

——デモンストレーション終了——

## 同じ点、異なる点

ダンとのデモンストレーションで、瞑想フォーマットがいかに私たちを意義深い状態へと導いてくれるのか、より統合された体験へと連れて行ってくれるのか、それもものの数分でそのすべてがもたらされることがおわかりいただけたかと思います。

瞑想フォーマットの基本手順は、皆さんがすでに学んでいる、問題を扱う時に使うフォーマットとほぼ同じ手順です。しかし、このフォーマットにはいくつかの重要な異なる点もあります。

### 1. 「問題」から始めない

問題を扱う代わりに心身をスキャンして、そこに何があるのかに気づき、そこにあるがままのものでプロセスを始めます。だからこそ、プロセスを楽に行うことができるのです。何に取り組むかを考える必要もありません。ただリラックスして意識を内面に向け、その瞬間の体験で始めます。

どのような身体の感覚で始めてもかまいません。緊張感や力みに気づいたとしたら、それを使うことができます。内なる声やイメージに気づいたとしたら、そこから始めることもできます。そして、それが「問題」である必要もありません。あなたが気づくことのできる、どのような感覚や体験でも良いのです。

## 2. 最初に見つけた『私』で統合へと招く

基本プロセスの場合は、『私』の連鎖を見つけることから始めますが、瞑想フォーマットでは、最初に見つけた『私』が統合を受け入れるかどうかを確認するだけです。こうすることでプロセスを簡素化し、溶けて統合する段階で訪れる回復を可能とするようなリラックスした状態を素早く体験できます。同時に、プロセスの流れなどを覚えておく必要もなく、頑張らない実践をリラックスして続けることができます。

もちろん、最初の『私』が統合を受け入れない場合は、単に他の『私』を見つけるだけです。どのようにそれを進めていくのかは、パムとのデモンストレーションでご紹介します。

## 3. 新たな選択肢：統合の三つの方向

基本プロセスでは、「統合の方向①」を体験していただきました。瞑想フォーマットでは、13章で説明した三つの方向の使い方をすべてデモンストレーションし、説明していきます。これらの選択肢を一度体験すると、ホールネス・ワークのすべての形式で統合の三つの方向を取り入れることができるようになります。それによって意義深い結果が得られることもあります。体験の構造に合った方法で統合へと招くことで効果は増幅されます。

ダンとのデモンストレーションの中で『私』を統合に招き入れた時、ダンは方向①に素早く、十分に反応したため、他の選択肢は必要ありませんでした。その後、喉にあった最初の感覚を統合へと招く時に方向①と②の両方を提案しました。

次のパムとのデモンストレーションでは、三つの方向すべてを、それぞれが役に立つと思われる時に提案しています。次のデモンストレーションを読み、パムと一緒に統合への招きを体験することで、皆さんにも簡単にこの選択のポイントが理解できるでしょう。これらの新しい選択肢のための正確な文言は、第16章「手順ガイド」に載せています。

## 4．プロセスの最後に「状況のチェック」をしない

基本プロセスでは、特定の状況で起こる「問題」を探究することで、人生の具体的な課題に取り組みます。例えば「人に感情のスイッチを押される」ことに取り組んでいるとしたら、

まずはプロセスの初めに、気に障る行動をその人が起こしている場面を思い浮かべ、自分の感情の反応に気づきます。そしてプロセスの最後に、自分の体験が今どうなっているかを確かめるために、同じ場面を思い浮かべます。大抵の場合、かなり異なる体験となっています。

瞑想フォーマットでは、最初に取り扱う課題などを選ばないため、最後にチェックするべき状況もありません。それでも変化は起きています。そこに何があるのかと内面に意識を向けた時に見つかる緊張や締め付け、その他の「残留物」が、おそらく問題への最も直接的で的確な「入口」となります。それにもかかわらず、取り扱っている問題の詳細な状況を理解していなくても、問題を見つけ出し、変えていくことができます。ホールネスの瞑想フォーマットを長期にわたって実践している人は、自分の人生が予測もしなかった良い方向に変容していくことに気づきます。

## 5. 「『気づき』として存在すること」

私たちの存在の構造を変容することに加え、このメソッドを日々実践することで得られる恩恵は、回復が促される深くリラックスした状態で時間を過ごせることです。『私』を統合に招いたなら、好きなだけ「『気づき』として休息」することができます。素早くできる簡単なプロセスでもあり、わずかな時間で驚くほどリフレッシュできたと感じることもあるでしょう。しかし、時間をかけてプロセスを進めることにも価値があります。自分がそうしたいと望む時は、少し時間をかけることで、さらに完璧な心身のシステムの回復を助け、この「在り方」で生きるとはどのようなことなのかを学び始めることができます。

## ［デモンストレーション②］より込み入った体験

ダンとのデモンストレーションでは、瞑想フォーマットがいかに簡単で素早いものなのかがわかりました。しかしながら、常にこれほどシンプルというわけではありません。デモンストレーションの被験者をやってくれたパムも力強い体験をしましたが、ダンの時とは大きく異なる展開となりました。

このデモンストレーションでは、最初の『私』が統合を望まない時に、瞑想フォーマットがどのように展開できるのかをお見せします。このフォーマットを実践し始めたばかりの多くの人にこの現象が起きるので、これを理解しておくのは重要なことです。またこのデモンストレーションでは、「統合の三つの方向」を使う場面も登場します。

このデモンストレーションを「より込み入った体験」と呼んではいるものの、パムが著しい変化を体験するためにかかった時間はたったの二〇分でした。

## ――セミナーのデモンストレーションより――

コニレイ　「準備はいいですか？　では、瞑想フォーマットを始めていきます。目は開けていても閉じていても構いません」

パム　「閉じます」（パムは目を閉じ、微笑む）

### ■始まりを見つける

コニレイ　「私も、いつも目を閉じてやっています。そのほうが、意識を内面に向けやすい感じがします……。そして、身体をリラックスさせましょう……心地よいように身体を動かして調整してくださいね。（パムは腕と脚の位置を少し変える）……身体が今、『もっと心地よくなれるように、少し調整したい』と言うのであれば、そのようにさせてあげてください……。深呼吸をしてみても良いでしょう。（パムは深呼吸をしてリラックスする）

……そうですね。そして自然に手放せるものはすべて手放しましょう。そうしたいのであれば、そうさせてあげるというだけです。自然にリラックスできるものはすべてリラックスさせてあげましょう。そして何が残るのかに気づいていきます。あなたの心と身体のシステムをチェックしてみて、何が残っているのかに気づいてください。どこかに締め付けるような感覚や、力が入っているような感覚があるかもしれません。何かの思考や、感情に気づくかもしれません……。何か気づくことはありますか？（パムが頷く）

それはどんなもので、どこにありますか？（パムは両手で首の周りを示す）

場所がわかりました。ここですね。（コニレイも自分の首の周りを示す）これに名前はありますか？ ただの感覚的なものですか？（パムは何も言わずに肩をすくめて頷く）名前がなくても大丈夫です。首の周りにある感覚というだけでも……」

パム　「そう、まさに『感覚』という感じです」（パムが同意して強く頷く）

コニレイ　「では、最初の感覚は首の周りですね」（コニレイはフリップチャートにメモを書き留める。この後のセッションメモを参照）

（グループに向かって）大きさと形もはっきりとジェスチャーで表現してくれています……

（パムに向かって）では今、首の周りという場所の中とその隅々まで感じてみて、この場所の感覚の質はどうですか？」

パム　「空気っぽくて……このくらいの厚みです。（パムは両手を使い、首の前を横切るように高さ一〇センチほどの長方形を示す）これくらいの幅で、この辺まであります」

コニレイ　「いいですね」

パム　「灰色っぽい感じです」

コニレイ　「灰色っぽいのですね」

パム　「はい」

コニレイ　「ハッキリわかっているので、これは聞かなくてもいいのですが、個人的に興味があって……その大部分は身体の中、つまり首の中ですか、または身体の外ですか？　それとも両方にまたがる感じですか？」

パム　「大部分が外です。ギリギリな感じですね。（パムは首を手振りで示す）中ではないと思います」

コニレイ　「わかりました。大部分が身体の外にあって、空気っぽくて灰色……」

| セッションメモ | |
|---|---|
| 最初の反応 | 「感覚」 |
| 場所など | 首の周り（身体の外）、空気っぽくて灰色 |

## ■『私』を見つける

コニレイ　「これの内側とその隅々まで感じてみた時、あなたは今『私はこの感覚に気づいている』と言うことができますね？　では、首の周りのこの感覚に気づいている『私』はどこですか？」

パム　「ここです」（頭の上とその前方を示している）

コニレイ　「わかりました。頭の上、少し前の方ですね」

パム　「はい」

コニレイ　「大きさと形はどうですか？」

パム　「二五セント硬貨くらい（五〇〇円玉くらい）の大きさです。でも球体で、丸くて……白いです」

コニレイ　「球体で、丸くて、白い……。では、その内側まで感じてみた時、その感覚の質はどうですか？」

パム　「空気っぽくて、フワフワしています」

コニレイ　「空気っぽくてフワフワしているのですね」

| セッションメモ | |
|---|---|
| 最初の反応 | 「感覚」 |
| 場所など | 首の周り（身体の外）、空気っぽくて灰色 |

| 最初の『私』 | |
|---|---|
| 場所 | 頭の上、前方 |
| 大きさと形 | 丸い、二五セント硬貨くらい |
| 感覚の質 | 白い、空気っぽくてフワフワ |

## ■統合のための質問

コニレイ　（グループに向かって）「瞑想フォーマットではいくつかの『私』の層を見つけ出す代わりに、最初に出てきた『私』が統合を受け入れるかどうかだけをチェックします。

（パムに向かって）では、頭の前方の少し上にある空気っぽくてフワフワしたもの……その内側までも感じてみると……この感覚は、豊かな『気づき』のフィールドのように、開いて溶けてリラックスすることへの招きを受け入れますか？

パム　そして気づきましょう、この質問は……『はい』か『いいえ』で答える質問です。どちらの答えでも同等に良い答えです。『はい』が良い答えとは限りません。それが本当に望むことに気づくことが良いのです。少しでもためらいがあれば『いいえ』と捉えましょう」
「いいえ」

## ■二つ目の『私』を見つける

コニレイ　「わかりました。いいですね……。その『いいえ』に気づき、感じてみると、その知覚はどこから起きていますか？　これを知覚している『私』はどこですか？」
パム　「……ここです」（左手で喉のあたりを押す）
コニレイ　「喉の内側ですか？」
パム　「はい」
コニレイ　「その大きさと形、感覚の質はどのようなものですか？」
パム　「一セント硬貨（一円玉程度）ほどの大きさで、黒くて、ほんの少し喉に入り込んでいます。『ほんの少し』がどれくらいかはわかりませんが……」

コニレイ　「黒いのですね。密度は濃いですか、それとも……？」
パム　「はい」
コニレイ　「濃い感じですね」
パム　「密度が濃くて、同時に軽いということはあり得ますか？」
コニレイ　「ええ」
パム　「つまり……（両手を押し付け、圧縮された、密度の濃い状態を表現する）……でも軽いのです」
コニレイ　「密度が濃いと同時に軽い。いいですね。素晴らしい。（グループに向かって）もしパムが私のクライアントだったなら、この時点でそれが統合を受け入れるかどうかは聞きません。代わりに別の『私』の層を見つけていきます。ここでも、そのように進めようと思います」

（この『私』は密度が少し濃いため、別の『私』を見つけていく。密度の濃い『私』は、統合を受け入れないことが多いからである）

| セッションメモ | |
|---|---|
| 最初の反応 | 「感覚」 |
| 場所など | 首の周り（身体の外）、空気っぽくて灰色 |

| 最初の『私』 | |
|---|---|
| 場所 | 頭の上、前方 |
| 大きさと形 | 丸い、二十五セント硬貨くらい |
| 感覚の質 | 白い、空気っぽくてフワフワ |

| 二つ目の『私』 | |
|---|---|
| 場所 | 喉の中 |
| 大きさと形 | 一セント硬貨くらい、少し中に入っている |
| 感覚の質 | 黒い、密度が濃くて軽い |

## ■三つ目の『私』を見つける

コニレイ　「ではパム、ここの黒くて軽いものを感じながら……これに気づいてみると、その気づきはどこから起きていますか？」

パム　（左手を喉に当てたまま、右手で頭の外側、右の方を示している）
コニレイ　「頭の外側の、右側のこのあたりですね？」（パムは頷いて同意する）大きさと形、特に感覚の質はどうですか？」
パム　「丸みがあります」（パムはゆっくりと指を動かしながら、『私』がある頭の右側の空間に向かって右手を伸ばす）
コニレイ　「丸みがあるのですね……（パムが頷く）感覚の質はどうですか？」
パム　「動きます」
コニレイ　「動く」
パム　「丸いガムボールのような感じです」（右手でその空間を感じ続けている）
コニレイ　「ガムボールのようなもので、内側まで感じてみると……その場所の感覚の質について他に何か言えることはありますか？　動く、そして……」（ガムボールはメタファーであるため、感覚の質を説明するように導く）
パム　「でこぼこしていますが、トゲトゲしてはいません」
コニレイ　「わかりました。その中まで感じてみると、密度は濃いですか？」（ここまでのパムの答えは表面的な質感に関するものが多かったため、パムが感覚の質の「中や隅々まで」感じるように招く）
パム　「いいえ、それも軽くて空気っぽいです」

コニレイ　「それも軽くて空気っぽい感じがするのですね?」(パムが頷く)(グループに向かって)「素晴らしい。パムがそれをどう感じているかわかりましたね」

## セッションメモ

| | |
|---|---|
| 最初の反応 | 「感覚」 |
| 場所など | 首の周り（身体の外）、空気っぽくて灰色 |

**最初の『私』**

| | |
|---|---|
| 場所 | 頭の上、前方 |
| 大きさと形 | 丸い、二十五セント硬貨くらい |
| 感覚の質 | 白い、空気っぽくてフワフワ |

**二つ目の『私』**

| | |
|---|---|
| 場所 | 喉の中 |
| 大きさと形 | 一セント硬貨くらい、少し中に入っている |
| 感覚の質 | 黒い、密度が濃くて軽い |

**三つ目の『私』**

| | |
|---|---|
| 場所 | 頭の外 |
| 大きさと形 | 丸みがある、でこぼこしている |
| 感覚の質 | 動く、軽くて空気っぽい |

## ■最後の『私』が統合を受け入れるかどうかを感じる

コニレイ　「では、ここを感じてみると軽くて空気っぽくて、動くのですね。この感覚は……豊かな『気づき』のように、開いて、リラックスして、溶けていくことへの招きを快く受け入れますか？」

パム　（頷く）「はい」

## ■三つ目の『私』を統合へと招く

コニレイ　「それをありのままに、自然に起こさせてあげましょう……。ここにある感覚は、豊かな『気づき』の中に溶け込んでいきたいのかもしれません……。または、すべての『気づき』が、この感覚のようにリラックスして流れ込むことを望んでいるのかもしれません……。または、ここの感覚そのものが自ずと目を覚ますような感じかもしれません……。どのようにそれが起こりたいのかを、頑張ることなく自然に起こり始めるのかを、あなたは感じることができます……」

パム　「動きがあります。（頭の右側の空間で、先ほどよりも大きな範囲で手と指が

コニレイ　波打つような動きをしている）……。さらに広がったような「わかりました……ただ、その場所を感じ、『気づき』がその隅々まで存在しているだけ、そしてそこには自然に起こるがままのことを、ただ、自然に起こさせてあげるという許可があるだけなのかもしれません。これは、その動きと広がりを通して溶けて、統合することができます……（パムの呼吸が深くなる）そうですね……自然と起こるがままに、それが起こります……（パムがゆっくりと息を吐くと、顔いっぱいに笑みが広がっていく。そして、頷き始める）そこには、リズムもあるかもしれません。どのように起きたとしても（パムは満面の笑みを浮かべる）……。そうです、とてもいいですね……ただ起こるがままに自然に……。

そこに『気づき』がある時、『気づき』が感覚と出会った時、どのように起こりたいのかという知恵が、頑張ることのない自然な統合の方法はどのような方法なのかという知恵が、そこには生まれます。（パムは小刻みに頷きながら、かすかに微笑む）そうですね……」（パムは目を閉じたままプロセスを続ける）

（コニレイが「動きと広がり」という言葉を使った理由は、すでに起きていることを説明するためにパム自身が使った言葉だからである。多くの場合、自然に起こり始めたことをそのまま続けさせることで、統合が最も簡単になる。こ

うした描写の言葉は、手順ガイドには記載されていない。先にクライアントが使った場合のみ使用する）

（グループに向かって）「パムは、じっくりと時間をかけていますね。お互いにガイドし合う時は、相手が体験していることをガイドも一緒に体験するといいですね。待っている間、ガイド側も一緒に体験することができます。私は目を閉じず、開けたままで相手の体験に相乗りします。主に相手の体験を追っていくためです。それでも彼女と一緒に、同じような溶ける感覚、流れ込むような感覚を楽しむこともできます……」（パムが微笑む）

（パムに向かって）「そしてあなたは、それがただ起きるがままにさせてあげることができます……それが起こりたいと望むペースで、それが望み、必要とする時間を十分に取らせてあげることができます。そして、すべてが落ち着いた感じがしたら、私に教えてください……」

（パムが頷く）「いいですね。素晴らしいです」

## ■二つ目の『私』を統合に招き入れる

コニレイ　「では、喉のあたりにあった、一つ前の『私』に戻ってチェックしていきます。

パム　（パムが右手で喉を触る）それは一セント硬貨ほどの大きさで暗い色をしていて、同時に軽いものでした。（パムが頷く）今、それがどうなっているか感じてみましょう。同じですか、それとも少し違っていますか……？」

コニレイ　「かなり違います」（前より大きく頷く）

パム　「今はどうですか？」

コニレイ　「そこにはありません」（以前、それがあった場所を右手で行ったり来たりさせるような仕草を見せている）

パム　「わかりました。『そこにない』……完全になくなったのですか、それとも、さらに広がって、さらに大きな空間に広がっていますか？」

コニレイ　「この場所は……ええと、『シュッ！』と飛んでいきました」（主に頭と首の右側の大きな空間で身振りをしている）

パム　「頭と首のあたりなのですね？」

コニレイ　「はい」（頷く）

（パムが「そこにはありません」という言葉から始めたので、大きな変化があったのは明らかである。一方で、空間が大きくなったというだけで、何かが残っていることを彼女の身振りが示しているようにも見える。これは、残っている「何か」を統合に招くことが役立つことを意味している）

（パムに向かって）「いいですね。すでにかなり違っているのですね。では今、このもっと広い場所の中まで感じてみると……今、どのようになっているのかを、優しく感じてみて……この感覚が、溶けてリラックスすることへの招きを受けた時、何が起こるのかに気づきましょう……豊かな『気づき』のフィールドのように、その中へと、起こりたいがままに、起こらせてあげましょう……（パムは深く息を吸い、息を吐き出すと共に体がさらに深くリラックスしていく）そうです……周囲の隅々まで広がっている……」（パムは目を閉じたままプロセスを続ける）

（パムの内面で多くのことが起きているように見えるため、パムが深いレベルで処理し続ける時間を十分に取れるように、コニレイはグループに注意を向ける）

（グループに向かって）「後ほど、これを睡眠に活用する方法をお話しします。ご覧のとおり、すべての神経系と心身のシステムにどれほど深いリラックス効果があるかがわかるかと思います。そして、テンポも……いえ、テンポが遅くなるわけではありません。時間を超越したような状態に入ってしまう感じです。テンポが遅くなるというより、時間の感覚がなくなります……皆さんの中には、それとは違う感覚を感じる人もいるでしょう。全員にそれぞれのユニークな方

法があります。それぞれに違った体験になります。約束します」（パムはほんの一瞬、柔らかい笑みを浮かべる）

（パムに向かって）「そして私に教えてくださいね、準備が……（パムが頷く）準備ができたようですね……」

## ■最初の『私』を統合へと招く

コニレイ　「では、頭の上の前方にあった二五セント硬貨のように丸くて、白い、空気っぽくてフワフワしている最初の『私』に戻ってチェックしましょう。そう、それです。そこは今も同じですか、それとも違っていますか？」

パム　「違います」

コニレイ　「違うんですね。そこは今、どうなっていますか？」

パム　「そこにありません。なめらかで……（パムはゆっくりと、流れるようなジェスチャーで自分の右側に大きな円を描く）このあたり一面に、なめらかに」

コニレイ　「なるほど。このあたり一面ですね。素晴らしい。これもすでに、部分的な統合が始まっています。今の状態を知るために、今、どのようになっているのかを優しく感じてみましょう。いいですね。そして何が起こるのかに気づきましょう……この感覚には、望む通りのことをさせてあげることができます。全体へとリラックスしながら溶け込み、混ざり合いたいのかもしれません……または、違うことかもしれません」

パム　「回転しています」

コニレイ　「回転している、素敵ですね。独自のやり方を見つけたのですね……独自の方法で、回転しながら全体の中へと入っていく……」（パムは満面の笑顔で頷いている）

## ■最初の体験を統合する

コニレイ　「では今、首の周りや前あたりに戻ってチェックして、今そこに何があるかに気づきましょう。前と同じですか、それとも違っていますか？」

パム　「違っています」

コニレイ　「では、今はどうなっていますか？」

パム　（首の周囲で右手が扇ぐようにゆっくりと動いている）「……境界がありません」

コニレイ　「『境界がない』のですね」

（グループに向かって）「このあたりにまだ何か少しあるように見えますね。（コニレイも首の周りを手振りで示す）すでにかなり統合されていますが、あともう一歩かもしれません。それも招いてみます。

（パムに向かって）これまでやってきたように、今これがどのようであるかを感じてみて、何が起こるかに気づきましょう……そうです……（パムは深い呼吸を始めている）……すでに起こり始めていますね……この感覚が融合し、統合するよう招かれた時……『気づき』の豊かで完全なフィールドに、自然に起きるがままに……そうです……ただ起きるがままにさせてあげましょう……何かを手放すような感覚があるかもしれません……」

（パムの中で、プロセスが自然と進んでいく間、コニレイはグループに向かって静かに語りかける）

「これを瞑想として使っている時……ここで、『気づき』のフィールドの中で、心身好きなだけ休んで、くつろぐことができます……この場所にいることが、心身のシステム全体を回復させる大きな助けになります。神経系を回復させてくれます。肉体も回復させてくれます。非常に深いヒーリングが得られる場所ですので、急いでそこから出てくる必要はありません。「はい、おわり。やることリストにチェックを入れて次に進もう」（ふざけた感じでコニレイは言う）と、急ぐ必要はありません。この状態を楽しんでいられるなら、楽しんでいる限りこの状態でくつろいでいても問題ありません。

もし何かを感じ始めたり、じっとしていられないような感覚があれば……そのような落ち着きのなさや、「ここに座っていることに疲れた」という感覚が出てきた時には、二つの選択肢があります。一つは、ただ立ち上がって他のことをする。二つ目の選択肢は「この「落ち着きのなさ」は、反応が起きているのだ」と思うことです。

このことについて、今からもう少し話していきます。もしも反応が起きているのであれば、常にそれを優先します。なぜならそれが、この瞬間に起きていることだからです。ワークをさらに続けたいのであれば、そうした反応も組み込む必要があります。「**落ち着きがない『私』はどこ？**」と聞いていきます。そしてその『私』の場所、大きさ、形、感覚の質を感じ取って、この感覚が、全体へと溶け込むように招かれた時、何が起こるのかに気づきます。

（パムの方を向いて）あなたはどのような感じですか？」

パム　「とてもいい感じです」（微笑んでゆっくりと頷く）

コニレイ　「とてもいい感じなのは、見ているだけでよくわかります。この体験について言葉でシェアしたいことはありますか？」

パム　**「本当に素晴らしい！　です」**（満面の笑みを浮かべて、その感覚を感じながらゆっくりとくつろいでいる）

コニレイ　「本当に素晴らしい……その一言で十分です。簡潔にまとめてくれましたね」

（グループから拍手が起こる）

――デモンストレーション終了――

## ■自分自身をガイドする

今回の二つのデモンストレーションでは、私が瞑想フォーマットを使って相手をガイドしています。第16章では、このプロセスを自分一人で行えるように手順ごとのガイドをご紹介します。

## ■反応について

パムとのデモンストレーションの最後に、プロセスの最中に何かしらの反応が起きたらどうするのかを受講生グループに説明している部分がありました。

すぐに統合しないものがあると、失望やいら立ちを感じるかもしれません。これこそが、私が「反応」と呼ぶものです。反応が起きた場合、ただ別の『私』が出てきているだけです。がっかりしている『私』、いら立っている『私』も、混乱している『私』も、単純に他の『私』であるに過ぎません。「知覚している『私』」ではなく「反応している『私』」です。私たちはただ、それに気づき、プロセスに加えるだけです。

反応が起きている場合は、どのような時でも優先してそれに取り組みます。困惑を感じたなら、そこに意識を向けて「困惑している『私』はどこ?」と聞きます。そして場所、大きさと形、感覚の質に気づきます。それから他の『私』と同様に、統合を受け入れるかどうかをチェックしていきます。

ホールネス・ワークはすべてを受け入れるとは、まさにこのことです。体験に現れるどのようなものにも気づき、しっかりとプロセスに取り込んで統合する手段があるのです。第20章では、反応に取り組むことについてさらに学びます。

## ■統合の方向について

パムとのデモンストレーションの中で三つ目の『私』を統合に招く時、私は三つの方向すべてを提示してから、「起こりたいことが……自然に、頑張ることなく」起こることへの許可を追加しました。

**「……それをありのままに、自然に起こさせてあげましょう……。ここにある感覚は、豊かな『気づき』の中に溶け込んでいきたいのかもしれません……。または、すべての『気づき』が、この感覚のようにリラックスして、流れ込んできて欲しいと望んでいるのかもしれません……。または、ここの感覚そのものが、自ら目を覚ますような感じかもしれません……。どのようにそれが起こりたいのかを、頑張ることなく自然に起こり始めるのかを、あなたは感じることができます」**

三つの選択肢をすべて提示することで、パムがそれぞれの可能性を実際に感じてみて、自分に合うものを選びやすくなります。方向に正しいも間違いもありません。最も自然だと感じる方法でシステムを統合させてあげられるかどうかが大事なのです。多くの場合、自分に合った方向は「しっくりくる」と感じますが、それ以外の方向については、その方向での統合を必要としている内面での収縮に出会うまでは、理解すらできないかもしれません。

＊＊＊

さて、瞑想フォーマットのデモンストレーションを二つ見ていただきましたが、このプロセスにおけるあらゆる体験が、独特であると同時になじみ深いものでもあると気づき始めているのではないでしょうか？　ホールネス・ワークのいつもの原則が常に適用されていることに加え、さらに自然に自分の体験に従っていくための選択肢を入れていきました。

瞑想フォーマットの全体像と各手順の簡潔な説明を読みたい場合は、次のページに進んでください。このプロセスをすぐに試したい場合は、第16章に飛んでください。

第15章

# 瞑想フォーマットの概要
## 手順に沿って歩んでいく

「人生は実験だ。実験を重ねた分だけ、良い人生となる」
――ラルフ・ワルド・エマーソン

皆さんは今、頑張りの必要がないリラックスした感覚を自分も体験してみたい、瞑想フォーマットを実際に体験してみたいなどと、待ちきれない気持ちでいっぱいかもしれませんね！

このフォーマットの手順を学ぶために最も良い方法は実際に体験してみることですが、まずは次の数ページを読んでいただき、瞑想フォーマットの各要素の「何を、なぜ、どのように」の部分を理解することをお勧めします。本章ではまず、自己探求の準備として、プロセスの流れをフローチャートで表し、その後それぞれの詳しい手順を説明していきます。その際、各手順をうまく進めるためのヒントも述べていきますので、何をすれば良いのかが明確にわかるようになっています。

続く16章では、皆さんが瞑想フォーマットを一人で簡単に使えるような手順ガイドを載せています。シンプルかつ効果的な言葉を使ったスクリプトですので、その瞬間に簡単に変化を体験することができます。

それでは、始めましょう。

まずこちらが、プロセスの流れを表すフローチャートです。この変容のプロセスは、六つのシンプルな手順のみで構成されていることがおわかりいただけるでしょう。

**ホールネス・ワーク瞑想フォーマット**

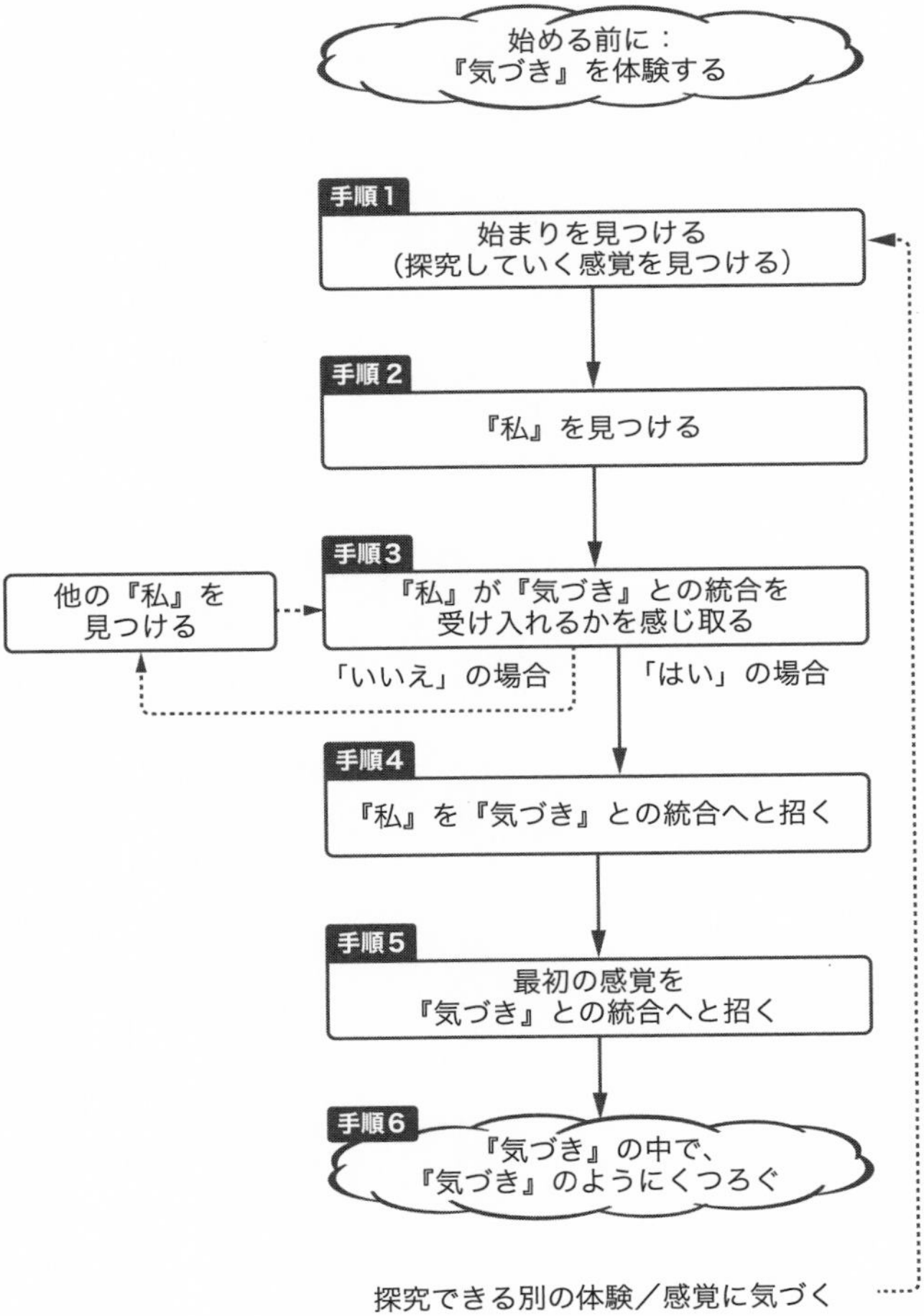
始める前に：
『気づき』を体験する
手順1
始まりを見つける
（探究していく感覚を見つける）
手順2
『私』を見つける
手順3
『私』が『気づき』との統合を
受け入れるかを感じ取る
他の『私』を
見つける
「いいえ」の場合
「はい」の場合
手順4
『私』を『気づき』との統合へと招く
手順5
最初の感覚を
『気づき』との統合へと招く
手順6
『気づき』の中で、
『気づき』のようにくつろぐ
探究できる別の体験／感覚に気づく

## 各手順の段階的説明

### ■始める前に：『気づき』を体験する

プロセスを始めるにあたり、まずは静かな場所で座るか横になり、心地良いと感じる姿勢を自分の身体に見つけさせてあげましょう。意識を内面に向けていく時に、『気づき』の体験に自分を入れてみるのもよいでしょう。この手順を行うかどうかはお任せしますが、私はプロセスを始めるための良い基盤ができるのではないかと感じます。

### [手順1] 始まりを見つける

または単純に、心身のスキャンから始めてみても良いでしょう。「心身のスキャン」とは、簡単にリラックスできるところをすべてリラックスさせてあげて、その上で残るものに気づくことです。あなたが気づいたものが瞑想フォーマットの始まりとなります。どのような身体の感覚から始めても大丈夫です。身体のどこかに緊張や力みがあることに気づいたら、それを使ってみてください。内なる声やイメージに気づいたとしたら、それを使いましょう。これこそが、瞑想フォーマットに一切の「頑張り」がいらない理由です。何に取り組むかを考える必要さえないのです。あなたの心身のシステムが教えてくれます。

この時、あなたが気づいたものの場所、大きさと形、感覚の質をなんとなくで良いので覚えておきましょう。

そうすることで、「私はこの感覚に気づいている」と認識することができます。

**［手順2］『私』を見つける**

「私はこの感覚に気づいている」と考える時、その気づいている『私』の場所はどこですか？　そして『私』の場所、大きさと形、感覚の質に気づきます。

**［手順3］『私』が『気づき』との統合を受け入れるかどうかを感じ取る**

瞑想フォーマットでは、次の『私』をすぐに探すことはせず、まずは最初の『私』が統合したいかどうかを聞いていきます。ダンの答えは「はい」だったので、そのまま統合の段階へ進みました。パムの答えは「いいえ」だったので、二つ目の『私』を見つけてもらいました。

少しでもためらいがあれば、私は必ず次の『私』を見つけてもらうことにしています。こうすることで、頑張ることなく簡単にプロセスを行うことができるからです。それに加え、二つ目の層に進むことでさらに深いレベルでの解決が得られることも多くあります。また、たとえ最初の『私』が統合に前向きだったとしても、さらに二つ目の『私』を見つけ出すことで、一つだけではなく、二つの『私』を溶かしてあげることができます。

### ［手順4］『私』を『気づき』との統合へと招く

統合を受け入れたい『私』が見つかったら、『気づき』全体に溶けて混ざり合うよう招きます。ホールネス・ワークに慣れてきた皆さんなら、次章、瞑想フォーマットの「手順ガイド」で紹介されている二つの異なる統合の方向を試してみるのも良いかもしれません。単純に一語一句を読んでみて、自分のシステムが最も合うと感じるものに反応させてあげることができます。

二つ以上の『私』が見つかった場合は、基本プロセスと同じように、それぞれを統合へと招いていきます。

## ［手順 5 ］最初の感覚を『気づき』との統合へと招く

すべての『私』が統合されたら、最初の感覚の場所に戻ってチェックをします。今ここにある感覚は前と同じですか？　それとも少し違いますか？

どのように気づいたとしても、まったく問題ありません。前と同じ場合もあるでしょうし、違う場合もあるでしょう。このプロセスは、あなたのありのままの体験を違う体験に変えようとするものではありません。この手順で使う言葉は、今のその瞬間の実際の状態をあなたが感じられるように、最もできる限り受け入れやすい言葉を使っています。

これを確認する時に最初の感覚の場所を使う理由は、場所は変わらずに同じ場所だからです。わからないのは、その感覚がまだそこにあるかどうかです。パムとのデモンストレーションでは、首の前方の場所にもう一度戻ってみました。「**今、その場所の感覚は前と同じですか？　それとも少し違いますか？**」

今、そこで何を感じたとしても、そこにある感覚を統合へと招きます。

## ［手順 6 ］『気づき』の中でくつろぐ

以上です！　確認すべき日常生活での状況がないため、瞑想フォーマットはこれで終わりです。後は、好きなだけ『気づき』そのものをくつろぐ体験を満喫するだけです。

＊＊＊

ご承知の通り、自分でプロセスを実践してこそ、最も強力な学びを得ることができます。次の章では、このプロセスをより詳しくガイドしていきます。そのシンプルさを楽しんでいただけることを願っています。すぐに現れる素晴らしい効果に積極的に気づけるような、心の開いた状態で体験してみてください！

第16章

# 手順ガイド
## 瞑想フォーマットの実践

「私は、私の足元を照らし、導いてくれるランプを一つだけ持っている。それは経験という名のランプである」

――パトリック・ヘンリー

いよいよあなた自身が体験する番です！　多くの人が、この瞑想フォーマットを実践することで最も根本的な心身のシステムが自然にリセットされた状態へと導かれることに気づきます。ホールネスの瞑想を日常生活で実践していくことで、わずかでありながらも確実な自己変容と自己進化の過程を確実に歩んでいくことができます。この効果的なプロセスはまた、身体の健康や精神と感情のウェルビーイングにも良い影響を与えてくれます。

瞑想フォーマットを毎日実践しなかったとしても、このプロセスを行なう度に、あなたは穏やかでリラックスした状態へと優しく導かれ、それにより人生の質も向上していくことでしょう。

## ■準備

- 一五分間ほど、他の何かに邪魔されないような、座るか横になれる静かな場所を見つけます。
- メモを取りたい場合は、手元にペンと紙を用意しておきます（瞑想フォーマットは、メモを取っても取らなくても行うことができます）。
- ガイドの言葉を事前に携帯電話やタブレットに録音しておくと便利だという人もいます。手順ごとに音声を一時停止して、体験に気づくための時間を取ることができます。
- どのような体験が展開していったとしても、それに気づき、受け入れられるように、気持ちの準備を整えます。

## ［手順ガイド］ホールネス瞑想フォーマット

自分で自分をガイドする時や他者をガイドする時には、太字になっている会話調の部分だけを読みます。いつもより柔らかく、ゆっくりした声を使うことで、答えに気づきやすくなります。

**始める前に：『気づき』を体験する**

**目は開けていても、閉じていてもいいので、心地良いと感じる姿勢を自分の身体に見つけさせてあげましょう……。**

**まずは『気づき』の体験とつながる時間を取ることができます……。身体全体と身体の周囲のすべてにある『気づき』を体験することができる能力に気づいていきましょう。大きく広がる空間の感覚や……あらゆるところに同時にある……存在の感覚……のように感じるかもしれません……。**

## ［手順 1 ］始まりを見つける

心身をスキャンしてみて、あなたが気づくものに気づきましょう。

簡単にリラックスできるところをリラックスさせてあげて……そのリラックスを楽しみながら……何が残るのかに気づきましょう……緊張かもしれませんし、締め付けや重苦しい感覚、何らかの感情、ふと頭に浮かぶイメージ、内なる声など、どんなものでも構いません。または、これらには分類できない何かかもしれません……あなたが気づくものに、ただ気づきましょう。

A. では今、それを感じている場所に気づきましょう。

B. その大まかな大きさと形は？

C. その領域の内側まで感じてみて、感覚の質に気づきましょう……。

重苦しさ、圧迫感、振動、シュワシュワ、ブクブクした感覚があるかもしれません。温かいかもしれませんし、または冷たいかもしれません。言葉で表現できない感覚かもしれません。それでも大丈夫です。そこにある感覚を、ただ感じてください。

［手順 2 ］『私』を見つける

あなたは、「私はこの感覚に気づいている」と、気づくことができます。

A. では、この感覚に気づいている『私』はどこですか？……その『気づき』（知覚）はどこから起きていますか？　頭にふと浮かぶ場所に、ただ気づきましょう。

B. そしてこの『私』の大きさと形は？

C. では今、この『私』の場所の中や、その隅々の感覚の質に気づきましょう。霧がかかった感じ、すっきりした感じ、密度が濃い感じ、空っぽな感じかもしれませんし、重い、軽い、振動している、静止しているなどの感覚かもしれません。言葉で表現できなくても大丈夫です。感覚そのものへの『気づき』がそこにはあります……

［手順 3 ］『私』が、『気づき』との統合を受け入れるかを感じ取る

統合を受け入れたいかどうかを優しく感じていきます。

では、チェックしましょう。「この『私』の感覚は、豊かな『気づき』のように開き、リラックスすることへの招きを快く受け入れますか？

「はい」の場合：手順4に進んでください。

「いいえ」の場合：他の『私』を見つけていくためのサインです。やり方は次の通りです。

『私』の感覚が開いてリラックスしたくないことに、あなたは今、気づいたのですね？

A．では、それに気づいている『私』はどこですか……？　その『気づき』（知覚）はどこから起きていますか？

B．この新しい『私』の大きさと形、感覚の質に気づきましょう。

C．では、チェックしましょう。「この『私』の感覚は、豊かな『気づき』のように開き、リラックスすることへの招きを快く受け入れますか？」

『気づき』との統合を受け入れる『私』が見つかるまで、これを続けます。そして手順4に進みます。

### ［手順4］『私』を『気づき』との統合へと招く

この『私』の感覚が……豊かな『気づき』のように……開いて、リラックスすることへの招きを受けた時、何が起こるのかに気づきましょう……。または、この場所の感覚のように、そしてその中に、『気づき』のすべてがリラックスして流れ込むことを望んでいるのかもしれません……。または、その感覚の中やその隅々にすでに存在していた『気づき』が、自ら目を覚ましたいのかもしれません……。

頑張ることなく、ただ、起こるがままに何かが自然に起こり始めるという感覚があるのかもしれません。

### ■『私』が複数ある場合

では、【たった今統合した『私』の一つ前の『私』の場所】をチェックします……。まず、気づきましょう、それは前と同じですか？　それとも少し違いますか？　答えがどちらであっても大丈夫です。

今ここにある感覚が……豊かな『気づき』のように……開いて、リラックスする招きを受けた時、何が起こるのかに気づきましょう……。または、ここの感覚のように、または感覚の中に、『気づき』のすべてが開いて、リラックスすることを望んでいるのかもしれません……。または、ここにある感覚そのものが、自ら目を覚まし始めるのかもしれません……。

それが起こるがままに起こさせてあげましょう。

このプロセスをそれぞれの『私』で行なっていきます。

### ［手順5］最初の感覚を『気づき』との統合へと招く

では、最初の感覚の場所に戻りましょう。今、どうなっていますか？　今、この場所の感覚の質は前と同じですか？　それとも少し違いますか……？

今、ここにどのような感覚があったとしても、どのように統合が起こりたいかにそっと気づいてください。ここにある感覚は、すべての『気づき』のように開いてリラックスすることを望んでいるかもしれません……。ここにある感覚は、すべての『気づき』の方から流れ込んできて欲しいのかもしれません……。または、ここにすでに存在していた『気づき』が、自ら目を覚ますように感じるかもしれません……。

今、この場所で、何かが起きるがままに起きているという体験があるかもしれません。溶けるような体験が起きていて、身体全体がリラックスしている場合は、思う存分それを楽しみましょう。

**［手順 6 ］『気づき』の中で、『気づき』のようにくつろぐ**

あなたは、好きなだけ、存分に、『気づき』の中で、そして『気づき』のようにくつろぐことができます。

## オプション：プロセスを繰り返す

瞑想フォーマットは好きなだけ長い時間、または短い時間で実践することができます。他の緊張や感情、反応が出てきた時には、その場所や感覚の質を優しく感じ取って、プロセスを繰り返すことができます。一回のセッションでは、プロセスを一度だけ実践する場合もあれば、複数回行う場合もあります。

## 体験を深めるためのヒント

### ■実践する時間を決めておく

瞑想フォーマットを習慣化したい場合は、生活の中で簡単に実践できる時間帯を考えておくことをおすすめします。例えば食事や歯磨きなどのように生活のリズムの一部となるように、一日の中で特定の時間を決めておく人もいます。また、その日を瞑想フォーマットの実践からスタートさせるというのも良いかもしれません。日中のどこかで、特定の休憩時間などに実践してリラックスしたいと思う人もいるかもしれません。仕事から帰ってきてリラックスできる時間を作るために、これを実践したいと思う人もいるかもしれません。

すぐにでも簡単に行えるというのが、この瞑想フォーマットの特長の一つです。一度慣れてしまえば、一ラウンドをほんの数分で、時には数秒でできてしまうこともあります。当然ながら、より深く、より継続的な恩恵をプロセスから得たいのであれば、毎日数分間は実践することをおすすめします。例えば列に並んで何かを待っている短い時間でも実践できますし、一日の中で短時間で深い休息を取りたい時にはいつでも行うことができます。じっくりと時間をかけて行うこともできますし、眠りにつく直前にリラックスする際の素晴らしい方法にもなります。私は、どちらのやり方も好きです。日常生活の中で何かが起きた時に、手を止めることなくクイック・バージョンで行うこともあれば、より漸進的《ぜんしんてき》な長めの実践を毎日行うこともあります。

## ■『気づき』を体験すること

プロセスを何度か体験すれば、詳細なガイドの言葉がなくても『気づき』にアクセスできるようになっていきます。もしもガイドの具体的な言葉があるほうが体験が深まるのであれば、ぜひお使いください。

## ■シンプルな形式

ホールネス・ワークを日々実践していくと、自分の周囲に広がる空間の中に、またはその空間のように自然とリラックスしていく自分に気づき、同時に、私がまったく見つからないと気づく時が来るかもしれません。それで大丈夫です。『気づき』や意識そのものとしてただくつろぐことによって、頑張ることなく、自然と物事が統合し始めるかもしれません。自然に統合しない何かが起きた場合には、おおらかな気持ちで場所と感覚の質に気づき、『気づき』の中へと再び溶けて混ざり合うように招いてあげましょう。

## ■私が歩んできたホールネス・ワークの旅

私は長い間、このスクリプトに書かれている手順通りにホールネス・ワークを実践してきました。しかし定期的に実践していく中で、体験はどんどんシンプルになっていき、今では『気づき』のようにただリラックスするだけのことが多くなりました（自分の身体や周囲のあらゆる空間に存在する『気づき』という体験をするだけで、自分がリラックスしていくように感じます）。そうすると『気づき』や「意識としての私」が、代わりにすべてを行なってくれます。まるでプロセスそのものが勝手に進んでしまうような感じです。この自動的なプロセスが止まってしまうこともあり、もう少し続けたいと思う時は、手順を使うようにしています。

ここに書かれている手順通りに行うことで恩恵を感じ続ける限りは、そのようにしていくことをお勧めします。こうした手順は、あなたの心身のシステムに重要な何かを教えてくれているはずです。すぐに自分なりの自由な形式に切り替えてしまうと、受けられたはずの恩恵も受けられなくなる可能性があります。自由にプロセスに任せることが簡単になってきたと気づいたとしても、時には手順に沿って、体系的に実践することも役に立つと感じることがあるでしょう。

## ■シンプルさを保つために

一番大切なのは、あなたが簡単で穏やかだと感じるやり方を選ぶことです。もしも手順通りに進めることが難しいと感じるなら、『気づき』として、ただリラックスすることを楽しみましょう。そのために、自分の中ですでに穏やかな何かに気づくことができます。あなたは『気づき』そのものとして、自然に何かが起こり始めたり、何かが浮かんでは通り過ぎていくかもしれません。それに対して、頑張って何かをしようとする必要はまったくありません。

このように、瞑想フォーマットは簡単で努力を必要としないプロセスではありますが、実践していくと様々な疑問が出てくることもあるでしょう。例えば、ホールネス瞑想と他の瞑想との違いや、具体的な手順に関してさらに疑問が浮かんでくる人もいるかもしれません。

次のページをめくっていただければ、ホールネス瞑想に対するこうした疑問への私の答えを読むことができます。特に疑問がない場合は、第18章「スピリチュアルの実践でよく語られる誤った九つの通説」、または、第19章「よくある質問と回答」へと自由に読み進んでください。

# 第17章

# 瞑想フォーマットQ&A

## よくある質問

「大事なのは、疑問を止めないことだ。好奇心には、それぞれに特有の存在意義があるのだから」

——アルバート・アインシュタイン

ホールネス・ワークの瞑想フォーマットを用いた瞑想体験は、体験者ごとに個々に異なります。瞑想中に現れるどのような反応もすべて取り込むことができる具体的な手順を提供しているので、過去になんとか瞑想を頑張ってみたものの、うまくいかなかった経験のある人にとっては非常に喜ばしいことでしょう。この後の質問にもあるような、雑念や独り言で瞑想ができないという問題も取り除いてくれます。

瞑想の素晴らしさを知っているダンのような瞑想家たちは、このフォーマットは瞑想の実践を新たなレベルへと引き上げてくれると言います。ホールネス・ワークを使うことで、瞬時に深い状態に入れるだけでなく、変容と進化の手法として瞑想を活用できることが何よりもありがたいと、私に報告してくれました。このワークでは心の傷はもちろん、時に肉体的な痛みでさえも、実践を重ねることで徐々に解消されていきます。

ここで瞑想とホールネス・ワークに関する「よくある質問」をいくつか紹介していきましょう。

**Q** 他の瞑想法とどのような違いがありますか?

**A** まずお伝えしたいのは、現在あなたが別の瞑想法を使っていて、それがうまくいっているのであれば、それは素晴らしいことです。今後もその瞑想法を使い続けることをおすすめします。

ホールネス瞑想と他のメソッドの最も明らかな違いは、『私』、つまり「知覚している自分」の場所を見つけ、溶かしていく点にあります。その人が実際に今体験している『私』を見つけ、それをリラックスさせたり、溶かすよう招いたりするための具体的な方法を提供する瞑想の形式は、これまでホールネス瞑想以外にはありませんでした。

**Q** 雑念や頭の中の独り言を止めることができず、これまで上手に瞑想することができませんでした。雑念や独り言を手放して呼吸に集中しようとするのですが、雑念がすぐに戻ってきてしまいます。呼吸に意識を戻すことが、とても大変だと感じています。

**A** これこそが、他の瞑想の形式に比べて、ホールネス瞑想がはるかに簡単になり得る理由の一つです。ホールネス瞑想には、どのような雑念が浮かび上がってきたとしても、そのすべてを取り込める方法があります。呼吸に意識を戻すことは難しいと多くの人が感じています。なぜなら、雑念というのは次から次へと浮かんでくるものだからです。ホールネス瞑想では、こうした悪戦苦闘を手放すことができます。ただ「考えごとをしている『私』」の場所に気づき、感覚の質に気づき、統合へと招き、プロセスの中に組み込んでいけばいいのです。

これはとてつもなく大きな違いです。言ってみれば、瞑想を妨げていたすべてのものを、逆に瞑想の味方にできるということです。「考えごとをしている『私』」に気づき、取り込み、統合させると、その中に閉じ込められていたエネルギーが全体へと解放されます。つまり、固定された形の中で縮されていたエネルギーと「生きた感覚」が、再び『気づき』のフィールドへと戻るのです。そして、『気づき』のフィールドが一層豊かになります。

具体例を挙げましょう。私が瞑想をしていて穏やかな状態を体験している時に、ふと私の内なる声が次のように言ってきたとします。「なんて最高なの！　でも、これはずっと続くだろうか？」このような時は「そのように言っている『私』はどこだろうか？」と自分に尋ね、その場所の感覚の質に気づきます。そうすることで、統合へと招くことができます。

もう一つ、例を挙げてみます。少し前に話をしていた人のことを思い出して、瞑想中にその人の顔が浮かんできたとします。この場合、「この映像の場所はどこだろうか？」と尋ね、その場所の中やその隅々まで感じてみます。感情の反応がある場合は、その感情の場所にただ気づき、それをホールネス・ワークの出発点としても良いでしょう。このように、すべての体験、さらには気を散らすように思えた体験の一つひとつが、ワークを通じることで新しいサイクルの素晴らしい出発点となることができるのです。

## ■至福の分離

Ⓠ「スピリチュアル・バイパス」に関してはどうでしょうか？　以前から瞑想を実践する中で、瞑想中にポジティブな状態に到達できるようになりましたが、日常生活では今で

も様々なことが引き金となり、あらゆる感情が溢れてしまいます。

**A**

これは大切な点です。瞑想の種類によっては、内部で何らかの分離を起こしてしまうことがあります。瞑想することによってポジティブな精神状態が作り出せると多くの人が教えられていますが、それが内面のその他の体験と一致するとは限りません。あるクライアントは、自分が体験している瞑想状態を「現実世界とは違う世界へ行く感じ」と表現しました。その体験は素晴らしく、至福とさえ呼べるものではあるが、多くの困難を抱えている自分の日常とは統合できないものだったと彼女は言いました。また別のクライアントは、「深い瞑想状態には入れても、身体や心の痛みを癒すまでには至らなかった」と言っていました。つまり、彼らの瞑想体験は、彼らとは分離した体験だったということです。「瞑想は最高だが、自分の身体とは分離した体験のように感じる」と話す方々ともワークをしてきました。

スピリチュアリティの世界ではこうした現象を「スピリチュアル・バイパス」と呼びます。ホールネス・ワークはこの現象にも解決策を与えてくれます。ホールネス瞑想では、今の自分の体験を含め、他の何かとの分離によって心の平穏がもたらされるとは考えません。心が平穏な状態は、すべてを受け入れて統合することでもたらされるのです。

**Q**

瞑想フォーマットは私にも効果がありますか？　これはどのような人にとっても、最良の瞑想の形ですか？

**A**

あなたに効果があるかどうかを知る最適な方法は、一定期間、実際に試してみることです。プロセスがうまくいけば、あなたなりの答えを得られるはずです。

残念ながら、ホールネス瞑想が誰にとっても最良の方法かどうかを知る術は、私にはありません。おそらく、「誰にとっても最良である」と言い切ることはできないでしょう。その一方で、私でさえも驚くほどに、多くの人々にとって非常にうまくいく方法であることも事実です。ですから、初めはあまり変化に気づかなかったとしても、まずは積極的に「やってみる」ことをお勧めします。

ホールネス瞑想がうまくいっていない気がするけれど、本当に自分でもうまく使える方法なのかどうかを知りたい場合、経験豊富なホールネス・ワークのコーチに相談することも考えてみてください（一人ひとりのコーチにも個性があるため、何人かのコーチを試してもいいかもしれません。あなたの状況にもっと簡単に寄り添えるコーチが見つかるはずです）。また、グループ単位でのワークショップという環境で学ぶのが一番簡単だと感じる人もいます。デモンストレーションや、コーチたちからのサポートを受けながら練習を重ねることで、同じエクササイズに対する人それぞれの反応を体験することができ、ホールネス・ワークを行う上での個々の能力を促進してくれます。

## ■ホールネス瞑想と進化の段階

Q 今日、このワークは最高にうまくいきました。今後も同じようにうまくいくでしょうか？

A ホールネス・ワークは、内面に分離のある存在から分離のない存在へと私たちを移行させてくれます。これはかなり大規模な成長と進化と言えます。そして多くの人にとって、この成長と進化のプロセスは、その後も長年に渡って有意義に展開し続けていくでしょう。仮に、劇的とも言えるような大きな進歩があったとしても、今の進化の段階が一生が終わるまでに完了しないこともあります。

理論上は、もしもすべての分離した『私』、つまり、人なら誰もが無意識に行なっている「他の視点からの知覚」を取らなくなり、すべてが統合できたとしたら、少なくともこのフォーマットのホールネス・ワークは不要になります（ホールネス・ワークにはさらに上級編のフォーマットがあり、これらについては第6部「リソースとルーツ」で読むことができます）。しかし実際には、（スピリチュアリティの先生を含む）ほとんどの人が、まだ十分に統合されていない一面を、自分の中に常に持ち続けています。

## ■瞑想をする時の体勢

Q 瞑想する時に決められた体勢を取る必要はありますか？　特定の体勢を取るべきだと言う瞑想の先生もいます。

A 瞑想の先生の中には、瞑想をする際の正しい体勢について非常に具体的な指示を出す人もいます。その多くが、背骨が一直線になるように背筋を伸ばして座るべきだと言います。ですが、その体勢を保とうとすると、身体のどこかに力が入ってしまう人がほとんどではないかと私は考えます。背中を支えるものがない状態で背筋を伸ばし、同時に背骨を一〇〇％リラックスさせられる人は、ごく少数でしょう。

私自身の経験から言うと、ホールネス瞑想では、自分が心地よいと感じ、かつ身体が簡単にリラックスできる体勢を取ることが最も重要だと感じています。リラックスが深まってきた時に身体が何かに支えられているような状態にしておくのも良いでしょう。ですから、横になった状態や、リクライニング・チェアなどでリラックスするのも瞑想の体勢として適していると言えます。

ホールネス・ワークを行うと、統合が起こる度に心身のシステムが一層リラックスしますので、リクライニングチェアに座ったり、横になったりすることで、身体が新たなアラインメント（調整された）の状態に入りやすくなります。そしてワーク中に起こる手放しを妨げるものがなくなります。また、長い年月に渡って緊張状態にあった脊柱周辺の小さな筋肉が、内側の深い部分から解放されることもあります。これを十分に起こさせてあげたい場合は、バランスを崩す可能性のある体勢は避けましょう。

私はよく、仰向けで横になり、両足を少し開いて伸ばし、腕を両側に心地よく伸ばした体勢で瞑想します。私にとっては、これが『気づき』のフィールドで起きていることに気づくための最も自然な体勢であり、システムにエネルギーが流れ、どのような解放も心地よく起こる体勢です。

**Q** マインドフルネスの実践やスピリチュアリティの教えの中で、「目撃者のポジション」や「デタッチメント（自分から距離を置くこと）」を学ぶように言うものがあります。これは必要ありますか？

**A** 一部のマインドフルネスや瞑想法の中には、「目撃者のポジション」や「デタッチメント」の必要性を説くものもありますが、ほとんどは実際に何を意味しているのかが曖昧です。こうした方法を試してみる人もいますが、指示が明確でないため、実際には違うことをしてしまっている場合もあります。

たとえば私が、流れる雲を見ているかのように自分の思考を「目撃」しなさいと指示されたとすると、自分の身体の中にいながらも、思考は体の外側にあって、私と私の思考とは別の存在であるかのように感じるかもしれません。雲と自分は別々のものだと感じているのと同じように。思考はただ、「流れていく雲」。これもまた、一つの方法です。

もう一つは、身体の外に位置する「目撃者のポジション」に立つという方法です。自分の後ろ、あるいは後ろの上の方などで「観察者のポジション」に立ち、そこから自分の思考を観察することができます。

ホールネス・ワークでは、いずれの方法とも異なることを行なっています。雲のように思考を観察する代わりに、「観察している『私』」を見つけて、全体の中へと溶け込むように招きます。たとえその視点が身体の内側にあったとしても、気づいて統合へと招くことができる視点が、基本的に必ず存在することを認識しておくことが大切です。

ホールネス・ワークでは「小さな『私』が見ている」状態から、「『気づき』として体験する」状態へと自然に移行していくことができます。そして次に、思考そのものを全体へと溶かすように招きます。これは、単にその思考から距離を置くのではなく、思考を利用し、取り込んでいくことを意味します。思考も「観察している『私』」も、全体を豊かにしてくれます。そうすることで最終的には、その瞬間に起きていることが体験できるような、『気づき』そのものとして存在できるようになるのです。

煩わしい思考を「ただ流れていく雲」として捉えて自分から切り離すのは、その思考に対して感情的に反応しないようにするための一つの方法です（雲は私とは明らかに異なる形をしているため、私ではない。つまり、思考が雲のようだとすると、思考は私とは異なる形を持つことになり、流れていく)。しかし、これを実践すると私たちの中で分離が生まれます。問題となるような思考は、自分と切り離しておくといいという思い込みを作り出し、『私』をこうした思考から切り離してさえおけば安全だと思い込んでしまいます。

ホールネス・ワークは、これらすべてを解消し、溶かします。安全で平穏、大丈夫だという状態を体験するために、どのような思考であっても切り離す必要はないのです。

＊＊＊

私はこれまでに、ホールネス瞑想が、多くの人々に効果を発揮するのを見てきました。提案としては、まず手順に沿ってやってみて、あなたに何が起こるのかに気づいてください。リラックスして、オープンな気持ちで新しい何かが体験できた時、わずかながらも意義深い変化が、どのように展開するかを見るのは楽しいものです。

そしてもちろん、気持ちがオープンになりきれない時であっても、ホールネス瞑想の場合はそれが妨げになることはありません。「これがうまくいくとは思えない『私』」や、その瞬間に体験しているかもしれない他の『私』にただ気づくだけで、素晴らしいスタートを切ることができます！
個人的な疑問が出てきたら、本書三カ所にあるQ&Aの章にその質問が載っているかどうかを、まずは確認してください。

＊＊＊

ホールネス・ワークを通じて私たちが学んでいることが、明確でシンプルに表現されている詩を一篇ご紹介します。一度ホールネス・ワークを体験してみると、この詩的表現が私たちの体験をより豊かなものにしてくれるでしょう。

「分離が存在していると、人は他を見て、他を嗅ぎ、他を味わい、他に話しかけ、他を聞き、他に触れ、他について考え、他を知る。しかし、すべてが一つに調和する時、他が存在しない時、それがブラフマンの世界である。これが人生の究極の目標、究極の至宝、究極の至福である。この究極の目標を目指さない者は、この歓びの断片のみで生き続ける」

——ブリハッド・アーラニヤカ・ウパニシャッド

第18章

# スピリチュアリティの実践でよく語られる誤った九つの通説

## 本当に効果を出す新たな方法を求めて

「すべての精神修行は、外皮の除去と核心の暴露に向けられるべきである」

――サティヤ・サイ・ババ

私たちは、何らかの人生の道筋を歩んでいる時、たとえそれが精神の道でも自己成長の道であったとしても、自分に役に立つような真実がもたらされることを願うものです。しかし、有益な道を歩んでいる時でさえ、気づかないうちに間違った方向へと導かれてしまうこともあります。

ホールネス・ワークはスピリチュアルな原則に着想を得ているため、私はスピリチュアリティの分野が与えてくれたリソースに心から感謝しています。この分野の本を読み、探究するうちに、多くの教えや考え方に価値があることに気づきました。しかし同時に、歩みを遅らせたり、道から逸脱させたりする可能性のある、私の考えでは「誤解」である教えがあることにも気づいたのです。こうしたいくつかの教え（ここでは「通説」と呼ぶことにしましょう）をしばらく試したものの、結局は行き詰まって終わってしまった経験を私自身がしたことから、このように考えるに至りました。

また、スピリチュアリティの分野をバックグラウンドに持つ人とトレーニングや個別セッションでワークをするうちに明らかになったこともあります。ホールネス・ワークを使えばシンプルで簡単に進み、段階的でありながらも確実に覚醒体験が得られるはずなのですが、ここで紹介していく誤解がいかにしてそれを妨げる可能性があるのかを目にしてきました。

よくある誤った九つの通説を見ていきましょう。

### ［通説①］私たちは、意図して覚醒することはできない。覚醒への手順など存在しない。

この考え方が誤解である理由は、本書の最初の方でもすでに述べています。確かに、意識して頭で「覚醒しよう」と考えてしまうと、決してうまくいくことはありません。しかし、本書で述べてきたエクササイズを実践してみた皆さんであれば、「夕陽を見る」という行為を実行するための手順が踏めるのと同様に、覚醒するための手順も踏むことが可能であることがすでにおわかりだと思います。この手順を踏むだけで実際に覚醒体験が得られるのであれば、こんなに役に立つことはありません。これこそが、今まで欠けていた「どのように」の部分であり、誰もが「覚醒」に到達できる手法だと言えます。

**［通説②］小さな『私』など幻想である。**
**そのようなものは存在しないので、「大きな自己」にだけ意識を向けよう。**

小さな自己、または小さな『私』は、私たちの体験の中に実際に存在するため、これは誤解です。これをしてしまうのは良い方法とは言えません。これらの小さな『私』を「大きな自己」の中へ取り込むためにはそれぞれの『私』に気づき、溶けて混ざり合うよう招く必要があります。

**スピリチュアル・バイパス**という言葉がありますが、これは他のスピリチュアリティの実践で覚醒状態に近づくために時折見られるもので、人間であれば誰もが体験しているはずの困難な出来事や辛い感情を無視したり迂回しようとしたりするものです。これを実際にやってしまうと、気づく必要のあるものを避けることになるということがわかれば、それだけでも最初の一歩としては順調です。

小さな『私』を無視することで受ける影響は、感情を無視することよりもはるかに強く、結果としてさらに重大なスピリチュアル・バイパスとなってしまいます。小さな『私』を無視すれば、すべてを含む広大な「自己」を体験するための試みは、事実上、不完全に終わってしまいます。逆に、小さな『私』が統合されれば、自然と感情も変化していくでしょう。実際、感情を自己から切り離そうとしたり、逆に正面から向き合ったりするよりも、小さな『私』をプロセスに含めて統合していくほうが、ずっと簡単に変容させることができます。こうした感情と自己を切り離す方法と、正面から向き合う方法は正反対のようにも思えますが、どのような方法で感情に対処したとしても「対処しようとしている『私』」と「対処されようとしている感情」の間に分離が生じてしまうのです。

**［通説③］覚醒とは、自分自身を「広大さ」として体験することである。**
**よって、広大であればあるほど良い。**

スピリチュアリティの教えを最初に学んでからホールネス・ワークを学ぼうとする人たちは、真の覚醒の体験とは広大な『気づき』を体験することだという先入観を持っていることがあります。

しかしホールネス・ワークの実践では、何が起こるのか、あるいは何が起こるべきなのかという先入観を手放すことで、覚醒、あるいはホールネス（全体性）へより簡単に到達できるようになります。時には、『私』が望み、必要としている統合が、広大さの体験ではないこともあります。特に、物理的な性質を持つ統合などでは、物理的な身体の中だけで起きていると感じる場合もあります。精神世界や全宇宙にまで、無理に統合を広げて広大さを追求しようとすると、逆に必要とされている統合に歯止めをかける結果に終わることもあります。

実際に体験することは、人によって様々です。「覚醒とは、自らを広大な存在として体験するものだ」という思い込みを作ってしまうと、常にボーッとした状態になることもあるため、日常生活の中で意識を向けるべき価値ある体験との接点を失うことにもなりかねません。

ホールネス・ワークとは、普通に『気づき』を体験するためのプロセスであり、何か特別な「スーパーデラックス」な『気づき』を得るようなものではありません。すでに存在している『気づき』に、ただ、苦もなく簡単に気づけるようになるプロセスです。「『気づき』の広大さを体験しなければならない」と思い込んでしまうと、果てしない広大さを求めて頑張ってしまう場合もあるでしょう。真の覚醒を得るには、逆にこうした頑張りを徐々に緩めていく必要があります。とはいえ、難しく考えることもありません。広大さの感覚を得ようと頑張る『私』を見つけていけば良いのです。

## ［通説④］『気づき』は至高の体験である。

前述した広大さの体験を含めて、『気づき』とはこうあるべきだという思いを持っていると、自然な体験を妨げてしまう可能性があります。『気づき』とは至高の体験であるべきとか、何らかの具体的な特徴があるはずだと考えていると、そのような体験になるように頑張ってしまう自分が出てきてしまいます。

頑張ることなく、ありのままの体験をただ感じることが、プロセスから多くを得るための最善の方法です。時には、ただ中立的な空間がそこにあるという感覚しかない場合もあります。優しさや愛情のこもった『気づき』の空間として感じられる場合もあれば、単調で面白みのない空間として体験することもあるかもしれません。大切なのは、その瞬間のあるがままの状態を感じ取ることです。先入観を持たないからこそ、プロセスが私たちのシステムに寄り添いながら進んでいくことができるのです。このプロセスの重要な二つの原則は、

1．頑張りを手放す
2．すべてを包含する

この二つさえ覚えておけば、うまくいかないはずがありません。

## ［通説⑤］「覚醒」は一度きりの出来事であり、ドラマチックな体験であればあるほど良い。

書籍などによく出てくる覚醒の体験は、たった一度のドラマチックな出来事として書かれているものが多いため、覚醒とはそのようなものなのだと多くの人が誤解しています。その一方で、ほとんどのスピリチュアリティの先生は、覚醒が一度きりの出来事ではないことを知っています。大半の人にとって、もしかしたらすべての人にとって、覚醒とは段階的に進む体験であると彼らは言います。時には強烈でドラマチックな体験をすることもありますが、ほとんどの場合は段階的で、意識のわずかな変化しか感じないそうです。

これは、まさに私のホールネス・ワークの体験と同じです。ホールネス・ワークを行なった人のほとんどが、かすかな変化を段階的に体験します。まれに、スピリチュアルな体験談にあるような強烈な変化を感じる人もいます。例えば私の場合、体中に電流が流れるように感じたり、強い振動や、強烈な光の放射、光の点滅、身体の火照り、時には身震いを感じたりすることもあります。長期に渡ってホールネス・ワークを実践していくと、皆さんもこうした体験をすることもあるかもしれません。しかし、だからと言ってプロセスがうまくできたとか、できなかったということではありません。その瞬間に起こるべき何かが、ただ起きただけです。前述した通り、余計な先入観はプロセスの進行を妨げてしまいます。

ドラマチックな覚醒体験が注目されやすいのは、その方が書籍の売れ行きが良くなるからです。ドラマチックな話は読者にも人気があり、出版社は好んでそういう原稿を選びます。しかし、劇的な体験ができたからと言って、それで終わりではないことを覚えておいてください。それはあくまでも、長い旅路で体験するたくさんの体験のたった一つに過ぎないのです。

ある出来事によって、私はこのことを痛感させられました。スピリチュアリティのリトリートに参加していた時のことです。先生が一人の女性参加者に、覚醒体験をグループにシェアするようお願いをしました。参加者全員が、そこから何か学ぶことができると考えたのでしょう。彼女は、自分の体験を皆の前で話し始めました。実際に彼女の体験談は興味深いものでしたし、「私を完全に変えた」と語るほど、非常に劇的な体験だったようです。そして彼女が正直に自分の体験を語っていたことも、私にははっきりとわかりました。

ところが、休憩中やセッションの前後の時の彼女はというと、頻繁にちょっとした冗談を言っては、周囲が笑ってくれるかどうかと期待を込めた目で、でも同時に恐る恐るという感じで私たちの様子を窺うのです。この時のリトリートはかなりの少人数グループで、休憩中やセッションの前後で比較的長い時間を彼女と共に過ごす機会があったため、彼女のこの様子に気づいたのでした。私を含め、人は誰しも承認欲求を持っています。しかし、これほど強く承認を求められる感覚は、それまで感じたことがありませんでした。彼女は絶えず、それも切実に人に認めてもらうことを必要としている様子で、私が見る限りは、完全な覚醒や悟りの状態からはほど遠い人でした。

ドラマチックな覚醒を体験したことのある人は、スピリチュアリティの先生を含め、他にも大勢いるでしょう。しかし、そのような覚醒を体験した人たちを観察してみると、まだ「完了していない」と思わせるような点が多々見受けられます。

これは大半の人、もしかすると私たち全員に当てはまることなのかもしれません。人は徐々に変化していくものです。そしてホールネス・ワークの特徴であり、強みとなるのは、この変化が一貫して、そして必然的に起こることです。これを実践すれば、意識的かつ意図的に覚醒する方法を手に入れることができます。神の恩恵が下される覚醒の瞬間を待つことも、その瞬間が生きている間に一度でも起きて欲しいと願うこともありません。

ホールネス・ワークでは『私』が溶けるため、私たちの人格の構造が少しずつ変化していきます。一方で、「ランダムに起きる覚醒」は一時的な意識の変性状態に入る可能性が高く、日常の中にうまく落とし込めない場合もあります。現時点では、『気づき』と一体化している覚醒の状態に、一時的に入ることも可能だというのが私の見解です。しかし、自らが『気づき』そのものであるという意識がない場合、小さな『私』が溶けたとしても、その時の状態は長続きしません。ホールネス・ワークは、小さな『私』が溶けていく時でも、「『気づき』そのものとして存在する」ための方法を教えてくれるのです。

## ［通説⑥］マインドをだまさなくてはいけない。

あるセミナーの中で、一人の受講生が次のように質問を切り出しました。「マインドをだまさなければいけないことは知っていますが……」。確かにこの考え方は、スピリチュアリティ世界にはよく見られるものですが、私は誤解だと思っています。マインドをだますという考え方は、思考を司る知的なマインドに現れる、内なる雑念に対処する方法として使われてきました。確かに内部対話や雑念があることで、『気づき』のフィールドがもたらす平穏な静けさの体験から、遠ざかってしまう場合もあります。

しかし、ホールネス・ワークではマインドをだます必要がありません。それどころか、湧き起こる雑念を積極的に受け入れ、「そうした考えを抱いている『私』」を包含していきます。人のマインドにどのような性質があろうとも、それらをすべて統合する手段を持つのがホールネス・ワークであり、そこに閉じ込められていたエネルギーが全体へと解放されることで『気づき』のフィールドがさらに豊かに養われていきます。

仮に、マインドをだます必要があるとすると、それは私たち自身とマインドとの間に対立関係を作り出すことになってしまいます。そうなると、マインドとは全体性へと近づく過程をサポートしてくれるものではなく、逆に邪魔をしてくるものとして扱うようになってしまいます。このようなことをする必要がないのもホールネス・ワークの特長の一つです。

### ［通説⑦］「覚醒」とは、今この瞬間に集中して存在することである。

一部のマインドフルネスの実践法や瞑想法の中には、今この瞬間の体験に意識を向けるように指導するものもあります。例えば、「マインドフルに食事する」や「マインドフルに歩く」など、その瞬間に行なっていることにすべての思考や意識、感情に集中する実践法があります。何かを行なっている最中に、過去や未来の出来事などについて何らかの考えが浮かんできた場合、マインドフルネスの実践法ではそれを手放し、現在の瞬間に意識を戻さなければならないと教えたりします。

こうした実践法も役には立つのですが、多くの人が実践そのものに悪戦苦闘したり、退屈だと感じたりします。その理由は、現在の意識と過去や未来への意識を分離させなければならないからです。「他のことを考えてはいけない！」という指示に従うのは、難しいことです。過去や未来に対する考えが浮かぶ場合であっても、まさにそれが「今」この瞬間に実際にやっていることですから、「今、口に入れたものを味わう」ことや「今、踏み出している一歩」と同じように楽しんだり、関心を向けてあげたりすればよいのです。無理してそれを拒絶したり、無視したりするのではなく、「今、考えていること」もまた、この瞬間の体験として捉えることができます。

ホールネス・ワークでは、過去や未来に対するどのような思考が浮かんできたとしても、それを切り離すことはしません。そうした考えが浮かんでくるのであれば、「そのように考えている『私』」を受け入れ、統合して溶かしていきます。私はこれを「永遠の現在」にいる状態と呼んでいます。私たちは現在に存在していますが、その体験には時間を超越した感覚があります。皆さんも、『私』を統合へと招いた時に、既にこのような体験をしたことがあるかもしれません。

また、物事を固定観念でした捉えられない『私』が溶けて全体へと統合することで、私たちが体験する時間の感覚そのものが変化することもあります。現在の瞬間に対する集中力が増すと同時に、必要に応じて、過去や未来へのアクセスも簡単になります。言い換えれば、過去に何が起きるべきだったのか、起きるべきでなかったのか、あるいは未来に何が起きるべきなのか、起きてはいけないのかなどといった思考に気を取られることが少なくなるということです。その結果、今この瞬間の体験がさらに明瞭で受け入れやすいものとなり、同時に過去や未来に対する考え方もより明瞭となって、物事を受け入れやすい状態に入ることができます。こうすることで私たちは、計画の立て方（つまり、未来への考え方）や、物事の思い出し方（つまり、過去への考え方）を含めて、この世の中でもっと簡単に人として機能できるようになります。

### ［通説⑧］「覚醒」を体験したければ、外側の世界から内面の世界へと、意識を「方向転換」する必要がある。

私はこれまでに、何人ものスピリチュアリティの先生たちからこの教えを受けてきました。これを教える彼らは、外側の世界に向けられていたスポットライトを、一八〇度方向転換して自分に向けるようなジェスチャーをよく使います。私も、しばらくは教えられた通りにやってみようと頑張りました。彼らは、すべてを理解した上でそのように教えているのだろうと推測したからです。しかし、うまくいきませんでした。

確かに覚醒という体験をするには、外側に向けられていた意識を内面へと向けることが必要です。しかし、「方向転換」とは少し違います。このように先生たちが教えてしまうと、生徒たちは軌道から外れてしまう可能性があります。なぜならこのように意識を「方向転換」すると、結果的には内面の世界だけに意識を向けようとする小さな『私』を作り出してしまい、かえって統合から遠ざかってしまうからです。つまり、一体感が増すどころか、内なる分離をさらに作り出す結果となってしまうのです。ホールネス・ワークで私たちが行なっているように、知覚している『私』のようにリラックスし、そのリラックスの体験の中へと溶け込んでいくようにワークすることが、最もうまくいく方法です。

実際に「方向転換」をしてもうまくいく方法に関しては、上級ホールネス・トレーニングの中で詳しく探究していきます（注1）。

### ［通説⑨］「覚醒」するには、スピリチュアリティの先生など、他者の助けが必要である。

スピリチュアリティの先生に師事している人もいれば、そうでない人もいるでしょう。実際にどうするかは、個人が自由に決めてよいと私は考えています。私自身、比較的「覚醒」していると思われる先生方から学んだことや、彼らと同じ空間を共有して初めて体験できたことが財産となっています。他にも、小さな赤ちゃんの目を覗き込んだ時に見える豊かな『気づき』を、私たち一人ひとりも能力として持っていること、そしてそれぞれが「覚醒した存在」として、互いの「空間を守る」ことができると気づくこともできました。これは、ホールネス・セミナーに参加した受講生や、コーチング・セッションのクライアントにも実際に起きています。

これに加え、異なる視点が必要な時に真実を伝えてくれる、そして優しい言葉が必要な時に励ましてくれる、共に歩んでいくことができる友人がいることは、非常に役に立ちます。一部のスピリチュアリティの団体では、自分の高い地位や指導者、教祖としての立場を主張することなく、先生方がこうした友人の役割を担ってくれたり、熟練の実践者として道を示してくれたりします。

スピリチュアリティな団体と銘打っているか否かに関係なく、自らを進化させることに興味のある人が集まるコミュニティの一員になることは、様々な側面でのつながりやサポートが得られるという点で有益です。そうしたグループの中でホールネス・ワークを学び、実践していくことができれば、癒しと覚醒のための、信頼性が高く具体的な手法を手に入れられると同時に、手法そのものにもさらなる価値が加えられると私は考えます。

しかしながら、「覚醒」とはどのようなことなのかを理解していれば、必ずしもスピリチュアリティの先生が必要ということはありません。「覚醒」というものの構造を理解し、それに成功できる手順を持っていれば、自身の進化の道を自らの力で前進しているというエンパワーメント（自分が置かれている環境や状況は、自らがコントロールできるという感覚を持たせること）を得ることができるでしょう。そうなった時に初めて、「特定の先生に師事したり、そうしたコミュニティに参加することで、自分が進化するためのサポートが得られたり、さらに豊かな体験を得られるだろうか？」というように、自分自身に問いかけてみてください。

＊＊＊

「あなたは全体であり、あなたが認識すらしていないかもしれないもっとずっと大きな
全体性の環の一部でもある。
あなたは決して独りではない。あなたはすでに何かの一部である。
あなたは人類の一部である。そしてあなたは生命の一部である。
あなたはこの瞬間の一部であり、この呼吸の一部である」

——ジョン・カバット・ジン

第19章

# よくある質問と回答
## さらに深いホールネス・ワークの探究

「真珠を求める者は、さらに深くまで潜らなければならない」
——ジョン・ドライデン

「知識の始まりは、我々が理解していないものを発見することである」
——フランク・ハーバート

基本プロセスと瞑想フォーマットへの理解をいっそう深めたいと考えている方は、ホールネス・ワークのすべてのフォーマットに共通する次の質問と回答をぜひ読んでみてください。

## ■内的イメージや内なる声に取り組む

**Q** デモンストレーションでは、いつもその人の「感情」から始めていましたが、内なる声や、内的イメージがある場合はどうしたら良いですか?

**A** 同じことをしてみてください。私が今、内面に意識を向けてみたとして、内なる声に気づいたとします。それでもやはり「それはどこにありますか?」と尋ねます。もしかすると、私の頭の右側にあるかもしれません。そして、頭の右側の領域を感じてみて、その大きさと形、そして感覚の質に気づいていきます。少しおかしく聞こえるかもしれませんが、誰もがそうした質問に答えることができます。そしてその領域にも、「感情」から始めた時と同じように、感覚の質が存在します。

内面に意識を向けた時に何かのイメージ(映像)に気づいた場合、もしかしたら、その日のどこかの時点で中途半端に会話が終わってしまった相手の姿などが見えるかもしれません。最初の質問は、「このイメージはどこにありますか?」です。例えばそれは、私の顔の前から三〇センチ程のところにある小さいものだったとします。そして高さが二〇センチほどです。これで、このイメージが占める空間に気づくことができ、その領域の中やその隅々までを感じることができます。そのイメージが占める空間はほんの三センチほどの奥行きなのか、またはもっと奥行きがあるのかなどにも気づくことができるようになります。

要するに、いつもとまったく同じように行えば大丈夫だということです。

## ■表面的な特質VS「中やその隅々まで感じる」こと

Q 表面だけに注意を向けることから、その内面まで知覚することに意識を向けることの重要性が理解できません。

A これはとても重要な質問です！　まずは、表面に気づくことから、「どのように」内面を知覚することへと移っていくかを明確にしたいと思います。そうすることで、この質問への答えが理解しやすくなると思います。

例えば、オレンジ色のボウルのように見える『私』を見つけたとします。これは、外見です。つまり、『私』を外側から見た時に気づくことです。ホールネス・ワークを実践する時は、その『私』が占めている空間の「中やその隅々まで」の感覚の質に常に意識を向けていきます。その感覚の質を見つけるためには、一度、外見に意識を向けることを手放して、ただじっくりとオレンジ色のボウルが占める空間の「中やその隅々まで」知覚します。密度が濃い、あるいはスカスカしていると気づくかもしれません。明るいかもしれないし、暗いかもしれない。温かいかもしれないし、冷たいかもしれません。

基本プロセスのデモンストレーション（第4章）の中で、アンは二つ目の『私』を「ツルツル」と表現しました。これは表面の質のように聞こえたので、一呼吸置いて、その『私』が占める領域の「内面を知覚して」みましょうと彼女を導きました。彼女がこれを行なった時、知覚しているものを表す言葉が見つかりませんでした。しかし、『私』の「ツルツルした」表面に意識を向けることから、その領域の「中やその隅々まで」の感覚の質に意識を移したことで、彼女の体験は明らかに変わりました。

このように、内面やその隅々までを感じるということが、統合のための基盤となります。溶けて統合していくのは、その空間の領域の中に存在していた「生きた感覚」です。これをダイレクトに知覚できた時、ワークの下準備が整います。

関連する考え方の一つとして、ホールネス・ワークでは二次元的なものは存在しないという考え方があります。『私』（もしくは他の内なる体験）が平らな、または二次元の何かのように見えたとしても実際には厚みがあると気づくことが重要です。私たちが存在しているこの世界ではすべてが三次元です。一枚の紙は非常に薄いかもしれませんが、そこには確かに厚みが存在します。内面の世界のあらゆるものにも、厚みがあります。これを認識することで、表面の質から「内面やその隅々まで」の感覚の質へと意識を移しやすくなります。がアンを導いた時、たとえどんなに薄くても、すべてのものには多少の厚みや深さがあるということにまずは気づいてもらいました。アンは少し時間を取って、平らで薄いけれど、それなりの深さがあるこの領域をじっくりと知覚し、その中やその隅々に至る感覚の質に気づくことができました。

## ■すべての質問をする必要がない場合

Q デモンストレーションの中で、場所や大きさ、形について質問していない時がありました。それはなぜですか?

A 私がガイドしている相手が、場所や大きさ、形にすでに気づいていることがわかれば、それを言語化するようにお願いしないこともあります。パムの最初の体験（二つ目の瞑想フォーマットのデモンストレーション）では、彼女が自分の喉の前でゆっくりと慎重にジェスチャーしていたため、非言語でこの体験の大きさと形が示されていました。そして、すでに彼女が十分に気づいていることも明らかでした。**それが最も重要なことです。体験を説明する言葉を持っているかどうかは重要ではありません。**

ホールネス・ワークのどちらかのフォーマットを初めて行う時は、場所や大きさ、形、感覚の質を聞くためのそれぞれの質問に答えることをお勧めします。そうすることで、一つひとつの手順が体験できていることが確認しやすくなります。すでにホールネス・

ワークを実践した経験があり、それぞれの手順で気づくべきものがはっきりとわかっている場合、『気づき』を言葉に置き換えることでプロセスのスムーズな流れが損なわれると感じる人もいます。つまり鍵となるのは、「プロセスが十分に、簡単に、そしてスムーズに流れるようにするために、あなたに必要なのは何か？」と考えることです。

## ■『私』を見つけることについてさらに詳しく

**Q** 前に、『私』の層をたくさん見つけていくことで、変化がより完全なものになるとおっしゃいました。それではなぜ、最初の『私』だけを統合に招くのでしょうか？ もっと多くの『私』を見つけられるなら、その方が良いのではないですか？

**A** 理論上は、その通りです。しかし実際は、最初の『私』だけを統合に導くことにも利点があります。その一つが、プロセスがシンプルになるということです。これにより、リラックスした瞑想状態を維持しやすくなります。記録を取る必要がほぼないため、意識してプロセスの進行を「追っていかなければ」という気持ちも和らぎます。その上、私自身がプロセスを行う中で、最初の『私』を統合させる方が、たくさんの『私』を見つけることよりも、私というシステム全体がさらに簡単にプロセスの流れに乗ることができると気づきました。その瞬間に、自分というシステムが何を求めているのかを見つけることに心を開く。これに尽きます。

Q ワークの最中はリラックスしていた『私』が、後で元の形に戻ってしまった場合はどうしたら良いですか?

A これが起こる時は通常、気づいて招き、統合すべき別の何かがあることを意味しています。別の『私』(異なる視点)があるか、あるいは何らかの反応が起きているかのいずれか、またはその両方である場合が多いでしょう。まずは反応を確かめてみてください。その瞬間に、例えば焦りや失望、または体験に対する何か別の反応が起きていませんか? 反応が見つけられたら、「反応しているものはどこなのか?」と尋ね、その場所や大きさと形、感覚の質に気づき、統合へと招きましょう(その場で起こる反応に気づき、取り組む方法については、第20章でより詳しく説明していきます)。
　反応が起きていない場合は、別の視点をチェックしてみてください。「元の形に戻ったことに気づいている『私』はどこですか?」

## ■記憶が出現する場合

Q 『私』が統合されていく時、ある記憶がよみがえってきました。幼少期に起きた出来事の記憶です。それがどういう意味なのか、また、何をする必要があるのかよくわかりませんでした。

**A**

何かが統合されている間、あるいは統合された後に、時々、自然と過去の記憶が出現することがあります。これは、システムの中に閉じ込められて身動きが取れずにいた何かが解放されたサインと言えるでしょう。ホールネス・ワークの最中にこれが頻繁に起こる人もいれば、滅多に起こらない人もいます。私たちが見せられているこうした記憶は、統合されている『私』が形作られた状況か、この『私』が何らかの形で必要とされていた状況であることが多いと私は理解しています。『私』がリラックスして溶けていくことで、その記憶もまたリラックスし、解放されていきます。

特に何かをする必要はありません。ただ、その記憶を流れるがままにさせてあげましょう。その記憶を統合させたければ、そのように招いても構いません。記憶そのもの（その記憶がよみがえってきた領域の感覚の質）が『気づき』の中に溶けていくよう招くこともできますし、あるいは『気づき』そのものであるあなたを、記憶の感覚の中に、そして記憶の感覚のようにリラックスしていくよう招くこともできます。

その記憶のエネルギーの中やその隅々に『気づき』が存在する時、あなた自身は何もする必要はありません。『気づき』が存在する時、何をすべきかを知っているのは、記憶のエネルギーそのものです。大抵の場合、それは溶けて混ざり合うことを望みます。

ここで鍵となるのは、あなたがそのエネルギーに何かをさせる必要はないということです。繰り返しになりますが、エネルギーそのものが、自分がどうしたいのかを知っているからです。

たとえ記憶が統合されたとしても、記憶している出来事のどのような情報にもアクセスし続けることができます。つまり、出来事を忘れることはないということです。溶けていくのは、その出来事の中で形成された可能性のある、自分自身や世の中に対する固定観念や自分に制限をかけている思い込みや前提です。

私の個人的なホールネス・ワークの体験の中で、『私』が統合される時に赤ちゃんの泣き声が聞こえるという現象が、長い間起きていました。そして同時に、何かが解放されるような感じがするのです。おそらく、私の幼少期の体験に関係しているのではないかと推測しています。両親によると、私は生後六カ月くらいまで夜泣きの激しい子供だったそうです。母は医師から授乳を禁止されていたのですが、両親が酪農業を営んでいたため牛のミルクだけはたっぷりとあり、私は生まれた直後から牛乳を飲まされていました。しかし私の腸は牛乳を消化することができず、おそらく痛みでよく泣いていたのでしょう。最終的に両親は、牛乳を発酵させれば私の身体でも消化できることを発見し、それ以降私は夜泣きをしなくなったそうです。私が体験していた乳児の泣き声は、この非常に幼い時の体験に関係していたのだと推測しています。

ホールネス・ワークの良いところは、こうしたことを分析したり、理解したりする必要がないということです。ホールネス・ワークを繰り返し日々の中で実践していけば、表出すべきもの、解放されるべきものは自然とそうなっていきます。私自身も、痛みを感じ続けていた幼い自分を頑張って見つけようとしたわけではありません。ただ現在の体験に気づき、『私』を見つけ、統合へと招いただけでした。こうすることで、私のシステムの中で「行き詰まって身動きが取れずにいた」何かが、次第に気づいてもらえるようになり、そして解放されていったのです。

## ■知覚的な言葉を使うことについて

**Q** 「『私』が占めている領域の中と隅々までを感じる」とはどういう意味ですか？　『私』の領域をその中と隅々まで「見る」と言っても大丈夫でしょうか？

**A** 特定の知覚にできるだけ縛られないような表現を使いたいと思っています。なぜなら、ホールネス・ワークで私たちが体験しているものは、もしかすると通常の五感では言い表せないような、もっと基本的な体験だと思うからです。

この「隅々まで感じる」という体験が、あなたにとってどのように自然に簡単に起こるのかをただ探求し、見つけ出していってください。あなたにとって自然で簡単なやり方で、それを起こさせてあげましょう。

私の場合、普段から自分が感じている視覚や身体感覚などの五感に「先立つような感覚」にアクセスしているかのように感じます。例えば「それは灰色です」と私が言ったなら、それは言葉でうまく描写することが難しいこの感覚を、誰もが簡単に理解できる「灰色」という言葉で言い表しているだけなのです。私にとって、内面やその隅々まで感じるという体験は、「感じる」という表現を使っていたとしても、特定の五感のどれかに簡単に分類することができないものです。私と同じように感じる人もいるかもしれないと思い、「『私』が占めている領域の中と隅々まで感じる」という表現にしています。

### 身体の外にある何かを感じること

Q 私の『私』は身体の外にあります。どうやって身体の外にあるものの「中やその隅々まで感じる」ことができるのでしょうか。そのようなことは可能なのでしょうか?

A 一つ前の質問で、どの五感にも偏らずに中立的であることの意義についてお話ししました。しかしここでは実験的に、その空間を隅々まで触るように「じっくり感じ取る」と考えてみると役に立つかもしれません。もしその『私』がおでこの前の空間にあるとしたら、その空間の中にまで手を伸ばして、表面だけでなく内側まで感じることができると想像するといいかもしれません。

たとえばボウルに入った水を外側から見ていると想像してください。外側から見ることで、その外見に関して様々なことに気づくことができます。

次に、そのボウルの中に手を入れると想像して、ボウルに入っている水の中やその隅々をただ「感じて」みてください。体験は変わってくるはずです。手を入れてみると、実は水が温かかったり、冷たかったり、動きがあったり、動きがなかったりするかもしれません。そもそも水ですらなく、濃厚で粘り気のある液体かもしれません。外側からどう見えているかだけでなく、その領域の中やその隅々まで感じることが大切なのです。「その領域の中や隅々にまで、手を伸ばして感じ取る」と想像することは、ホールネス・ワークを実践する上で特に大切なことです。初めはよくわからないかもしれませんが、回数を重ねるにつれて、物理的な身体の外側の空間で「感覚の質」をダイレクトに体験することができるようになるはずです。よく、NLPのプロセスでは「相手の立場に入る」ことをしますが、その入り方とはまったく違います。NLPのプロセスでは、『私』（もしくは複数の『私』の集合体）として一歩入ります。もちろんそれはそれで有益なのですが、ここではまったくの別のことをしています。ホールネス・ワークでは、何かを『気づき』そのものとして体験します。

## ■深刻な問題にホールネス・ワークを使う

Q 深刻な問題についてはどうでしょうか？　これまでの説明のほとんどは、軽度から中程度の問題を扱ったケースばかりでした。私には、他のメソッドでは解決できずにいる深刻な問題があります。これにホールネス・ワークを使うことはできますか？

A まずは、できます、とお答えします。ホールネス・ワークは深刻な問題を抱える多くの方を助けてきました。私も個人的にそうでしたし、他の多くの人々に対しても、どのようなメソッドでもうまくいかなかった問題にホールネス・ワークが効果を出してくれました。

こうした結果を得るには、知っておいてもらいたい重要な点がいくつかあります。まずは、軽い問題から取り組み始めると良いということです。そうすることであなたのシステムがホールネス・ワークに慣れて、いくつかの手順が簡単に、そして意識せずにできるようになります。その上で、徐々に深刻な問題を扱い始めると良いでしょう。

深刻な問題をより簡単に変容させられるヒントを他にもいくつかお伝えします。

1. 大きな問題をいくつかの小さな問題に分けて、一度に一つずつ取り組むことができます。例えば、ダリルはつらい破局を経験し、それを扱うことにしました。彼はこの大きな問題を細かく分け、まずは関係がどのように終わったのかというところから始めることにしました。付き合っていた人が、ダリルを傷つけるようなことを言ったのが発端だったそうです。次に、二度と特別な人に出会うことなく、ずっと一人なのではないかという恐怖が湧き上がってきたので、その感情に取り組みました。大きな問題のほとんどは、実際には様々な要素からできており、それらの要素一つひとつに取り組むことで、プロセス全体がより簡単になります。

2. 問題が、強い不快感などの感情を伴う場合は、感情を変容させるために出来事のすべてを再体験する必要はありません。プロセスを始める時に、まずはその感情に気づき、情報を集めるのに十分な程度にその状況に入り込むだけで十分です。感情をそこまで強く感じる必要はありません。そうすれば、直接的な体験（大きさ、形、感覚の質）に意識が向くようにプロセスが導いてくれるので、感情的に反応することなく、変容を起こしてくれるプロセスの有益な部分へと入っていくことができます。

3. 大きな問題に取り組んでいる時は、時間をかけて複数の側面に取り組む心づもりでいてください。すぐにでもすべてを解決させたいと思うのは自然なことですが、時間をかけて何かに取り組むことには良い面もあるのです。複数の側面に取り組むことで、結果的に人生におけるさらに多くの変容が得られるだけでなく、より広範囲に渡って自分の内面を変容させることができます。

**深刻な問題に、自分一人で無理なく効果的に取り組むことができるのかと不安を感じる場合は、資格を持っているコーチに一対一でサポートしてもらうことをお勧めします。**経験豊富なガイドにしかできない熟練のコーチは、ここに記したヒントに加え、さらに多くのことを実践するノウハウを持っています。プロセス全体が、スムーズで心地よく流れるように助けてくれるでしょう。自分一人でも十分にワークできる人もいて驚かされることがありますが、同時に、人によっては、あるいは抱えている問題によっては、資格を持つコーチやガイドと一緒に取り組むことが最善の方法となる場合もあります。

次の質問では、深刻な問題に取り組むための情報をさらにお伝えします。

## ■虐待やトラウマにホールネス・ワークを使う

Q ホールネス・ワークはどのようなことにも使えますか？　例えば虐待やトラウマの経験を癒す助けにもなりますか？

A

理論上、ホールネス・ワークはあらゆることに役立つと言えるほど普遍的です。しかし実際には、虐待やトラウマを癒したい人が私のところに来る時、ほとんどの場合、ホールネス・ワークとは別のプロセスである「コア・トランスフォーメーション（注1）」と呼ばれる根本的な変容のワークのガイドから始めます。コア・トランスフォーメーションは非常に穏やかで、安全、それでいて極めて強力です。このプロセスはホールネス・ワークと同じ方向に向かっていく作用を持ち、この二つのアプローチは密接に結びついています。しかし、やり方はまったく異なります。コア・トランスフォーメーションは、私たちが無意識で自分に語りかけている「ストーリー」を通して「存在そのものの中核」的な体験に辿り着き、人生における体験を優しく、しかし力強く癒して変容させます。かなり大きな変化を短時間で起こすことができるプロセスです。こうした変化が起きた後にホールネス・ワークを使うことで、さらなる癒しへと導いていくことができます。

私の経験上、ほぼすべての人がコア・トランスフォーメーションから恩恵を得ることができます。コア・トランスフォーメーションを数回体験すると、ホールネス・ワークの体験がさらに深く、豊かなものになると多くの人が言います。その理由の一つは、コア・トランスフォーメーションのワークは、私たちの在り方のそれぞれの側面が持つ価値に気づくという、理屈ではない体験を生み出すことができるからです。

取り組んでいるネガティブな感情が非常に強い場合、ファスト・フォビア／トラウマ・プロセス（注2）から始めるのも良いかもしれません。これを使うと、多くのケースで感情的反応の強さから素早く解放されます。その上で、コア・トランスフォーメーションによる非常に深いレベルでの癒しを経て、ホールネス・ワークで最後の仕上げをするだけでなく、さらなる継続的な効果を得ることができます。

**重要：**虐待やトラウマなどのテーマに取り組んでいる場合は、資格を持つコーチにサポートしてもらうことを強くお勧めします。資格を持つプロに一対一でガイドをしてもらうことは、あなた自身が心地よくプロセスを進め、最善の結果を得る上で大きな違いをもたらします。

＊＊＊

ホールネス・ワークの探究を続けていく中で、プロセスについての新たな発見もあるでしょうし、自分自身についても多くの発見があるでしょう。興味深いのは、プロセスをガイドしている時に多くの人が、今起きたことの不思議さや素晴らしさを口にしたり、思いがけないことが起きたと私に伝えてきたりすることです。

他にも疑問がある場合や、さらに上達したい時には、本書の他の章を参照し、疑問に思うことへの答えを見つけてみてください。

Q&A形式になっている三つの章、および第20章「実際に起きていることを取り込む」を確認してみると良いでしょう。

また、対面でのライブセミナーの受講や、コーチングを受けることもご検討ください。

第5部

# 上級編

## ホールネス・ワークを最大限に生かす

## さらに先へと歩を進める その旅を続けるために

「知識への投資が最大の利息をもたらす」

——ベンジャミン・フランクリン

ここまで、長い道のりを共に歩んできました。しかしこの旅路には、最後に学ぶべきものがまだあります。次の第20章「実際に起きていることを取り込む」は、皆さんのお気に入りの章になるかもしれません。なぜなら、これまで簡単にしか説明してこなかった、この旅路の重要な分岐点を探究していくからです。

第21章と第22章も楽しんでいただけると思います。これらの章に書かれている、私が「なるほど！」と思ったことの中には、皆さんにとっても「なるほど！」と思えるようなことが含まれているかもしれません。そして第23章では、ホールネス・ワークを日常的に実践していこうと考えている皆さんに最大限の結果がもたらされるように、たくさんのアイデアを提供しています。

第20章

# 実際に起きていることを取り込む

## 反応でワークする

「あなたはすべてのもの。あなたの在り方すべてのいかなる側面を否定、拒否、批判、逃避しても苦痛が生まれ、全体性の欠如という結果に終わる」

——ジョイ・ページ

ホールネス・ワークを日常的に実践していこうと思っているのであれば、この章は非常に重要な内容となるでしょう。今の時点でワークがスムーズに進んでいるとしたら、それは素晴らしいことです！ そういう方たちにこの章は必要ないのかもしれません。しかし、実践を続けていく中で、いずれこの章が重要な意味を持つ日がやって来ないとも限りません。逆に、本書で紹介しているエクササイズをやりやすくするために、今すぐに本章の情報が必要な人もいることでしょう。

そう感じている人々の中には、プロセスに対する戸惑いや抵抗、あるいは苛立ちを感じ、やり方が間違っているかもしれないと考えたり、もうやめてしまおうと思ったりした人もいるかもしれません。プロセスで苦労しているなら、一度深呼吸をして、そのまま読み進めることをお勧めします。本章ではそういう時でもプロセスを進められる方法や、困った時の対処法をお伝えします。

ご存知の通り、ホールネス・ワークの良さは「すべてを取り込み、何も排除しない」という原則に基づいている点です。次に紹介するあるセミナーでの一例は、プロセスがうまくいかない時にこの原則がどのように役立つのかを描写しています。受講生のスヴェンが、パートナーとエクササイズをしている時に私を呼び止めたところから、この話は始まります。

スヴェン　「うまくいかないのです。どうしたら良いのかわかりません」

コニレイ　「ここまでに、何が起こりましたか?」

スヴェン　「ある感情に対してワークをしていて、それは胸のあたりにあります。でも『私』を見つけようとすると、何もわからなくなるんです。ただ戸惑うだけです」

コニレイ　「わかりました。それだけわかれば十分です。ありがとう」

コニレイ　（スヴェンとパートナーに向かって）「今、何が起きているかと言うと、反応が出ているんですね。スヴェンはこう言いました。『私』を見つけようとすると、何もわからなくなる、ただ戸惑うだけだと」（スヴェンに向かって）「スヴェン、あなたはただ戸惑っているんですね?」（スヴェンは頷き、今まさに、戸惑いを感じていることが彼の表情から見て取れる）「では、戸惑っている『私』の場所はどこですか? どこで戸惑っていると感じますか?」

スヴェン　（間を置いて、意識を内面に向けながら）「ちょうどこのあたりです」（額の右側をジェスチャーする）

コニレイ　「今この瞬間にスヴェンが体験していることについて聞くと、どれほど簡単なのかがわかりましたね。それだけでいいのです（スヴェンとパートナーが頷く）。そして、今見つけた『私』でプロセスを続けていきます。あなたの額の右側にある『私』の大きさと形は……　そして、感覚の質は……と、いつものように続けていきます」

## ■反応に気づき、取り込む

「すべての瞬間が新たな始まりである」。これはT・S・エリオットの言葉です。ホールネス・ワークを行なっている時に出てくる反応に対して、私はこの言葉通りに考えることにしています。こうした反応に良いも悪いもなく、新たな始まりに過ぎないということです。基本プロセスや瞑想フォーマットで混乱を感じたり、正確にやらなければなどと頭で考えようとしている自分がいたりした場合、それはすべて、今の瞬間に起きている反応に過ぎません。こうした反応に気づいたならば、反応している『私』についての質問をすれば良いだけです。シンプルですよね？

こうして反応している『私』に気づき、その存在を認め、大きさと形と感覚の質を特定した後は、すべての『気づき』との統合を受け入れたいかと尋ねましょう。受け入れたくないのであれば、「受け入れたくないという感覚に気づいている『私』はどこですか？」と聞きます。

ホールネス・ワークでは、常に一番簡単な方法を取ります。もしも「うまくいかない」と感じるなら、それは単に、まずは別の何かに気づいて取り込んでいく必要があるというだけです。選択肢は大きく分けて二つしかありません。（注1）反応が起きているのであれば、それに気づいてワークに取り入れるだけです。反応が起きていないのであれば、いつも通りにプロセスを進めて「この感覚に気づいている『私』はどこ？」と別の『私』を探していきます。

## ■反応の連鎖

時に、複数の反応がかなり速いスピードで連鎖することがあります。次にお話しする事例は、気になる人をデートに誘おうと考えた時に、ふと襲ってくる強い不安を扱いたいと思ったホアンというクライアントに起きたことです。この不安は身体の外、前方のやや右側にあると彼は気づきました。そのあたりで何かが動いているような感覚でした。

そして不安という感情に気づくのとほぼ同時に、反応が起きていることにもホアンは気づきました。その反応は「押される」ような感覚でした。これは、不安な感情と一切向き合いたくないと思っている自分の一部、つまり不安な感情をどこかへ押しやってしまいたいと思っている自分の一部だと彼は説明しました。「押されるような感覚を感じている『私』はどこですか?」と私が聞くと、それは彼の真正面にありました。

しかし、この押されるような感覚の、感覚の質に気づく間もなく、ホアンはイライラする気持ちに気づきました。二つ目の反応がここで現れたのです。私は、「イライラしている『私』はどこですか?」と聞きました。するとホアンは、それが押される感覚の右側にあることに気づきました。今回は、大きさと形、そして感覚の質に気づくことができ、それ以上の反応は現れませんでした。

このように反応が連鎖する時、その瞬間に起きていることの流れに乗ってしまうのが最もうまくいく方法です。反応が現れる度にその一つひとつに気づき、別の反応が現れたらそれに意識を向けます。大抵の場合、連鎖的に起こる反応は一つから三つです。この連鎖が終われば、その時体験していることを、いつものように「この反応をしている『私』はどこですか？　大きさと形はどうですか？　感覚の質はどうですか？」と尋ねることで、詳細に気づけるようになります。

## ■反応を統合する

意外に思えるかもしれませんが、ホールネス・ワークの実践で現れるこうした反応は、大抵の場合、すぐに統合することができます。反応している『私』というのは、『気づき』との統合を受け入れやすいということです。ただシンプルに、「反応している『私』の感覚を豊かな『気づき』の中に、そして豊かな『気づき』のように、溶けて混ざり合うように招く」ことができます。または、「気づきそのものである自分を、この感覚の中に、またはこの感覚のようにリラックスさせてあげた時、何が起こるかに気づく」ことで、統合へと招いてあげられます。

何らかの理由から統合が簡単にいかない場合は、簡単にいかないことをどこから捉えているのか、つまり、そう捉えている『私』を見つける、または、他にも反応が起きていないかをチェックします。

■よくある反応

その時に起きているかもしれない反応の種類は無数にありますが、その中でも、一般的によく見られる反応には次のようなものが挙げられます。こうした反応が起きていることに気づいたら、反応している『私』をプロセスに取り込んでいくために、それまで進めていたプロセスを一旦止めて、現れている反応でワークすることが最も役に立ちます。

- 起きていることを理解しようとしたり、頭で考えようとしたりしている
- 起きていることに混乱している
- 気持ちや反応を無視したり、避けたり、抑え込もうと頑張っている
- 変容のプロセスを無理に起こさせようとしている
- プロセスが特定の方向に進むことを期待している（もしかしたら、前回と同じように、もしくは他の誰かの体験のように）
- プロセスの進み方を操ろうとしたり、コントロールしたりしようとしている
- プロセスの進み方にイライラしている

・「本当に変化が起きている！」とか、「問題がやっと解決される！」とワクワクしている自分がいる

長く抱え込んできた難しい問題でワークをしている時、少しでも変化を感じ始めると「この問題から解放されるかもしれない！」とワクワクすることもあるでしょう。しかし、こうした興奮するような気持ちも反応の一つであると認識して、統合へと招き入れることが大切です。

どの反応にも良い、悪いはないことを覚えておいてください。人間だからこそ起こる当然の反応なのです。そして、反応を起こしている一つひとつの『私』を統合することで、それぞれが持っていた知恵と生命エネルギーが全体へと戻ってくるのだと思えば、愛情を持って、それらを迎え入れることができるはずです。どの反応も、どの『私』も、もともとは意識という全体の一部なのです。このことを覚えておいてください。反応している『私』にはどれも、私たちのために成し遂げようとしているポジティブな目的や使命があるからこそ反応しているのであり、どの目的や使命も私たちにとって大切なものばかりです。しかし私たちの一側面である『私』が自動運転モードに入り、習慣的な定着した方法で反応してしまうと、そうしたポジティブな目的や使命が十分に達成されなくなってしまいます。定着してしまった反応のパターンが全体へ溶け込んでいくと、ポジティブな目的や使命は、私たちの存在す

べてで使えるようになります。それはつまり、私たちの感情知性が高められていくことを意味しています。

## ■反応は「実際のワーク」から意識を逸らしてしまうのか？

ワークの最中に反応が現れた場合、その反応に気づき、先にその反応でワークすることは気が進まないと感じる人がいます。そんなことをしてしまうと、今取り組んでいる解決したい「実際の問題」のワークから意識が逸れてしまうと感じる人がいても、不思議なことではありません。しかし、ワーク中に起こる反応とは、ワークの進捗を遅らせるものではなく、それこそが実際に必要なワークなのだと認識することが大切です。なぜならホールネス・ワークで現れる反応とは、実生活の中でも繰り返し起きている習慣的なパターンにもなっている可能性が非常に高いからです。つまり、普段から物事に対して習慣的に同じような反応をしている場合が多いということです。ワークをしている中でそうした反応が現れたなら、とても人間的で根本的な反応の癖を統合するチャンスなのだと思ってください。反応に気づいて統合することで、すぐに劇的な変化を感じるような結果が生み出されるわけではありませんが、わずかながらも非常に重要で有益な変化が、普段の生活における様々な場面に広く行き渡っていきます。

あるセミナーで、受講生のエリカがプロセスに行き詰まっていると私に訴えてきたことがあります。「正しくできているかどうかが、わからないのです」と、彼女は言いました。そこで私たちが、正しくできているかどうかを心配している『私』を見つけ、統合へと招いた時、エリカの目から涙がこぼれ落ちました。そして、「なぜ自分が泣いているのかわかりません。たいしたことじゃないと思っていたのに」と言いました。彼女は、物事が正しくできているかどうかという不安を常に感じてきたこと、そして周囲から頼りにされる高い能力を持ちながらも、その不安が緊張感を少しだけ高めるというパターンも持っていたことに気づいたのです。

エリカの場合、大切な『気づき』が起きたことを、涙が流れるという現象によって知ることができました。これは、離ればなれになっていた何かが再び統合された、再び繋がったことを知らせる涙でした。私個人の経験では、反応の統合によって感情が解放されたり、その場で何らかの影響を受けたりすることも時にはありますが、そう多くはありません。しかし、たとえ感情の動きに気づけない時でも、反応を取り込むことは重要なワークなのだと信じています。

## ■反応が次から次に起こる場合は？

反応が次から次へと起こり、反応だけがずっと続いてしまうようにも思える体験をする人が時々います。あるセミナーで受講生のミヤが、質問に素直に答えることができないから、エクササイズもできないと言いました。彼女は質問に答える代わりに、ワークしていることに対して色々と考えてしまったり、様々に反応を起こしたりしていました。

そこで私は、グループの前で私と一緒に探究してみないかと彼女に尋ねました。こうした状況にどう対処するのかをグループに見せたいと思ったからです。ミヤは胸のあたりで感じる痛みの感覚からワークを始めました。そして彼女の言葉通り、すぐに反応が起こり始めました。私が大きさ、形、感覚の質について尋ねる間もなく、次のようなことが起こったのです。

ミヤ　「これがうまくいかないことは初めからわかっている、という考えが浮かんできます」

コニレイ　「良いですね！　今の体験を教えてくれてありがとう。そう、それが必要なのです。今、あなたには「うまくいかないことがわかっている」という考えがありますね？（ミヤが頷く）では、うまくいかないことがわかっている『私』は

ミヤ　どこにありますか？」

コニレイ　（頭の後ろの右側でジェスチャーする）「今度は『これでは、いつまでも終わらない』という考えが浮かんできました」

ミヤ　「素晴らしいです！　そして、『いつまでも終わらない』と言っている『私』はどこですか？」

コニレイ　「少し右側です。でもこれに気づきながらも、さらに二つ浮かんで来ました。左側のこのあたりに一つ、どう考えているのかはわかりません。もう一つは左のもっと前の方です。ただイライラした感情を感じます」

「わかりました、いいですよ。現れる反応にただ従っていきましょう。

これは、サーフィンの練習と少し似ているかもしれません。海に浮かんで、波を待っていると想像してください。すでに過ぎていった波に乗ろうとしてそちらに注意を向けていると、サーフィンができるようにはなりません。それは常識ですね。しかし今ここに、この瞬間に来ている波に気づけたら、それに乗れるチャンスが出てきます。

ホールネス・ワークでも同じです。今ここに、この瞬間に来ている波に気づき続ければいいのです。初めのうちはたくさんの波が通り過ぎてしまうかもしれません。通り過ぎるのが速すぎて、それに乗れないかもしれません。それでも大丈夫です。波はどんどんやってくるし、大事なのは『今』起きている波だからです。

出来事や問題などの内容に向けていた意識を、その瞬間に起きている体験そのものへと向けることで、内面での体験が少しゆっくりになっていき、場所や、大きさ、形、感覚の質に気づきやすくなります。これが『波に乗る』と私が比喩的に言っている意味です。波に乗って初めて、統合へと招くことができるようになります。

初めの何回かは、水の中に落ちてしまうこともあるかもしれませんが、最初はそういうものです。それでも気を取り直して、もう一度、その瞬間に来ている新しい波に乗ろうとすることもできます。

たくさんの波が通り過ぎていくことに気づくようになったら、いずれはそのうちの一つを捕まえられるようになります。少なくとも、今の私にとって、それが一番うまくいく方法です。

ということでミヤ、あなたは今何に気づいていますか？」

ミヤ　「考えが浮かんでいます。きっと私は、これがうまくいかない最初の人間になるのだろうと」

コニレイ　「わかりました、良いですね。それを考えている『私』はどこにありますか？」

ミヤ　「ここ、頭の右側のこのあたり……今度は『グダグダ言ってないで、とにかくやりなさい！』と言っています」

コニレイ　（彼女が最後に示した頭の左側をジェスチャーしながら）「そのあたりを隅々まで知覚してみると、どのような感覚の質ですか？」

ミヤ　「少しボヤっとしていて……灰色です」

コニレイ　「素晴らしい……このボヤっとした灰色のものは、『気づき』のフィールドのように、そしてその中に開いてリラックスすることの招きを受け入れますか？」

ミヤ　「……はい、一瞬だけなら……（彼女が私の方を向いて）一瞬だけ、本当にリラックスした気持ちになりました。でも今、『長くは続かない』という考えが浮かんできました」

コニレイ　「それで良いのです」

もしもこれが個人セッションだったら、このようにしてミヤの体験を引き続き探究していくのですが、今はこれで十分だと思います。

この短いデモンストレーションでは、相手がどのような体験をしていたとしても、探究が続けられることを皆さんに見ていただきました。思いや考えが浮かんでくるなら、浮かんできたタイミングで、「そのように考えている『私』はどこ？」、そして、「大体の大きさと形は？」、「感覚の質は？」と気づいていってください。

こうするだけでも、私たちのシステムは内容から体験そのものへと注意を移行する練習ができます。それは非常に有益で、意義深いことです。現れてくる考えや思い、つまり、体験していることの内容に気づいたなら、続けてその場所と感覚の質、つまり、体験そのものの探究へと注意を移行していきます。これを好きなだけ続けてもいいですし、「波に乗らせて」くれる『私』に辿り着くまで続けることもできます。

後になってミヤが教えてくれたのですが、このデモンストレーションでの体験はそれまでにはなかった体験だったそうです。深みもなければ、完了からも程遠い体験でしたが、つかの間のリラックスを感じられたと彼女は言いました。何よりも、自分がやり方を間違えてしまったような気持ちを感じなかったのが嬉しかったそうです。他のアプローチを試している時でも、他の人たちに起きることが自分には一度も起こらず、自分は何かを間違えているような気持ちが常につきまとっていたと言います。

ホールネス・ワークは、どのような体験でも探究し、取り込んでいくことのできるシンプルな方法ですから、間違えようがありません。そのようなアプローチであるからこそ、ミヤも最終的には反応の「波に乗る」ことができ、ほんの少しでもリラックスを感じ、自分は間違っているという感覚から解放されるという体験ができたのです。

## ■心地よい体験は持続しないという心配

先ほどのミヤが束の間の心地よさを体験した時、その心地よさは「長くは続かない」という考えが浮かんできたと言っていましたが、この同じ心配は内面のワークをしている多くの人が感じることです。いつもとは違う素晴らしい体験をすると、人はそれが続いて欲しいと願い、逆に続かないかもしれないと不安になるのは自然なことです。そうした不安を口にする人に対して、私はよく次のように言います。「では今から、その「長くは続かない」と言っている『私』に意識を向けて、それが統合を望んでいるかどうかを確かめましょう。でもその前に、その『私』が感じていることはおそらく正しいだろうことを認めます。その体験は、おそらく続きません」

そして私は、こう続けます。「でも、良いお知らせもありますよ。心地よい体験は、長く続く必要がないのです」。私がこのように伝えるのは、精神的に「良い」状態に入ってそれにしがみついたり、維持させたりしようとするのが、このワークの目的ではないからです。そんなことをしようと思ったら、逆に大変なことになってしまいます！

良い体験を長続きさせようとしたり、続かないことを心配したりすることは、完璧な良質の体験に冷や水をかけて台無しにするようなものです。永遠に続くものなんて、初めから存在しません。それが現実であり、私は物事を現実的に考える方が好きです。

何より重要なのは、リラックスした状態が長く続く必要もないと理解しておくことです。なぜならホールネス・ワークは、私たちのシステムにすでに存在しているものを見つけ出し、解放する方法を与えてくれるものだからです。つまり、一度手に入れたリラックスを長く維持するのではなく、その瞬間ごとの新鮮なリラックスを手に入れることができるのです。昨日のリラックスを、翌日まで頑張って維持する必要はありません。

また、リラックスが持続しないもう一つの理由は、収縮した他の何かが、自分にも気づいて欲しい、統合へと招いて欲しいと願って姿を現しているからです。その瞬間に起きていることが本当のワークになり得るのだということを覚えておいてください。それに気づいて統合へと招けば、その瞬間に特有のリラックスを体験することができます。

## ■何かを完了させる必要はあるのか？

反応への対処がワークの中心になってしまった時、そのセッションでもともと扱っていたものを統合まで導いていく時間が取れない場合もあります。しかし、これは問題ではありません。反応とのワークを優先し、統合していくことが、システム全体を尊重する最も良い方法です。反応とは、その瞬間にワークすべき最も重要なものを、システムが私たちに気づかせてくれるための手段なのです。最初の感覚とのワークを完了する時間が取れなかったとしても、後日になってその感覚がまだ感じられるのであれば、その時にワークをすれば良いだけのことです。

## ■しつこいようですが……まとめ

過去二〇年間、一〇〇〇人を超える受講生やクライアントとこのワークを探究してきましたが、私自身も含め、その場で起きている反応がどれだけ見逃しやすいものであるかということを思い知らされてきました。人は皆、普段の生活の中で自分が示している反応に慣れ過ぎてしまい、それが当然だと感じるようになっています。そこにあるのが当たり前過ぎて、魚が自分を取り巻く水に気づくことができないのと同じように、困惑やイライラ、あるいは物事を無理に特定の方向に進ませようとすることが当たり前になり過ぎて、それが反応だと認識できなくなることがあります。ホールネス・ワークの実践を通してこうしたものに気づき、統合していくことは私たちにとって非常に役に立ちます。

繰り返しますが、ホールネス・ワークが円滑に進まないのであれば、気づいて取り込む必要があるものが他にもあるということです。そのような時は「反応が起きていないか」と確認してください。反応が起きている場合はそれでワークを行い、起きていない場合は『私』を見つけます。「この瞬間、その『気づき』はどこで起きているのか?」と尋ねることで、簡単にプロセスは進められるようになります。

実際、反応に気づいてプロセスに取り込む方法を持っていることは、非常に意義のあることです。ほとんどの種類のワークでは、自発的に現れる反応によってワークが脱線することの方が多いでしょう。しかしホールネス・ワークでは、脱線させられる必要もなければ、軌道を外れないように気をつける必要すらありません。その瞬間に起きる反応をただプロセスに取り入れ、結果として、さらに深淵な、そしてさらに充実したワークを行うことが可能となるのです。

## ■反応を見つけるためのヒント

私がホールネス・ワークを行なっていて順調に進まない時は、自分の意識の範囲を穏やかに広げていきます。「**何が変化してくれないのか**」**ではなく、「他に何が存在しているのか」に注意を向けます。**こうすることで、少し前に見落としていたわずかな反応や、プロセスを捉えている視点に気づきやすくなったりします。ホールネス・ワークは、その瞬間に実際に起きていることに気づいてさえいれば、基本的には常にうまくいくプロセスなのです。

ここまで皆さんには、様々な考え方や事例をお伝えし、考察していただきましたので、一旦、これらの情報を顕在意識から手放してください。ホールネス・ワークというのは、大抵の場合、簡単にスムーズに進むものです。もしも順調に進まないことがあれば、本章を開いて、どのような体験でも取り込む方法や、その時に起こる「波」に気づく方法のヒントを得てください。本章で学んだことや数々の事例を自分の中に落とし込むためには、何度か繰り返して読むことをお勧めします。

＊＊＊

次にご紹介するルーミーの言葉は、私たちがホールネス・ワークで行なっているような「すべてを取り込む」ことの価値について、とても素敵に表現しています。

「もしも神が『ルーミー、おまえが私の腕の中に入ってくるのを助けてくれたすべてのものに敬意を表しなさい』と告げたなら、私が頭を下げない人生の体験、思考、感情、行動は一つもないだろう」

――ルーミー

第21章

# 『在り方』の変化

## 『自分』が何者なのか、およびその在り方の変化に気づく

「昨日に戻っても意味がないわ、昨日の私は今の私とは別人だもの」

——ルイス・キャロル『不思議の国のアリス』

日々の生活の中でホールネス・ワークを実践していくと、扱った問題が単に変容する以上のことが起こるようになります。実践を続けることで、自分の物理的な身体とその周囲の空間のすべてが「生きた存在」であるという感覚が生まれるようになります。これは決して些細なことではありません。これこそが、ホールネス・ワークによってもたらされる意義深い恩恵です。これがあるからこそ、他者との繋がりが十分に持てたり、直感で解決策を見出し

やすくなったり、あらゆる物事や人生全般に対して、頑張ることなくユーモアのセンスが持てるような、気楽な視点が楽しめるようになったりするのです。私たちの神経のすべてが「覚醒」するという感覚です（当然ながら、ここで書いている体験は、私や、私が話を聞いた他の人々の主観的なものです。プロセスを実践することによる物理的な神経系統への影響は、今後、研究を進めていく予定です）。

人によっては、この変化は非常にゆっくりと、わずかにしか始まりません。私自身、初めは本当にわずかにしか感じられなかったために、変化に気づけなかったほどです。逆に、素早く変化が起こる人もいます。変化の現れ方は人それぞれに異なります。私の場合、身体の中心、脊柱あたりにある円柱型をした何かがが徐々に満たされていくような感覚でした。この「何か」を明確に表現することは難しいのですが、あえて表現するならば「空っぽであると同時に満たされている生きた存在」のような感覚でした。この「何か」は次第に私の胴体を通って広がっていき、頭とつながりました。そこから両足の先端まで広がり、中心にある円柱に沿ってさらに満たされていきました。

このメソッドを定期的に実践し続けることを選んだ場合、自分の内面へと意識を向けた時の自分の在り方が、徐々に変わっていくような感覚を覚えるでしょう。その体験は、私の体験と似ているかもしれませんし、まったく異なるかもしれません。この（あえて言葉で表現するならば）「エネルギーの変化」とも呼ぶことができる現象がどのような形で起きたとしても、それに気づけることは興味深く、皆さんにとって役に立つ気づきとなるでしょう。
そして私たちは、人生において、そして人生そのもののように自然に存在できるようになるという贈り物を、直接的な体験から私たちを引き離す、習慣的な意味付けや解釈の厚い層に邪魔されることなく、徐々に体験していくことができるようになります。
このように、『気づき』そのものとして存在できるようになると、単なる問題解決を超越した、在り方そのものの変化が起こります。かつてラマナ・マハルシが弟子たちに説いた「自分が本当は何者なのかを見つければ、あなたが問題だと思っていたものは消える」という言葉は、このことを意味しているのかもしれません。問題が解決するのではありません。問題が存在しなくなるのです。ホールネス・ワークのオンライン・セミナーに参加した受講生の一人が、このことについて次のように語っています。

「三日間という短いセミナーでしたが、真の変化を数多く体験しました。その中で最も核となる体験を共有させてください。セミナーが終了してから数日、数週間……と時間が過ぎていくとともに、自分の中で重要かつ明らかな変化が起き続けていることに気づきました。自分が何をしていようとも、その瞬間に集中して存在している感覚と充足感を非常に強く感じるようになりました。

多忙な日々をＮＬＰの実践者として過ごしていた私は、自宅でも職場でも、あるいはそれ以外のどこにいても、たまたま何かを分析していたり、データを収集していたり、あるいは観察し、自分の状態を整え、変化させたりすることばかりに時間を費やしていました。しかし、ホールネス・ワークを知った後、常に自分と他者を観察することに脳の一部を使っている、飽くなき探求者、そして革新者としてのNLP実践者であった自分を休ませてあげられると感じました。ただそこに存在している自分になれたのです。子供たちと過ごす時間をただ楽しんでいました。それ以上でも、それ以下でもありません。ただ純粋に家族と時間を過ごし、母やクライアントと一緒にいる時も、ただ彼らの存在に気づき、忙しく頭を働かせることなく。ただ外を歩く……ただ、純粋に。本当に素敵です。感謝しています」

次のコメントは、一人のクライアントから寄せられたものです。

「今私は、ホールネス・ワークを日々の実践としてどんどん行うようになっています。その結果、多くの人が試みているチェンジ・ワーク（自己変容のワーク）の多くは、逆にたくさんの『私』を生み出し、内面での分離を作り出しているのではないかと考えるようになりました。

ホールネス・ワークは、私の人生の在り方や生き方を急激に方向転換させてくれました。あなたの功績に心から感謝しています。このワークは私の人生にとてつもない価値を付け加えてくれました。何よりも、今、この瞬間に集中して存在することができるようになりました」

ホールネス・ワークのオンライン・コースを受講した男性は、次のように証言しています。

「『私』が溶ける度に、自分が認識しているものや意識しているものが、大きく広がっていくことに気づきました。文字通り、今までよりも多くのものが見えたり、聞こえたりしています。まるで、一度に処理できる外部からの視覚情報や音声情報の量が、急激に増えたかのようです。それぞれの『私』が溶けるとともに、身体に強烈な感覚を覚え、それらがものすごい速さで過ぎ去っていきます。

私に起きたことを比喩的に表現してみます……例えば、Windows 10を搭載したパソコンがあったとして、マイクロソフト・ワードにバグが発生したとします。そのバグを修正するためのプログラムを適用すれば、ワードは再び機能するようになります。しかし同時に、Windows 11という、そもそもバグが存在しない基本ソフトにアップグレードすることもできますよね。

そんな感じでした。以前はバグが修正できるように頑張っていた感じです。私は、他の変容メソッドも試したことがあります。まさにバグを修正するような手法ばかりだったと思います。しかしホールネス・ワークは、バグが存在していない状態にしてくれます。これが、今の私に可能な、最善の比喩です」

ホールネス・ワークを体験した他のクライアントや同僚たちも、「まるで『人間として存在することの基本的なコーディング』という機械言語に、直接手を加えることができるかのようだ」と表現することがあります。

＊＊＊

皆さんに、どのような変化が起こるのかを私が知ることはできませんが、クライアントや受講生からのコメントを見ると、ホールネス・ワークがいかにポジティブで広範囲に及ぶ影響を及ぼすのかがわかります。かつて、誰かが次のように言っていました。

「必要なことから始めなさい。次に、可能なことをやりなさい。すると突然、『不可能』なことをやっている自分に気づくだろう」

本書でお伝えした二つのプロセスを実践するだけで、不可能だと思っていた変化をあなたの人生に生み出せるとしたら、それは驚くべきことではありませんか？

次の第22章では、ホールネス・ワークがなぜ、そしてどのようにして私たちの「ストーリー」を変容させるのかをご説明します。また、続く第23章では、このワークを継続するための原動力を維持する様々な方法を紹介していきます。

第22章

# 条件付けが溶けていくと「ストーリー」に何が起こるのか

「本来あるべき姿になるのに遅過ぎることはない」

——ジョージ・エリオット

ホールネス・ワークを通して、私たちは自分の「条件付け」と呼べるものを溶かしていきます。これはどういう意味でしょうか？　『私』が溶けると、それに伴い、私たちが持っているビリーフや前提も溶けていきます。反射的な反応性も溶けるので、何かが起きた時に反応が自動的に引き起こされることもなくなります。これまでの習慣的な反応も溶けます。これらすべてが、人生を生きる中で身につけてしまった、または条件付けられてしまった反応なのです。

『私』が溶けると共に条件付けも溶けていきますが、長年の経験から得た「事実」はすべて残ります。例えばドアがドアであるという知識や、ドアの開け方などの知識が記憶から消えることはありません。こうした事実を、生まれたての赤ん坊はまだ知りません。社会と相互に交流していく中で学んでいく事実であり、それらは消えることなく残ります。ホールネス・ワークによって溶けるのは、その事実に上塗りするように重ねてきた「被せもの」です。例えば、ドアがドアであるという知識はあるけれど、「それが開けられなかったら、失敗したという意味だ」や、「私ならそのドアを開けられるはずだ」、「そのドアを開くべき、開くべきではない」、「そのドアは良い、悪い」、「そのドアをすでに通った人のことが羨ましい」など、事実に対する意味付けや解釈などの被せものがなくなっていきます。

ドアは単なるドアとなり、開きたければ開くことができます。もしも開かなかったとしたら、今、実際に何が起きているのかに意識が向きます。ドアに鍵がかかっているのか？　向こう側に障害物があるのかもしれない。開けるにはドアノブを引いたり軽く動かしたりする必要があるのかもしれない。あるいは、部屋からどうしても出たいのであれば、近くにある窓から出ることも考えられるかもしれない。つまり、ドアが開かないことに対し、不安を煽るような結論や感情的な反応に飛びついてしまう可能性が低くなるということです。

事実を覆っていた「被せもの」を溶かすと、私たちはただそこに存在し、自分のすべての能力を発揮して人生のあらゆる状況に対処することができるようになります。なぜなら、物事の実際の在り方を受け入れ、状況に応じて自身の最大限の創造力や知性、共感力をこれまで以上に呼び起こすことができるようになるからです。

## ストーリーを手放す

今日のスピリチュアリティや変容の世界で根付いている考え方の一つに、私たちは皆「ストーリー」を持っているというものがあります。これは特殊な表現であり、ここで言う「ストーリー」とは、起きたことの事実に基づく説明という意味ではなく、人生の出来事に対して自分たちが作り出してきた意味付けや、抱いてきた感情の物語を指します。

ほとんどの人が少なくともある程度は、自分自身のストーリーに影響を受けながら生きています。例えば誰が誰に対して何をしたか、それが自分にとってどのような意味を持つのかなど、特に痛みや苦しみについての自分なりのナレーションを持っています。起きた出来事に対して私は傷ついた、腹が立った、悲しい思いをした、妬ましく思った、緊張してしまったなど、すべてがストーリーです。そのようなストーリーを私たちは書き換えたり、修正したり、新しいものに置き換えようとします。しかし、ストーリーはそのようなレベルで完全に解決できるものではありません。

時折、スピリチュアリティの先生やセラピスト、ライフ・コーチは、ストーリーを手放すように指導することがあります。しかし、そう簡単なものではありません。大抵の人は「ストーリーをただ手放す」ことはできないと知るのです。

ホールネス・ワークは、ストーリーがまだ作られていないレベルの体験にアクセスする方法を教えてくれます。そして、この「直接的な体験」のレベルで変容が起こることで、その体験に関するストーリーも変容します。これを「ストーリーを癒す」ような体験と感じる場合もあります。しかしこれは、痛みと癒しという比喩を超えるものです。**実際には、まだ何も傷ついていなかった現実に戻り、その状態で生き始めるということが起きているのです。**ストーリーが存在しない現実、少なくとも、自分が囚われていなければならない、重大視しなければならないと考えていたストーリーが存在しない現実です。これが起きるのは、ホールネス・ワークを通して真の自分とも言える「基本的な性質」や「基本的な生命力」など、根源的な何かを体験し、その状態から人生を生きる奇跡を見つけ出していくことができるからです。

なぜそのようなことが起きるのでしょうか？　それは、ホールネス・ワークが私たちのストーリーのレベルに作用するからです。そこには根本的に気づかなければいけないもの、受け入れられ、認められなければならないものがあります。単に自分の心の声や、他者の話に耳を傾けるだけでは、探し求めている受容や、安心して大丈夫だと思える感覚が生み出されることはありません。

ホールネス・ワークでは、まず初めにストーリーに気づきます。例えば、「だから私は悲しかった」というストーリーだったとしましょう。そして、「それに気づいている『私』はどこにありますか？」と尋ねます。この「気づいている『私』」こそがストーリーを作り出しているのであり、この『私』が溶けていくとともに、ストーリーも溶けていくのです。だからと言って、人生で起きたことを忘れるという意味でも、人生のエピソードを他の人たちと共有して楽しむこともできないという意味でもありません。ストーリーが好きではないから、もう映画を観なくなるという意味でもありません。そして本書を通してお伝えしてきた多くのストーリーが間違っているという意味でもありません。

ホールネス・ワークとは内なる分離を見つけ、統合へと招く、それがすべてです。力のこもった頑張りから、力を抜いてあげることです（覚えておいてください。分離が起きるには、常に力みがつきものです）。この頑張りに気づいて溶かすことは、リラックスした状態へと常に私たちを導きます。だからこそ、ホールネス・ワークは人の神経システムにとっても非常に優しいワークとなるのです。『気づき』の中に溶け込み、それがもたらす統合へと溶けて、リラックスする恩恵を体験したならば、私たちは「王国への鍵」を手にしたも同然です。

では、王国への鍵を手にした今、私たちは何をすればよいのでしょうか？

次章では、人生を**変容させ続ける**旅へと皆さんを招待します。

第23章

# 三つの小さなステップ
## ホールネス・ワークを日常の一部にする

「知識だけでは十分ではない、それを活かすべきだ。
意志だけでは十分ではない、実践すべきだ」

——ヨーダ『スター・ウォーズ　帝国の逆襲』

もしもあなたが、本を読み終わった瞬間に行動計画が立てられるような人なら、それは素晴らしいことです！　この最終章は読み飛ばし、第6部「リソースとルーツ」に進んでいただいても構いません。

しかし、そうではない人も多いのではないでしょうか。私自身、四〇年以上に渡るキャリアの中で出会い、ワークをしてきた多くの人々は、大量の「やることリスト」を抱え、手つかずの本が山積み状態となっていて、指示や関心を必要とする人が大勢いるために、それ以外のことに使える時間とエネルギーが限られていました。皆さんもそうではないですか？そしてこのように考えているかもしれません。「この本を買って読むことに、すでにお金と時間を投資した。そろそろ次のことに進むべきだ」。確かに、そうなのかもしれません。しかし同時に、進むべき最も大切な次のこととは、ホールネス・ワークを日常的に使っていく、という可能性もあるのではないでしょうか？

口で言うのは簡単だと思うかもしれません。忙しい日常に新たな習慣を作り込んだり、馴染みの生活リズムを変えたりすることは、たとえ素晴らしく爽快なこの実践法でさえも、難しいと感じる人が多くいるでしょう。

そう感じる人は、古いことわざから知恵を拝借しましょう。「象を食べる時は、一口ずつ食べなさい」（意味：どんなに困難だと思えることでも、小さな一歩を積み重ねれば達成できる）。まさにその通りだと思います。一度にすべてをやろうとするよりも、少しずつ段階を踏んでいく方が簡単です。それに加えてホールネス・ワークとは、一言でいえば穏やかな統合を目的としたプロセスなので、日々実践していくために頑張ってしまっては意味がありません。そこでお勧めしたいのは、毎日三つの小さなステップを踏んでいくことです。基本的にどのようなステップを踏んでも良いと思いますが、必ず毎日、いくつかは実践してみてください。

次に紹介するのは、このワークで人生を変容し続けている方々が勧めるアイデアの一覧です。日々の実践として、これらのアイデアを自由に使ってもいいし、自分で考えたやり方でも構いません。

- 「基本プロセス」または「瞑想フォーマット」に一日一〇分間使うことを毎日の予定に入れる。
- 何かを待っている間、自分の内面をチェックして、その瞬間に気づけることを変容させる時間として有効活用する。
- 共にワークを実践し、体験を共有できる「『気づき』のバディ」を何人か決めておく。
- 目に見える場所にリマインダーを置く。例えば、付箋に書いて家の中に貼ったり、オンラインカレンダーや手帳に書き込んだりする。
- 日記をつける。変容させたい問題、気づいた変化などをメモする。
- ホールネス・ワークの学びを継続する。
  - ▼本書を再読するか、部分的に読み返してみる。
  - ▼ウェブサイトで新しい情報をチェックする。
  - ▼ワークショップやオンライン・コースに申し込む。

▼ホールネス・ワークが実践できるコーチを雇い、探究を継続する。

▼このワークを学んでいる他の人たちと話をしたり、一緒にやってみたりする。

・原理やプロセスを家族や友人と共有する。本を貸してあげたりして、一緒にプロセスを行うことに興味があるか確かめてみる（注1）。皆さんにとって、最も有効な三つのステップは何でしょうか？

**読者へのヒント**

毎日、何かしらのホールネス・ワークを行いましょう。やり忘れたと気づいた日があっても、大丈夫です。ほとんどの人に起こることです。今日（この瞬間に）何かやってみましょう。

チャレンジ、発見、成功など……どのように物事が進もうと、祝福しましょう。

「待つな。『完璧な好機』など決して来ない」

――ナポレオン・ヒル

最後に一言。ホールネス・ワークは日々進化し続けています。意図的に改善したものもあれば、最近では、ワークそのものが独り歩きを始めたことで実現した改善もあります。今後、次のようなことも考えています。

- 「睡眠プロセス」の電子書籍化および紙媒体での出版
- 上級プロセスの紹介と実践のためのセミナーやオンラインフォーラム
- 上級プロセスを紹介する書籍のシリーズ化
- ホールネス・ワークを学びたい人々のための、ホールネス・ワーク認定コーチのネットワーク
- 新情報、質疑応答、成功事例など、最新情報を会員たちが確認できるホールネス・ワークのブログ

この探究をあなたと共有できて本当に楽しかったです。ホールネス・ワークがあなたにとって有意義な冒険の旅になることを切に願っています。

良い旅を！

「より良く見るために外へ飛び出す必要もない、窓から外を眺める必要もない。むしろ、あなたの存在の中心にとどまりなさい。そこから離れるほど、学びは減っていく（注2）」

――老子

# 第6部

# リソースとルーツ
わかりやすい手引書＋$\alpha$

## 『私』を見つけるためのコツ

ホールネス・ワークを始めたばかりの頃は、『私』の場所に気づくために多少の試行錯誤が必要だと感じる人もいるでしょう。しかし、やり方を習得してしまいさえすれば、どんどん簡単になっていくだけでなく、自動的にできてしまうようにもなっていきます。そうなっていくためにも、いくつかのお役立ちヒントをまとめました。

- 『私』とは、ほとんど実体のないものとして体験されやすいことを知っておきましょう。ただの空間という感覚しかない場合もあります。例えば車やマグカップを思い浮かべてみると、それが「物体」であるという感覚が伴います。今、マグカップを思い浮かべてみてください。自分の周囲の空間のどこかでその映像が見えると皆さんは気づくでしょう。私も今、マグカップを思い浮かべてみると、そのイメージは私からおよそ三〇～六〇センチメートル離れた前方にあります。もちろん、そこに実際のマグカップはありませんが、マグカップの映像がそこにあるように感じられます。その一方で、「それに気づいている『私』はどこですか?」と尋ねた時の答えは、マグカップのような「物体」

を思い浮かべる時ほどはっきりとした有形のイメージが出てこないことが多いでしょう。もしかしたら、「頭の外の左側にある感じがします」など、単に場所だけに気づくことから始まるのかもしれません。

- 質問への答えを推測したり、答えが正しいふりをしたりするだけでも大丈夫です。推測することでプロセスが簡単になる人もいます。そして驚くことに、答えを推測してプロセスを進めた場合でも、推測しない時と同じような体験ができるのです。ロールプレイ（クライアントを演じる）でプロセスを進めたり、想像上の問題などを扱ってプロセスを進めたりした時に、何が起きるのかにも気づいてみましょう。

- 身体の中で感じている感情や感覚など、その瞬間に実際に感じている何かに意識を向けている時の方が、『私』を見つけやすくなります。ですから今、身体の中にある感覚などに実際に気づいたり、意識を向けたりすることからプロセスを始めてください。

- 「**『私』はどこにありますか？**」と尋ねる代わりに、「**その知覚はどこから起きていますか？**」と尋ねることができます。人は何かに意識を向けている時、特定の場所からそれを見たり感じたりしています。では、その場所はどこですか？　それは、あなたの頭の少し上や後ろかもしれません。右の方かもしれないし、左の方かもしれません。どこでもあり得ます。

- 「もしもわかるとしたら、それはどこにありますか?」や、「もしも『私』があるとしたら、その場所はどこですか?」などのように、仮定的に尋ねることもできます。
- このプロセスは、頭で考えても解明できるものではありません。理論などは存在しないからです。あなたはただ、身体の中に存在している感覚に気づき、「私はこの感覚に気づいている」と心の中で思い、「この『私』はどこにあるのか?」とチェックするだけです。そして、最初に頭に浮かんだ場所でワークを進めます。

THE WHOLENESS WORK

## イージーガイド
# ホールネス・ワーク基本プロセス

第5章と第6章で詳しく説明したプロセスを、簡単に復習するための概要をこちらにまとめました。

**［手順 1］探究してみたい問題を選ぶ**

**［手順 2］感情の反応にアクセスする**

**体験に入り込み、感情の反応に気づく。**

【場所、大きさと形、感覚の質に気づきましょう】

**［手順3］『私』を見つける**

【（場所）＿＿＿＿】にある【（感覚の質）＿＿＿＿】に気づいている『私』はどこですか？

【場所、大きさと形、感覚の質に気づきましょう】

**［手順4］二つ目と三つ目の『私』を見つける（『私』の連鎖）**

【一つ前の『私』の場所＿＿＿＿】に気づいている時、この知覚はどこから起きていますか？

【場所、大きさと形、感覚の質に気づきましょう】

密度や実体の感覚が薄い『私』を見つけるまで手順4を繰り返します。

**［手順5］『気づき』を体験する**

あなたの身体のいたるところで、そしてあなたを取り巻く周囲の空間に広がる『気づき』の能力（または空間の感覚）に気づきましょう。

**［手順 6 ］最後の『私』が『気づき』との統合を受け入れるかどうかを感じ取る**

ここ【　『私』の場所　】の感覚は、内側の隅々にまで広がる豊かな『気づき』のように、そしてその中に開き、リラックスすることへの招きを快く受け入れますか？

返事が「はい」なら、手順7へ進みます。

返事が「いいえ」なら、別の『私』を見つけます。

**［手順 7 ］それぞれの『私』を『気づき』との統合へと招く**

『私』の感覚を、周囲のすべてと、内側の隅々にまで広がる豊かな『気づき』のように、そしてその中に開き、リラックスするように招きます。

**［手順 8 ］最初の感情反応を『気づき』と統合するように招く**

（今あるがままの）この感覚が……周囲のすべてと内側の隅々にまでひろがる豊かな『気づき』のように、そしてその中へと……開いてリラックスする……ように招かれた時、何が起こるのかに気づきましょう。

### ［手順 9］最初に扱った問題の状況をチェックする

この在り方（複数の『私』と感情が、『気づき』と統合された状態）でいる時、あなたが最初に扱った最初の問題の状況の中にいると想像してみると、今はどのように感じるのかに気づきましょう。

## ワークシート：ホールネス・ワークの基本プロセス

ご自身でワークする時や他者をガイドする時にメモなどが取れるように、このワークシートを使っていただくことができます。

**例**　「イライラしている」「悲しい」または単純に「〜と感じている」

**元の感情** ＿＿＿＿＿＿＿＿＿＿

場所 ＿＿＿＿＿＿＿＿＿＿

大きさと形 ＿＿＿＿＿＿＿＿＿＿

感覚の質 ＿＿＿＿＿＿＿＿＿＿

**最初の『私』：**　場所 ＿＿＿＿＿＿＿＿＿＿

大きさと形 ＿＿＿＿＿＿＿＿＿＿

感覚の質 ＿＿＿＿＿＿＿＿＿＿

**二つ目の『私』：**　場所 ＿＿＿＿＿＿＿＿＿＿

大きさと形 ＿＿＿＿＿＿＿＿＿＿

感覚の質 ＿＿＿＿＿＿＿＿＿＿

**三つ目の『私』：**　場所 ＿＿＿＿＿＿＿＿＿＿

大きさと形 ＿＿＿＿＿＿＿＿＿＿

感覚の質 ＿＿＿＿＿＿＿＿＿＿

（オプション）

**四つ目の『私』：**　場所 ＿＿＿＿＿＿＿＿＿＿

大きさと形 ＿＿＿＿＿＿＿＿＿＿

感覚の質 ＿＿＿＿＿＿＿＿＿＿

# イージーガイド
# ホールネス・ワーク瞑想フォーマット

第15章と第16章で詳しく説明した手順を簡単に復習するための概要をこちらにまとめました。

**［始める前に］『気づき』を体験する**

まずは『気づき』の体験とつながる時間を取ることができます……。身体全体と身体の周囲のすべてにある、体験する能力です。大きく広がる空間の感覚や……あらゆるところに同時にある……存在の感覚……のように体験されるかもしれません……。

**［手順1］始まりを見つける**

**心身をスキャンしてみてください。簡単にリラックスできるところをすべてリラックスさせてあげて、残ったものに気づいてください……身体の感覚かもしれませんし、感情、イメージ、内なる声かもしれません……。**

【場所、大きさと形、感覚の質に気づいてください。】

**［手順 2 ］『私』を見つける**

**この感覚に気づいている『私』はどこですか？　その知覚はどこから起きていますか？**

【場所、大きさと形、感覚の質に気づいてください。】

**［手順 3 ］『私』が、『気づき』との統合を受け入れるかを感じ取る**

【 『私』の場所　　　】の感覚は、豊かな『気づき』のように、その中に開き、リラックスすることへの招きを快く受け入れますか？

「はい」なら、手順４に進みます。「いいえ」なら、統合を受け入れる『私』が見つかるまで、別の『私』を見つけていきます。

**［手順 4 ］『私』を『気づき』との統合へと招く**

**【『私』の場所】の感覚が、豊かな『気づき』のように、開いて、リラックスすることへの招きを受けた時、何が起こるのかに気づいてみましょう……起こるがままに、自然に起こさせてあげましょう。**

『私』が複数ある場合：すべての『私』を**「豊かな『気づき』のように統合する」**よう招きます。

**［手順 5 ］最初の感覚を『気づき』との統合へと招く**

**このプロセスの始めに特定した場所に戻りましょう……今、ここにどのような感覚があったとしても、体中の隅々と周囲に広がる『気づき』のように、そしてその中へと開き、リラックスするように招きましょう。**

**［手順 6 ］『気づき』の中で、『気づき』のようにくつろぐ**

『気づき』として、そのままくつろいでいてもいいですし、もう一度手順を繰り返すこともできます。

# 上級編ホールネス資料

## ■本書を読み終えたら

ホールネス・ワークを始めるにあたって、本書が皆さんにとって内容豊かで堅実な資料となることを願い、本書に登場する人々が話していることを、あなたも独自に体験できることを願っています。初めてホールネス・ワークを行なう時、『私』を見つけるだけでも「なるほど！」と思える貴重な体験となるでしょう。しかしながらホールネス・ワークには、一冊の本では伝えきれないほどの、さらなる奥深さがあります。

例えばあなたが……

- もっと深く探究してみたい
- 毎日ホールネス・ワークを実践する気にはならない
- 行き詰まってどうしたらよいかわからない……

もしもこうした気持ちを感じているのであれば、それは上級編ホールネス・ワークのフォーマットや原則を学ぶのに良い時期であることを知らせるサインなのかもしれません。上級編の内容を開発するに至ったのは、私自身、内面のワークを行なっていく中で基本的な『私』を溶かしていくホールネスの実践だけでは物足りないと感じたからでした。ですから、上級編の内容を皆さんと共有できることは、私にとって大きな喜びなのです。

上級編では、次のような内容を学ぶことができます。

**・新たなホールネス・ワークの形式**

これは、単にエゴを溶かすことを超えたやり方です。上級編では、分離した状態を維持させるような役割を持つ他の重要な構造を見つけ、統合できるようなメソッドを教えます。

**・統合の四つ目の方向**

より完全な統合を促すことができる四つ目の統合の方向ですが、ホールネス・ワークを始めたばかりの人には使いづらく、うまくいかないことが多いのです。

こうした上級編ホールネス・ワークのフォーマットは、ライブセミナーで学ぶことが可能ですし、将来的には、書籍でも出版していく予定です。

## ホールネス・ワーク　ライブセミナー

### ■ベーシック・ホールネス・ワーク三日間セミナー

自己変容を促すこのワークを、大勢の仲間と共にセミナー会場で探究しながら学ぶことは、常に最善の習得方法だと言えるでしょう。疑問点はその場で講師に質問ができ、経験豊かなコーチ陣から、充実のサポートが受けられる環境となっています。こうした環境でプロセスを学ぶことにより、皆さんが体験することの成果は、飛躍的に向上していきます。ライブセミナーへの参加を検討したい方は、ＮＬＰ－ＪＡＰＡＮラーニング・センターのホームページにて、セミナーの日程を調べていただくことができます。

また、この三日間のライブセミナーでは、本書で学んでいただいたホールネス・ワークの基礎知識を固めていくことに加え、多くの新しい内容も提供しています。睡眠の質を改善できるフォーマットや、『私』またはエゴを溶かす以上のことを可能としてくれる四つの新たなフォーマットが含まれています。

・**権威の統合フォーマット**

自分に対する批判的な感情を溶かし、統合へと招くことで、恥、恥ずかしさ、罪悪感の感情を深いレベルで変容し、癒すことができる信頼性の高いフォーマットです。

・**欠けているものを統合するフォーマット**

このフォーマットは、自分には欠けている、または不足していると感じるものを見つけ、統合へと導くことで、拭い切れない悲しみや喪失感を抱える人々に深い癒しをもたらしてくれます。

・**役割とアイデンティティを統合するフォーマット**

「自分は母親である」、「私は周囲を笑わせる人」、「人を助けることが自分の役目」など、人は誰しも多くの役割やアイデンティティを担って生きています。こうした役割やアイデンティティの感覚を変容し、統合へと導くことで、義務感や葛藤のない一貫した状態を自分の中に作り出し、そうした役割やアイデンティティをより良くこなしていくことを可能としてくれます。

・嫌悪と執着を統合するフォーマット

何かが欲しいと単純に願うことと、どうしても手に入れなくてはいけないという執着は大きく異なる感情です。また、何かに執着することは、その真逆の何かに対する嫌悪感の現れでもあります。執着と嫌悪のどちらの感情に対してもワークをすることで、変容のプロセスはさらに完全なものとなっていきます。

## コア・トランスフォーメーション
## ――ホールネス・ワークの相補的な手法

コア・トランスフォーメーションとは、ホールネス・ワークの原則と非常に密接な関係にある、強い影響力を持つ自己変容ワークのためのメソッドです。自分が変えたいと思っている考え方や行動、感情などをワークへの入り口として使い、「平穏」「愛」「一体感」などの感覚を、常に自分の中で感じられる状態へと導いてくれるのがコア・トランスフォーメーションです。「コア・ステート」と呼んでいるこうした感覚が自分の中に存在していることで、人生のあらゆる状況が本質的に、そして根本的に深く変容していきます。

コア・トランスフォーメーションは、ホールネス・ワークとまったく異なる手法でありながらも、同じ方向へと人を導いてくれるものであり、この相補的な手法を持っていることで、ホールネス・ワークが持つ力がさらに深められ、さらに豊かな体験が可能となります。なぜなら、コア・トランスフォーメーションとは、人の内なる「ストーリー」を入り口として使う手法なのですが、最終的に行き着く心理状態は、ホールネス・ワークを通じて私たちがアクセスする状態と非常に似ているからです。とても穏やかで優しい手法であり、たとえ自分が好きになれないような自分の一面にも、実は大きな価値があることを教えてくれるような体験ができます。

多くの人が、コア・トランスフォーメーションを体験することによって、ホールネス・ワークの恩恵をさらに得ることができるようになったと言います。

## ホールネス・ワークのルーツ

このワークは、最も偉大な二〇世紀の賢人の一人と考えられているインドの導師ラマナ・マハルシの教えから、インスピレーションを得て開発しました。ラマナの教えの中心は「私は誰?」と人々に自問自答させることでした。この質問を自問自答させたラマナの意図は、人とは、個々に分離した小さな自己の集合体なのではなく、一つの広大な「自己」なのだということを私たちに気づかせるためでした。これと同じ考え方は、東洋の精神世界の文学にも広く普及しています。「人とはそれぞれに別個の存在ではなく、万物と一体である。あなたはあなたが考える程度の小さな存在ではない。あなたは広大な『自己』そのものなのである」などといった考え方です。

ラマナ・マハルシは、単に悟りを開くためだけに、この自問自答の実践を人々に勧めたのではありませんでした。これこそが、人生におけるあらゆる難問への真の答えを見つけ出す方法なのだと感じていたのです。実際に彼は、「この真実が理解できたなら、人生における問題はすべて消滅する」という言葉を残しています。しかし、脳天気に暮らしたり、問題から自分を切り離したりすることを教えていたわけではありません。この世界に存在する私たちの「在り方」の根本的な転化を説こうとしたのです。その転化とはつまり、深い平穏の感覚が体験できるようになることであり、自然な英知を持って対処すべきことに対処できるようになることであり、人はあらゆる物事に意味や解釈を付ける癖があるからこそ問題を「問題」として感じてしまうのだと理解できるようになることでした。この転化が起きると、人の意識には急進的な変化が起こります。ラマナ・マハルシは、これを人々に伝えようとしたのです。

非常にポジティブな教えのように聞こえると思います。しかし問題は、誰もその成果が得られなかったということでした。ラマナの弟子たちが「私は誰？」と自問自答してみても、どこにも行き着くことができませんでした。おそらく彼らには、「真我」へと到達するにはあまりにも内部対話が多かったのだと思います。最終的に人々は、ラマナの教えはあまりにも〝高度〟であり、万全な〝準備〟が必要なのだろうと結論付けました。

## 出発点を変える

２００７年、私は、この教えに基づくある実験を始めました。そしてラマナが説いた方法を使う代わりに、出発点を変えてみようと直感的に考えました。彼の教えは広大な「真我」を直接体験することでしたが、大部分の人にはその感覚が理解できません。なぜなら多くの人々が広大な真我ではなく、限定的な「自己」という認識しかなかったからです。それならば、人々が持っている認識から始めた方が効果的ではないかと私は考えました。そして次の点を熟考しながら、新たな方法を模索し始めたのです。

１．分離した制限的な自己として自分を体験しているのであれば、分離した制限的な自己とは何なのか？

２．どのようにしてそれを見つけ、解消できるだろうか？

そこで、私は質問を変えてみました。「私は何者か?」と自問して広大な「真我」という荘厳な体験に至ることをただ願う代わりに、「私はどこなのか?」と問いました。この質問をすると、大抵の人は自分の物理的な身体の居場所を尋ねられていると思いがちですが、そうではありません。この質問が尋ねているのは、「主観的にどこで『私』を体験しているのか?」「『私』の場所はどこなのか?」ということでした。

このように出発点を変えることで、例えば次のような、非常に大きな違いが生まれます。

- 日々の生活の中で体験していることに関して「『私』の場所はどこか?」と尋ねられると、人がどの『私』から無意識に日常を過ごしているのかを発見することができる。この方法は、多くの人が未だ辿り着いていない広大な真我を体験しようとするよりも簡単である。
- このワークでは場所を見つけていくため、抽象的な概念に行き着くことを防ぎ、ダイレクトな体験でワークを進められるようになる。体験を変えたいのであれば、体験していることに対する捉え方や考え方ではなく、実際の体験でワークを始める必要がある。そしてすべての実体験には、それぞれの場所がある。

早速、自分で試してみると、自分の「小さな『私』」の場所が簡単に見つかりました。そしてすぐに次の疑問が浮かんできました。「どのようにしたら、この小さく収縮した『私』の体験を、再び広大な全体として体験できるようになるだろうか?」この疑問への答えは、私が数年前に開発した「受容と融合の瞑想」と呼ばれるシンプルな瞑想法の手順の一つを使えばいいのだと直感的にわかりました(注1)。その結果、小さな『私』は瞬時に溶けていき、リラックスと、自分は存在しているのだという感覚をわずかに感じました。次に、最初の反応でも同じことを試してみました。そして再び、リラックスした感覚を覚えたのです。

## 変容への道

そこからホールネス・ワークは、広い範囲に及ぶたくさんのフォーマットの集合体へと発展していきました。予想通りの結果を出してくれるプロセスが見つけられたので、様々な人が実践し、効果が得られる道筋が示せるよう、「手順」を明確に作り出したいという思いがあったからです。現在、ホールネス・ワークにはユニークなフォーマットがたくさんありますが、そのすべてが明確でわかりやすいホールネス・ワークの基本原理に基づいて生み出されていきました。誰もが感じる感情や、体験する困難を最も効果的に解決し、癒し、変容できる効果的な方法を模索していく中で、一つひとつのフォーマットが作られていきました。どのフォーマットもまずは自分自身で試し、効果を確認してからクライアントにも試してもらってきました。こうして生み出されていったたくさんのフォーマットのうち、基本プロセスと瞑想フォーマット、そしてホールネス・ワークの基本原理を本書にて皆さんにお伝えするに至りました。これ以外の上級フォーマットや原則の多くは、すでにライブセミナーでご紹介していますし、将来的には書籍として出版もしようと考えています。

ホールネス・ワークは、いくつもの心理セラピーの流派（特にゲシュタルト療法、エリクソニアン心理療法、ユング心理学）と、いくつもの精神世界の流派（特に仏教、スーフィズム、ヒンドゥー教、非二元論、そしてメジャーな宗教の神秘主義的な流派）の原理原則を正確に、実践的に体現できるメソッドを提供してくれます。

## 風流な贈り物

本書の序文を寄稿してくれたステファン・ジョゼフス氏が、本書の占める「領域」を楽しくも意義深い形で表現してくれました。

ここで皆さんにも共有します。

## ■エデンの園への再訪

場面　神とヘビ（悪魔の化身）がお茶を飲みながら、熾天使《してんし》セラフィムと智天使ケルビムによって、アダムとイブがエデンの園から追放された時のことを話している。

神　あれはうまくいったな。

ヘビ　そう思いますか？

神　二人は完全に真に受けたじゃないか。

ヘビ　神の怒り（天罰）は、本当に効果がありますからね。

神　しかし、段取りがなければできなかったことだ。そなたも実に説得力があった。

ヘビ　林檎をほんの一口かじっただけなのに、自分が裸だってことに気づく速さ、ご覧になりましたか？

神　一目散にイチジクの葉を取りに行ったな。

ヘビ　おっしゃる通り。

神　日頃から思っていたのだよ。おまえは私の創造物の中で最も見事な生き物だ。おまえの滑らかな肌が光を浴びた時、どれほど多くの美しい色彩を放つことか。おまえがいかに無私無欲であるかを顕著に表している。

ヘビ　何故でしょうか？

神　女はすぐに服を欲しがるようになるぞ。いずれはヘビ皮のハイヒールも欲するようになるだろう。

ヘビ　そうであるとしても、彼女の本質のそのような一面に巻き込まれたくはありませんね。

神　どの一面のことだ？

ヘビ　女性が自由に選ぶことのできる権利です。

神　そう言うだろうと思っていた。

ヘビ　全知全能の存在に、あなたも冗談を言ってみるといい。

神　私が楽しんでいるのは冗談への反応ではなく、冗談を口にすることなのだよ。大事なのは……

神とヘビ　**タイミング！**【神とヘビは複雑に絡み合った拳をつくり、ヘビはいつものように頭をコツンとぶつける】

ヘビ　いや、真面目な話、そもそも、なぜ彼らを追い出そうと思ったのですか？

神　私との一体感しか知らなければ、その深遠なる歓びには気づかんだろう。比較させるためにも、彼らには分離を体験させなければならないのだよ。一体感への道は、愛し合う者たちが口論の後に仲直りすることと似ている。

ヘビ　仲直りのセックスのように。

神　もう一度言うが……

ヘビ　そう言うだろうと思っていらっしゃったんですね。

神　その通りだ。

ヘビ　では、死する定めを与えたのは何故ですか？

神　期限がなければ集中もできない。老い、病気、痛みによって、人生の目的について深く考えるようになるものだ。

ヘビ　では、人生の目的とは？

神　本当は、一瞬たりともエデンの園の外には出ていない事実に気づくことだ。

神とヘビ　【拳をぶつける。笑い声。そして深い瞑想】

――ステファン・ジョゼフス

## 謝辞

私の人生に関わってくれたすべての人たちに、その影響力の大きさを問わず、心からの謝辞を述べたいと思います。このワークは、そのすべてから生み出された一つの表現法です。その中でも、際立って影響力のあった人たちをご紹介します。

亡くなる前年のミルトン・エリクソン氏と個人的に出会えたことは、私の日常的な「現実」をはるかに超えた、非常に大きな意味を持つ、直接体験でした。この体験が、私の人生と仕事の方向を変えてくれました。

また、長きに渡り、私の研究や活動を支えてくれたセラピー業界や自己成長の分野、特にNLP業界の同僚や友人たち、先生方に感謝します。今日、「NLP」と呼ばれている分野には広範に渡る理論や実践方法が含まれていますが、体験の「深層構造」を見つけることへの関心や能力を高めてくれたのがNLPでした。スピリチュアリティの教えから理解した「構造」を、いかにしてホールネス・ワークの原理に適用していったのかをおわかりいただけると思います。

精神世界とスピリチュアリティの教えにおいて、どのようなことが可能となるかについて、興味をそそられるようなヒントをくれた多くの先生方や友人の労力と、その存在に感謝しています。こうしたヒントの中には、何世紀にも渡って伝わってきた非常に古いものもあれば、個人の経験に端を発するものもありました。彼らが与えてくれたのは、見過ごすことができないほどのたくさんのヒントであり、明確な手順こそは与えられなかったものの、どこを見て何を探究するかを知るための手がかりをくれました。

また、本書をより良いものにすべく、たくさんのアイデアを提供してくれた同僚や友人たちに感謝します。タマラ・アンドレアスは、講師としてホールネス・ワークを教えるだけでなく、自身の人生でこれを活用することで得た幅広い経験に基づき、貴重なアドバイスを授けてくれました。私が初めてホールネス・ワークを教えた時にコーチを務め、今では自身でも講師として多くの人にホールネス・ワークを教えているマーク・アンドレアスは、この内容を人に教える上で重要となる点を明確にし、プロセスへの貴重な微調整も入れてくれました。そして、原稿を何度も読み返すことを最優先事項として取り組んでくれた、夫のスティーブ・アンドレアスにも、たくさんの「ありがとう」を言わせてください。本書の文章をより簡潔に、まとまりのあるものとするための実用的なアドバイスを与えてくれました。

幸運なことに、私は優秀な編集チームにも恵まれました。原稿がまだ初期段階の頃に、何度も原稿のチェックをしてくれたエローラ・パットン、彼女がいたからこそ本を仕上げるための原動力が湧き、内容の改善を重ねることができました。原稿が最終段階にさしかかる頃には、スーザン・サンダーズが私を大いに助けてくれました。セミナーでの私の教え方を再現するための彼女のこだわりがあったからこそ、私が伝えたいメッセージが伝わりやすく、読みやすい、会話調の文体で執筆することができました。そして、本書に誤植がほとんどないのは、ジェイコブ・ラブの優れた校閲力のおかげです。（まだ誤植が残っているとしたら、私の自然な語り口が表現できるように修正前の状態に戻したことが原因です）。

そして、最終稿を読んでご意見をくださった、たくさんの読者の皆さんにも感謝していま す。本書を読んだ体験に基づき、改良（時に大規模な修正もありました）に役立つご提案をいただきました。皆さんの体験を共有する時間を取っていただき、ありがとうございます。

最後に、2012年に初めてホールネス・ワークのセミナーが開催されてから現在に至るまで、ワークショップに参加してくれた多くの方々、そして2007年に初めてホールネス・ワークを試して以来、私と共にこのワークを探究し続けてくれたクライアント一人ひとりにも感謝の意を表します。私は、皆さんのことを考えながらこの本を執筆しました。なぜならこの体験を伝える言葉を私に与えてくれたのは、皆さんに他ならないからです。

コニレイ・アンドレアス

# 著者紹介

コニレイ・アンドレアス博士は過去四〇年に渡り、自己成長の分野において高く評価されてきた、国際的にも著名な同分野のリーダーであり、その著書は一五カ国語以上に翻訳されています。彼女を最も有名にしたのは、コア・トランスフォーメーションという革新的なメソッドでした。人に制限をかけてきたものをワークの入り口として使い、多くの人が「愛」「平和」「存在」「一体性」と表現する体験への入り口にしていきます。この感覚体験は、多くの制限になる感情や行動を解消するような深い癒しをもたらします。

コニレイが新たに開発したホールネス・ワークは、「エゴを溶かす」体験ができる緻密で独自の手法を提案しており、人生の諸問題を根本から変容させていきます。この明確に定義された、一連の穏やかなプロセスを経て、「覚醒」とも呼べるある種の個人の進化とシンプルかつ直接的に繋がっていきます。また、催眠療法と家族療法の先駆者である巨匠、ミルトン・エリクソン博士の晩年に彼と直接会って体験したことが、彼女の仕事に強く影響しています。

コニレイは、自己成長や自己変容に関する多くの書籍やトレーニング・マニュアルを執筆しています。『心の扉をひらく――神経言語プログラミング実践事例集』（東京図書、1995年）、『こころを変えるNLP――神経言語プログラミング基本テクニックの実践』（春秋社、2007年）（共に夫であるスティーブ・アンドレアスと共著）、『コア・トランスフォーメーション――癒しと自己変革のための10のステップ』（春秋社、2004年）（タマラ・アンドレアスと共著）などがあります。

彼女は、最新の自己成長トレーニングがより多くの人の手に入るよう尽力した結果、コア・トランスフォーメーションやホールネス・ワークを含む主要なトレーニングの包括的でわかりやすい教材とオンライン動画を作り出しました。また、アンドレアス夫妻は、成長し続けるNLP（神経言語プログラム）コミュニティをサポートし、その概念や実践が常に「再現可能」で教えることが可能であるよう、コーチングや自己変容のために作られたプログラムであるNLPプラクティショナーコースとNLPマスター・プラクティショナーコースの中で、有資格トレーナーたちがより掘り下げた内容を提供する際に役立つトレーナー・マニュアルも執筆しました。

コニレイは、NLP界における思想的指導者およびトレーニングのロールモデルとして、数多くの実績を残しています。言語パターンやコミュニケーションスキルの変化における革新や、ポジティブに子供を躾ける方法や自然治癒メソッドの開発、深い悲しみを癒すための力強い手順の開発（スティーブ・アンドレアスと共同開発）、人がどのように「時間」を体験しているかの無意識のプログラミングを変化させる方法（タイムライン・ワーク）などの功績はトレーナーやコーチを始め、世界中で自己成長と変容を追求する個人によって活用され、実践されています。

コニレイは、息子であり仕事仲間のマークと義理の娘キャサリンと共にコロラド州ボルダーに住み、ガーデニングや歌、孫に会いに行く生活を満喫しています。

# ゲストハウス

人間という存在は、みなゲストハウスである
毎朝、新たな客人がやって来る
喜び、絶望、卑しさ
そしてつかの間の『気づき』も
予期せぬ訪問者のごとくやって来る
客人をすべて歓迎し、もてなしなさい
たとえ家財道具をすべて奪い去り
家を空の状態にしてしまう
嘆きの団体だったとしても
すべての客人を敬意を持ってもてなしなさい
新たな歓喜を迎え入れるための場所を
彼らは作ってくれたのかもしれない
暗い心の内、恥、悪意

彼らを笑いながら出迎え
中へと招き入れなさい
すべての客人に感謝しなさい
すべては彼方からの導きとして
あなたの元へと送られてきたのだから

――ジャラール・ウッディーン・ルーミー

うかを敏感に感じ取ることを強くお勧めします。もしも彼らが少しでもためらいを感じているなら、別の練習パートナーを見つけるのがよいでしょう。

（注２）『The Way of Life according to Laotzu（老子による生きる道）』（1986）より（英訳：ウィッター・ビナー）。

## 第６部

（注１）「受容と融合の瞑想」は、1996年に発売した『ヒーリング瞑想』の音声シリーズに収められています。

康だった」（ロバート・ウォルディンガー「より良い人生の秘訣とは？幸福度に関する最長の調査から得た教訓」、TEDトーク）

## 第3部

（注１）主なエクササイズは第２章、第６章、第16章を参照してください。

## 第12章

（注１）ウィリアム・ペン・アデア・ロジャース（1879年11月４日-1935年８月15日）は、1930年代にアメリカ映画に数多く出演した俳優で、コメディアンやユーモア作家、社会評論家などの肩書も持っていた。

## 第19章

（注１）コニレイ・アンドレアス、タマラ・アンドレアス著『コア・トランスフォーメーション――癒しと自己変革のための10のステップ』（春秋社、2004年）では、この手法の手順をすべて教えています。

（注２）ファスト・フォビア／トラウマ・プロセスの手順書と概要は、コニレイ・アンドレアス、スティーブ・アンドレアス著『心の扉をひらく――神経言語プログラミング実践事例集』（東京図書、1995年）の中で紹介しています。

## 第20章

（注１）上級トレーニングではさらに多くの選択肢をお伝えしており、この二つの基本的な実践法は非常に効果があります。

## 第23章

（注１）家族や友人と一緒に本書のエクササイズを行なうことが、彼らとの絆を深め、大切な何かを共有する意義ある方法となる人もいれば、家族以外の人とエクササイズを行なう方が簡単でやりやすいと感じる人もいます。大切な人々をエクササイズに誘う際には、相手が心の底からこのワークに興味があるのかど

# 原注および参考文献

## 第1章

（注1）コニレイ・アンドレアス、タマラ・アンドレアス著『コア・トランスフォーメーション：癒しと自己変革のための10のステップ』（春秋社、2004年）

（注2）私はすでに数十年にわたり、神経言語プログラム（NLP）とエリクソニアン催眠の分野で学び、教え、開発を続けてきました。自己啓発や困難な感情の解消、そしてスキル戦略などに関する効果的手法を述べた、コニレイ・アンドレアス著『心の扉をひらく——神経言語プログラミング実践事例集』（東京図書、1995年）を参照してください。

## 第2章

（注1）自分の内なる体験で見つけた自己の感覚を指す時、『私』と表しています。これは私という言葉の特別な使い方で、通常の使い方と区別するために二重カギカッコを付けます。

（注2）本書では、プライバシーに配慮して登場人物の名前を変えていますが、基本プロセスと瞑想フォーマットの二番目のデモンストレーションでは、本人から名前を使う許可を得ています。

（注3）ここで説明しているように、本書では特別な意味で気づきという言葉を使います。本書特有の意味で使われている時は、『気づき』と、二重カギカッコでくくります。

## 第8章

（注1）リズ・ミネオ「良い遺伝子もよいが、喜びの方がさらによい」（ハーバード大学公報、2017年4月11日）

（注2）「50歳の時点で人間関係に満足していた人は、80歳になった時に最も健

| 用語 | 説明 |
|---|---|
| ビリーフ／制限になるビリーフ | 正しい／正しくない、好む／好まないにかかわらず、世界の様々なことに対してその人が「真実として」、あるいは「真実かもしれない」と信じ、受け入れていること。信念、思い込みとも言う。NLPでは、人のモチベーションを上げ、行動の原動力となるものを「力づけのビリーフ」、逆に、行動意欲や可能性を制限し、目標達成や成功の足かせとなっているものを「制限になるビリーフ」と呼ぶ。 |
| フィールド | NLPにおいてこの概念は多岐にわたる。学問の種類や分野としての意味を持つこともあるが、人と関わる中で生まれる空間またはエネルギーだと考えられることもある。日本語では「場」と訳されることが多い。物理学では重力や電磁力、流体圧などの物理的性質によって特徴づけられる空間の領域と定義されている。 |
| フィルター | 外部から入ってくる情報を内面に取り入れる時、人は情報に心理的なフィルターをかけて取り込んでいる。その人のビリーフ（信念、思い込み）や価値観、知識、感情や思考のパターンなど、様々な心理的、認知的要素がフィルターとして作用する。例えばカメラのレンズフィルターと同じように、赤いフィルターを通して世界を見ると、世界のすべてが赤く見える現象とよく似ている。 |
| メタファー | 比喩、暗喩、象徴、そしてそれらを含んだ例え話や物語のこと。メタファーを用いることにより、意識レベルにおける抵抗を飛び越え、相手がより深いレベルで関連性を見いだすことができる。 |
| リソース | NLPで言うリソースとは、人が最高の状態になるために必要な資源や資質のこと。周囲からのサポートや好機、内的状態、能力、スキルやツール、自分の経験、他者の経験、信念や価値観などが含まれる。リソースのある状態のことを「リソースフル」と呼ぶ。 |

# 用語集

| 用語 | 説明 |
|---|---|
| 一般化 | 一般化とは、一度か二度の特定の体験を一般的な概念や普遍的な法則に置き換え、あたかもそれがすべての体験に起こるものであるように考えること。複数の経験をたった一つの具体的な経験が代表してしまうことを言う。 |
| ウェルビーイング | 肉体的、精神的、社会的に満たされた状態であるという概念であり、「幸福」という言葉で表されることも多い。一時的な幸せではなく、持続的に幸福の状態を維持していること。 |
| システム | システムとは、複数の相互に影響しあう要素が集まって機能する組織や体系、全体のことを指す。日本語では「系」と訳されることもある。本書では、人それぞれの身体、精神、心、知識、過去の経験などが作り出す「個人」というシステムを指すことが多い。 |
| ストーリー | 本書では、通常の訳語である「物語」ではなく、「ストーリー」と訳すことで独自の意味を持たせている。NLPで言うストーリーとは、出来事に対して自分たちが作り出してきた意味付けや、抱いてきた感情をどのように自らに物語っているのかということであり、必ずしも現実に起きた事実を語っているとは限らない。同じ体験をした２人の人間が、体験を思い出して語る時に完全に一致した証言をしないのは、個々にストーリーを自分の中で作り出しているからである。 |
| スピリチュアル・バイパス | スピリチュアルな考えや実践法を用いることで、本来直面している未解決の感情的問題や心理的な傷、未完了の成長課題から逃避したり、見ないふりをしたりする傾向のこと。 |
| チェンジワーク | 自己変容を促すワーク全般を指す。 |

# ホールネスワーク

## 人生の質を変える癒しと覚醒

2021年5月20日　初版第1刷発行

著　者　　コニレイ・アンドレアス
監　修　　桶谷和子
訳　者　　横山真由美

株式会社ジーニアス・ブレイン　海外事業部
通訳・翻訳チーム
横山真由美　山田冴由実
笠松亜紗美　井筒有紀
Web制作部　　山下沙和恵（装丁・図版作成）

発行者　　芝健太
編集人　　深澤晴彦

発行所　　GENIUS PUBLISHING
東京都千代田区神田錦町3-18-3　錦三ビル4階
（株式会社ジーニアス・ブレイン　出版事業部）
TEL 03-5577-4447
https://www.nlplapan.co.jp

印刷・製本　　三美印刷株式会社


ISBN 978-4-910456-01-0
Printed in JAPAN

JASRAC 出 2103292-101